SV

Band 1543 der Bibliothek Suhrkamp

John Jeremiah Sullivan
Vollblutpferde

Aus dem Englischen
von Hannes Meyer

Suhrkamp Verlag

Die Originalausgabe erschien 2004 unter dem Titel
Blood Horses bei Farrar, Straus and Giroux, New York.

Klimaneutral
Druckprodukt
ClimatePartner.com/14438-2110-1001

2. Auflage 2023

Erste Auflage 2022
Deutsche Erstausgabe

Umschlaggestaltung nach einem Konzept von Willy Fleckhaus
Umschlagfoto: Pharaoh Hound – Horseracing Churchill Downs.jpg, eigenes Werk,
CC BY-SA 2.0, https://commons.wikimedia.org/w/index.php?curid=1685436
Satz: Satz-Offizin Hümmer GmbH, Waldbüttelbrunn
Druck: Pustet, Regensburg
Printed in Germany
ISBN 978-3-518-22543-1

www.suhrkamp.de

Vollblutpferde

Er hatte aufrichtige Ehrfurcht vor den Tieren um uns, und er sah sie als grundsätzlich ebenbürtig an, nah verwandt – aber nicht etwa durch die Evolution, die Religion des kleinen Mannes, sondern durch das geteilte Schicksal.

Joachim Seyppel,
Tierthema und Totemismus bei Franz Kafka, 1954

DER BURSCHE

Es war der Mai vor drei Jahren, und ich stand an einem Krankenhausbett in Columbus, Ohio, wo mein Vater sich von einer Operation erholte, die ein fünffacher Bypass hätte sein sollen, dann aber ein sechsfacher wurde, als der Chirurg das Herz sah. Mein Vater war blass. Er war so dünn wie seit Jahren nicht. Auf dem Schoß hatte er schief einen Teddybären liegen, den die Schwestern ihm geliehen hatten; wenn mein Vater aufstand oder sich hinsetzte, sollte er ihn an sich drücken, damit die Naht in der Brust nicht riss. Als ich hereinkam, gratulierte ich ihm zu dem Bären, und er ließ die Kinnlade runterklappen, schielte und verdrehte die Augen. Das Gesicht machte er in allen möglichen Situationen, aber es bedeutete immer dasselbe: *Ist das denn zu fassen?*

Das Riverside Methodist Hospital (der Fluss war der Olentangy): Meine Familie hat hier Geschichte, oder wenigstens mein Vater und ich. Hierhin hatten sie mich mit zwölf nach dem Little-League-Football-Spiel gefahren, in dem ich zum ersten Mal in der ganzen Saison den Ball bekam, bevor ich beide Unterschenkelknochen des rechten Beins in so einer Weise gebrochen bekam, dass ich mich nach dem Pfiff aufsetzte, an mir runterschaute und die Fußspitze exakt 180 Grad in die falsche Richtung zeigen sah, woraufhin ich mich dort an der Fünfzig-Yard-Linie unter leichtem Schock zurück ins Gras sinken ließ und die Wolken bestaunte. Nur das Gesicht des Schiedsrichters versperrte mir die Sicht. Er sagte immer wieder: »Pass auf, was du sagst, Junge«, was ich lustig fand, denn soweit ich wusste, hatte ich kein Wort gesagt.

Ich erinnere mich oder habe gefolgert, dass mein Vater langsam von der Seitenlinie herankam und mir mit seiner außerordentlichen Ruhe in Notfällen die Hand auf den Arm legte und mir gut zuredete, obwohl er bestimmt selbst ein bisschen schockiert vom Zustand meines Fußes war – und vielleicht auch ein bisschen reumütig, weil er, der Sportreporter, der selbst bis in seine Zwanziger ein großer Sportler und später mehrfacher Little-League-Coach gewesen war, hätte wissen müssen, dass ich gar nicht erst auf dem Feld hätte stehen sollen. Die einzige mögliche Position für mich war Running Back, denn wenn der Coach mich irgendwo auf der Offensive Line eingesetzt hatte, war ich im Zweifel vor den anderen Spielern zurückgewichen. Mein einziger Vorzug war meine Schnelligkeit; ich hatte immer noch einen präpubertären Läuferkörper und war der Schnellste im Team. Dem Coach war aufgefallen, dass ich Sprints meistens gewann, also witterte er eine Gelegenheit. Dabei übersahen wir aber beide, dass ein Running Back nicht bloß den Guards davonrennen muss – was überhaupt nur bei perfekt ausgeführten Spielzügen infrage kommt –, sondern dass er sich auch an ihnen vorbeikämpfen, sie beiseitestoßen muss. Ich hatte keine Chance.

Fairerweise muss ich sagen, dass der Coach andere Sorgen hatte. Unserem namenlosen Team fehlte es sowohl an Talent als auch an »Drive«, wie er es nannte. Auf der Heimfahrt nach unseren ersten beiden Spielen spürte ich, dass mein Vater kein Wort über die Ereignisse auf dem Spielfeld fallen ließ, weil wir jämmerlich waren – und zwar nicht jämmerlich wie das Team aus *Die Bären sind los*, wir rissen uns nämlich nicht irgendwann auf einmal zusammen, »wollten es« oder gaben alles. Beim Training reagierten viele der anderen Spieler mit solcher Gleichgültigkeit auf den Rat vom Coach, dass es einem vorkam, als wären sie nur da, um ihre Sozialstunden abzuleisten.

Kyle, der Sohn vom Coach, war unser erster Quarterback. Wenn es beim Training nicht so lief, wie Kyle wollte, wenn er nicht mehr auf dem Feld war, weil der zweite Quarterback eingewechselt wurde, der übrigens sehr stark war, oder wenn Kyle zwar auf dem Feld war, aber keine guten Würfe hinbekam, dann fing Kyle an zu weinen. Und keine Kindertränen, bei denen ich mich gefragt hätte, wie es wohl beim Coach zu Hause zuging, bei denen ich vielleicht ein bisschen Mitgefühl mit Kyle gehabt hätte, sondern er weinte bittere Tränen, viel zu bittere für einen Zwölfjährigen. Und dann machte Kyle etwas Bemerkenswertes: Er schmiss seinen Helm weg und rannte die vierzig Meter zum Auto vom Coach, einem beigefarbenen Cadillac El Dorado, der immer auf dem Fußballplatz nebenan stand. Kyle stieg ein, startete den Motor, ließ alle vier Fenster runter und spielte – immer noch weinend, nahm ich an, vielleicht dort im Wagen seines Vaters sogar schluchzend – Aerosmith-Kassetten auf Lautstärken, für die die Anlage des El Dorado bei weitem nicht ausgelegt war. Die Lautsprecher knarzten. Fünf oder zehn Minuten lang ignorierte der Coach diese Darbietung demonstrativ und brüllte uns eben etwas lauter an, als wollte er zeigen, dass so etwas im Football nun mal vorkam. Aber bald nahm sich der verzweifelte Kyle die Hupe vor, die er erst ein paarmal drückte, bevor er sie ganz festhielt. Dann streckte er die Faust mit erhobenem Mittelfinger aus dem Fahrerfenster. Nun ließ der Coach uns zurück und ging ganz langsam zum Wagen. Während wir anderen auf dem Feld standen, sprach er mit Kyle. Bald verstummte der Motor. Als die beiden zu uns zurückkehrten, ging das Training weiter, und Kyle war wieder Quarterback.

Nichts davon erschien mir damals außergewöhnlich. Wir waren neu in Columbus, gerade aus Louisville hergezogen (unser Haus war am anderen Flussufer gewesen, in den Hügeln über New Albany, Indiana), und ich brauchte Freunde. Also sah ich es mir alles mit dumpfer, animalischer Duldsamkeit an, obwohl ich spürte, dass es nicht gut ausgehen konnte. Und dann hatte mir an jenem letzten Samstag Kyle plötzlich den Ball gegeben, als etwas sehr Kurzes, Heftiges passierte und ich einen großen, muskulösen Halbwüchsigen von mir aufspringen und wegsprinten sah, als wäre er neben einer Klapperschlange aufgewacht. Ich habe noch seine Augen vor mir, als sie mein Bein sahen. Er war schwarz und hatte einen Afro, der sich aufbauschte, als er sich den Helm runterriss. Er wirkte ernsthaft verwirrt darüber, wie leicht ich zu zertrümmern war. Während die Sanitäter mich auf die Trage luden, kam er herüber und entschuldigte sich.

Im Riverside Hospital schienten sie mein Bein falsch. Das Röntgenbild zwei Wochen später zeigte, dass ich den Rest meines Lebens hinken würde, wenn man es nicht wieder brach und neu schiente. Dazu schickte man mich zu einem Arzt namens Moyer, einem Spezialisten, den andere Krankenhäuser einfliegen ließen, um einem Farmer die Hand wieder anzunähen und so weiter. Er strahlte Wärme und Ruhe aus. Aber aus Gründen, dic sich mir nie ganz erschlossen, bekam ich keine Vollnarkose für die Prozedur. Man spritzte mir ein Beruhigungsmittel, wohl ein ziemlich schwaches, denn ich war bei vollem Bewusstsein, als Dr. Moyer meine Wade mit der einen und die Ferse mit der anderen Hand packte und sagte: »John, die Knochen sind schon wieder etwas zusammengewachsen, deshalb tut es jetzt gleich ein bisschen weh.« Mein Vater war da gerade zum Rauchen auf dem Parkplatz, und er erzählte mir hinterher, dass man meine Schreie bis draußen hören konnte. Das war mein erster Monat in Ohio.

Zwei Jahre nachdem die Verletzung verheilt war, saß ich gerade in meinem Zimmer oben in unserem Haus im Nordwesten von Columbus, als ich aus dem Erdgeschossflur ein einzelnes, ersterbendes »Oh!« hörte. Mein Vater und ich waren allein zu Hause, und erschrocken rannte ich die Treppe hinunter. Als ich um die Ecke kam, wäre ich fast über seinen Kopf gestolpert. Er lag bewusstlos auf dem Rücken, lang ausgestreckt, zur Hälfte im Flur, mit den Beinen im Bad. Alles war voller Blut, sein ganzer Kopf klebte davon, aber ich fand die Wunde nicht. Ich bekam ihn auf die Beine, brachte ihn zum Sofa und rief den Rettungsdienst. Die Sanitäter untersuchten ihn ein bisschen und sagten, sein Blutdruck »spiele verrückt«. Also hoben sie ihn auf eine Trage und fuhren ihn ins Riverside Hospital.

Wie sich herausstellte, war er einfach beim Pinkeln bewusstlos geworden, was bei Männern Mitte vierzig schon mal vorkomme, wie sie uns versicherten (er war damals fünfundvierzig). Er hatte sich beim Sturz die Nase am Waschbecken angeschlagen, die alles vollgeblutet hatte. Der Vorfall jagte ihm so einen Schrecken ein, dass er wieder einmal versuchte, mit dem Rauchen aufzuhören – oder sich den Versuch wenigstens vornahm, einer seiner vielen zum Scheitern verurteilten Vorsätze.

Mein Vater war unrettbar zigarettenabhängig. Ich kann kaum an ihn denken, mich kaum an ihn erinnern, ohne dass mir geisterhafte Rauchschwaden in die Nase steigen, und wenn ich sein Bild nicht klar vor Augen bekomme, kann ich es schärfen, indem ich mir die gelbe Haut an Mittel- und Zeigefinger seiner linken Hand vorstelle, oder wie seine rotbraunen Schnurrbarthaare den Filter der Zigarette streiften, wenn er sie an den Mund führte, oder wie er die Lippen spitzte und das Kinn einzog, wenn er den Rauch durch die Nase ausblies, was er in Gesellschaft immer tat. Einmal Mitte der Neunziger zündete er sich auf der Toilette eines Auslandsfluges eine an (ein Verbrechen, meine ich). Eine Stewardess meldete es noch während des Fluges den Behörden, und nach der Landung wäre er wohl festgenommen worden, hätte der Coach des Teams, mit dem er reiste, ihm nicht geholfen, sich aus der Situation rauszuwinden. Es gab noch weitere kleine Erniedrigungen: wenn man uns irgendwo rauswarf, wenn er im falschen Moment plötzlich verschwand. Außerdem war er zerstreut, was mit dem allgegenwärtigen Feuer eine gefährliche Mischung ergab. Wieder und wieder kam ich von der Schule nach Hause und fand ein neues Brandloch in seinem Lieblingssessel. Und einmal fing in der Garage ein Müllsack Feuer, in den er einen Aschenbecher geleert hatte, sodass meine Mutter ihn wieder einmal mit halb ernster, halb hoffnungsloser Miene daran erinnern musste, dass er uns alle in Gefahr brachte.

Etwa einmal im Jahr beschloss er aufzuhören, aber er schaffte es selten länger als einen Tag, ohne ein bisschen zu »paffen«, und von da aus war der vollständige Rückfall nie weiter als eine düstere Laune entfernt. Er wollte sein Scheitern verheimlichen, nahm sogar unsere Glückwünsche für zwei Tage oder eine ganze Woche ohne Qualm an, obwohl er den Versuch schon nach Stunden aufgegeben hatte, wie ich mit dem weniger treuherzigen Blick des Erwachsenen feststellen muss: die langen Spaziergänge »zum Entspannen«, von denen er mit Kaugummi im Mund wiederkam, oder das kleine Päckchen, das er sich in die Tasche stopfte, wenn er aus dem Laden kam. Früher oder später wurde ihm diese Posse aber immer zu anstrengend, und er holte einfach eine Packung heraus, während wir alle im Wohnzimmer saßen, und dann gab es einen Moment, der mit der Zeit vertrauter wurde, in dem wir ihn mit kaum verhohlener Enttäuschung ansahen, während er mit ebenso wenig verhohlener Scham den Fernseher anstarrte, und wenn die Spannung fast so weit war, dass jemand gesprochen hätte, zündete er sich eine Zigarette an, und das war's. Dann wandten wir uns wieder unseren Büchern zu.

Aber der Krankenhausaufenthalt – oder vor allem sein Schwur, als er wieder nach Hause kam, dass er jetzt endlich genug habe – wirkte anders. Bis zu diesem Nachmittag hatte sein Körper seltsam unverwundbar gewirkt. Mein Vater war ein Mann, dem niemals kalt war, und dessen Lunge ein Radiologe nach dreißig Jahren Kettenrauchen als »pink« bezeichnete, was meiner Mutter Tränen der Empörung in die Augen getrieben hatte. Aber jetzt hatte die gesamte Nachbarschaft gesehen, wie er in den Krankenwagen geladen wurde, und das strenge Schweigen über das Thema Gesundheit – das vor allen Konsequenzen schützen würde, wenn es nur aufrechterhalten wurde – war gebrochen.

Vier oder fünf Tage hielt er durch. Glaube ich zumindest. Meine Mutter erwischte ihn in der Garage, das »Pflaster« auf dem Arm und eine Kool Super-Long im Mund (seine Lieblingszigarette, seit er vierzehn war – er behauptete gerne, er sei der letzte Weiße in Amerika, der noch Kools rauchte). Diese doppelte Nikotindosis konnte schnell zum Herzinfarkt führen, hatte man uns gewarnt, also warf er die Pflaster weg und rauchte wieder knapp über zwei Packungen am Tag.

Über einen Mann wie meinen Vater sagt man oft, »er hat sich nicht um sich gekümmert«, was auf viele Sportreporter zutrifft. Mir fallen nicht mehr als ein, zwei im konventionellen Sinne gesunde Dinge ein, die er in seinem ganzen Leben getan hat, wenn man seinen starken Hang zu Mittagsschläfchen und zum Lachen nicht mitzählt (seine hohe, sirenenartige Lache ging Hiii Hi hi hi, Hiii Hi hi hi, machte manchen Kindern Angst und war so laut, dass sich im Kino das gesamte Publikum nach ihm umdrehte, was dem Rest der Familie tödlich peinlich war). Neben dem Kettenrauchen trank er auch gern und viel, bestellte Bier meist pitcherweise und hatte immer eine regelmäßig ausgewechselte Flasche Whiskey auf dem Kühlschrank stehen, auch wenn sich bei ihm die Wirkung des Alkohols – wenn überhaupt – nur auf sehr gutmütige Weise zeigte. So wie viele Menschen mit irischen Genen musste er erst beschließen, dass er betrunken sein wollte, bevor er sich betrunken fühlte, und das geschah selten. Dennoch trug der Alkohol sicher dazu bei, dass er die Fitness seiner Jugend verlor. Dazu aß er noch schlecht und reichlich, manchmal überreichlich, doch behielt er sein Leben lang die schlanken Beine und kraftvollen Waden eines Läufers, was unerklärlich erscheint, weil er keinerlei Sport trieb. Er war einer der Menschen, die einfach nicht zum Dicksein gemacht waren, und er war überrascht, als sein Körper schließlich schwächelte: Er hatte ihm doch immer treue Dienste geleistet.

Jeder, der einen Elternteil mit fatalistischen Gewohnheiten hat, weiß, dass die Kinder solcher Eltern in der Schule besondere Schrecken erleben, wenn die Lehrer ihre Horrorgeschichten abspulen, wozu eine Vernachlässigung des Körpers führen kann; diese Angst grenzt an Kindesmisshandlung. Ich weiß noch, wie ich mich mit fünf oder sechs Jahren sonntagmorgens ins Elternzimmer schlich, wo er lang ausschlief, und ich einfach vor dem Bett stand und ewig seine Gestalt unter der Decke anstarrte, ob er auch wirklich noch atmete; ein paarmal, oder mehr als ein paarmal, hatte ich geträumt, er sei gestorben, und kam zu ihm ins Zimmer gerannt, weil ich es wirklich glaubte. Eines Nachts lag ich in meinem Bett und konzentrierte mich unter dem Einfluss eines vergessenen Werks populärer Pseudowissenschaft so sehr ich konnte, weil ich glaubte, dann würde sich mir sein Todesalter offenbaren: Die Ziffern Sechs und Drei schwebten mir vor Augen. Das erschien mir weit genug in der Zukunft und bot mir seltsamerweise bis zu seinem Tod acht Jahre vor dieser magischen Zahl einen gewissen Trost.

Wir flehten ihn natürlich an, mehr auf sich zu achten – wenn auch stets mit einer gewissen Beklommenheit, denn das Thema nervte ihn, und wenn man darauf beharrte, wurde er manchmal wütend. Meistens kam es überhaupt nicht dazu, so geschickt konnte er mit einem Scherz ablenken: Wenn ein Mann mit sichtlich erhöhtem Herzinfarkt-, Schlaganfall- und Krebsrisiko den Rest seiner fünfzehn Zentimeter langen Mentholzigarette ausdrückt, bevor er sich über ein todbringendes Abendessen aus Frittiertem hermacht (»eine zünftige Mahlzeit«, wie er es genannt hätte), Messer und Gabel zusammenklirren lässt, einem zuzwinkert und mit warmem Akzent sagt: »Herzenssache!«, dann ist man entwaffnet. Ich habe einen Brief von ihm, geschrieben weniger als einen Monat vor seinem Tod, eine Antwort auf meine Frage, ob er sich nun mehr bewege, wie es ihm der Arzt empfohlen hatte. In typischem Attributivstil (seiner großen Schwäche) schrieb er: »Vor drei Tagen erst bewegte ich in gediegener Manier diese meine geschmeidigen Glieder um den Rundkurs des Antrum Lake von vollen zwei Kilometern – hei, was sprangen da die widerlich gestählten ›Fitnessjünger‹ in die Büsche und kauerten furchtsam nieder, als ich den Toyota um die Kurven jagte!«

Und trotzdem ermutigten wir ihn weiter, sich zu mäßigen, mit uns spazieren zu gehen, den Salat zu bestellen. Ich bat ihn, mein Bruder und meine Schwestern baten ihn, meine Mutter flehte ihn geradezu an, bis sie sich irgendwann scheiden ließen. Sein eigener Vater war jung an einem Herzinfarkt gestorben; seine Mutter an Lungenkrebs, als ich ein Kind war. Aber es half nichts. Er hatte sein Schicksal. Er hatte seine Gewohnheiten, so selbstmörderisch sie auch waren, und uns stand die Forderung nicht zu, dass er sie änderte.

Es erleichterte die Sache auch nicht, dass er beruflich jedes Jahr mehrere Monate auf Achse war, sodass keine Routine außer der zwanghaftesten aufrechtzuerhalten war, oder dass die Arbeit sich um Deadlines und Nervenspannung drehte, dass er zwischen dem vierzehnten Inning, der zweiten Verlängerung oder was auch immer und dem vorgegebenen Abgabetermin seinen Artikel runtertippen musste. Zu meinen lebhaftesten Kindheitserinnerungen zählen die Abende, wenn ich mit meinem Vater nach Heimspielen der Louisville Redbirds auf der Pressetribüne im Cardinal Stadium sitzen durfte (die Redbirds waren das Nachwuchsteam der St. Louis Cardinals, aber eine kurze Zeit lang begeisterten sich die örtlichen Fans genauso für die Redbirds wie für die erste Mannschaft und brachen 1985 den Zuschauerrekord der Liga). Während des Spiels saß ich neben ihm und beobachtete fasziniert, wie er und die anderen Reporter ihre Notizbücher mit den nur wahren Kennern vertrauten Geheimzeichen füllten, einem Buchstaben, einer Zahl oder Form für selbst das geringfügigste Ereignis auf dem Spielfeld. Immer mal wieder flog durchs Fenster ein Ball herein, knapp an unseren Köpfen vorbei, und mein Vater stand auf und winkte mit seinem unvermeidlichen weißen Stofftaschentuch aus dem Fenster, woraufhin ein Raunen durch die Menge ging.

Meine regelmäßige Anwesenheit dort oben kann die anderen Reporter nicht gefreut haben, aber meinem Vater zuliebe sagten sie nichts. Alle paar Monate bekomme ich einen Brief von einem seiner alten Kollegen, der mir erzählt, wie langweilig der Job ohne ihn ist. Letztes Jahr fand ich im *Louisville Magazine* einen Artikel von John Hughes, der mit ihm beim *Courier-Journal* gearbeitet hatte. »In den Redaktionen von damals passierten Sachen, die in unserer journalistisch korrekten Zeit nicht mehr möglich wären«, erinnert sich Hughes. »Zum Beispiel der Neujahrsabend, als der damalige Sportreporter vom *C-J*, Mike Sullivan, sich aus der Papiertüte von meiner Bierrunde einen Hut machte und ihn die ganze Zeit aufbehielt, während er über den Tackle schrieb, der Woody Hayes' Trainerkarriere beendete.« Das war typisch. Einmal, als ich mit meinem Vater in der Zeitungsredaktion war – ich war wohl etwa fünf –, sah er, wie spannend ich das Rohrpostsystem fand, über das die verschiedenen Ressorts damals miteinander kommunizierten, also stachelte er mich an, meine Schuhe und später auch meine Socken in die Transportbüchsen zu legen und an mehrere seiner Freunde zu schicken. Als dann die Durchsage kam: »*Wer auch immer da gerade die ganze Scheiße durch die Rohre jagt, hört jetzt bitte mal damit auf!*«, krümmten wir uns zusammen, um uns nicht durch lautes Gelächter zu verraten. Auf der Pressetribüne ließ er mich Witze erzählen, die ich gelernt hatte. In einem davon kam das Wort »adipös« vor, und als ich bei der Stelle ankam, hielt ich inne und fragte höflich: »Wisst ihr alle, was adipös heißt?« Der Raum brach in Gejohle aus. Für ihn war es, als hätte sein Sohn den nationalen Buchstabierwettbewerb gewonnen.

Es schmerzte meinen Vater sicher, dass die Spiele selbst mir nichts gaben. Wie viele Männer hätten sich die Finger nach der Gelegenheit geleckt, ihre wackeren amerikanischen Söhne dem Profisport in solchem Maße auszusetzen, wie ich es als alltäglich wahrnahm? Perlen vor die Säue. Ich weiß noch, wie ich auf der Pressetribüne bei den Redbirds Pee Wee Reese kennenlernte. Sein Sohn Mark arbeitete mit meinem Vater beim *Courier-Journal*, und Pee Wee kam bei ihm reinschauen. Mitte der Fünfziger hatte mein Vater am Ebbets Field neben *seinem* Vater gesessen und ihn als Shortstop für die Brooklyn Dodgers spielen sehen, und er stellte ihn mir vor wie einen Monarchen. Ich war hauptsächlich verlegen und drehte mich weg, als ich ihm die Hand gegeben hatte. Diese Szene wiederholte sich mit diversen Sportlegenden bis in meine Jugend.

Auch als Sportler war ich eine Enttäuschung. Zwar zeigte sich ein gewisses Können, das mir mein Vater vererbt hatte, aber meine Konzentration kam und ging. Die Feinheiten waren mir zu hoch. Einmal pfiff der Schiedsrichter eins meiner Basketball-Spiele in der sechsten Klasse ab, um mir die Drei-Sekunden-Regel zu erklären. Er hatte nämlich keine Lust mehr, mich deswegen dauernd zu maßregeln. Er legte mir die Hand auf die Hüften, schob mich in den Freiwurfraum und wieder heraus und erklärte mir, wo dieser anfing und wie lange ich mich dort aufhalten durfte, während die Zuschauer und die anderen Spieler stumm zuschauten. Ich hatte keine Ahnung, wovon er redete, und wurde bald ausgewechselt.

Baseball lag mir mehr, der Lieblingssport meines Vaters. Er war außer sich vor Freude, wenn ich in der Little League ausgewählt wurde, als vierter Batter meine Freunde nach Hause zu schlagen, auch wenn ich das wie die meisten Dinge mit quasi autistischer Hyperkonzentration anging: *Da ist der Ball. Jetzt schlagen.* Ich schlug zwar routinemäßig Homeruns, blieb aber trotzdem mit dem Ball im Handschuh an der Base stehen, wenn ich eigentlich einen Runner raustikken sollte, oder ich rannte nach einem gefangenen Foul Ball nicht zum »tag up« zurück zu meiner Startposition, sondern schlitterte siegessicher auf die nächste Base, wo mich dann einer der Infielder lässig raustickte. Fußball hasste ich mit Inbrunst. Aber schon nach ein paar Wochen hatte ich herausgefunden, dass man nur die Hand heben musste, wenn man erschöpft war oder einen Krampf hatte, und dann sofort ausgewechselt wurde. Also tat ich das immer, sobald der Coach mich auf den Platz geschickt hatte. Einmal brüllte er mich dann von der Seitenlinie an: »Meine Fresse, John, jetzt spiel doch!« Ich sah ihm in die Augen. Und behielt die Hand oben.

Meine Beteiligung an jeglichem organisierten Sport endete in einem Taekwondo-Verein in der Innenstadt von Louisville. Warum ich mir bei meinem speziellen Handicap ausgerechnet einen Sport ausgesucht habe, der dafür bekannt ist, absolute Konzentration zu erfordern, weiß wohl keiner. Ich wollte mich mit niemandem anlegen und fürchtete mich vor jeglichem Schmerz. Mein Trainer, Master Gary, war ein kratzbärtiger Vietnam-Veteran, der wütender war, als es jemand sein sollte, der mit Kindern arbeitet. Seine Taekwondo-

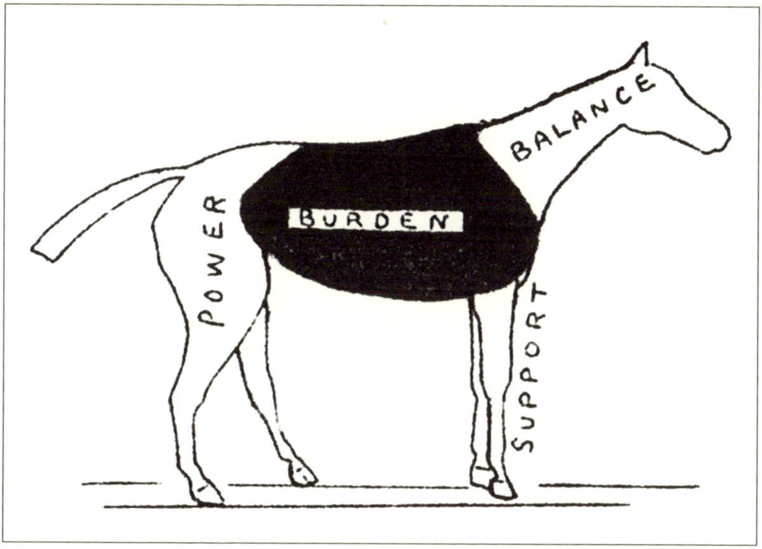

Stunden waren beherrscht von einem stetig anwachsenden Regelwerk mit eingestreuten koreanischen Begriffen, das mich vor Verwirrung lähmte. Ich zucke heute noch zusammen, wenn ich an den Abend denke, als ich während der »Meditationszeit« beschloss, meine »Technik« zu üben. Die anderen Jungs und Mädchen knieten schweigend in perfekten Reihen, die Hände gefaltet, die Augen geschlossen. Master Gary kniete ihnen genauso gegenüber. Aus irgendeinem Grund stand ich irgendwann auf, ging in die Ecke und fing an auf den Sandsack einzuprügeln. Mein Vater, der etwas früher zum Abholen gekommen war, zischte mir schließlich zu, ich solle aufhören. Master Gary machte nicht mal die Augen auf. Zwei Wochen später lehnte ich an einer Wand, um unsichtbar zu werden, als seine Nummer zwei, eine knallharte Jugendliche mit kurzen, dunklen Haaren und leichtem Schnurrbart, sich vor mir aufbaute. Sie brüllte mich an und erschreckte mich so, dass ich sie bitten musste, es noch mal zu wiederholen. Also brüllte sie es noch lauter: »*Im Dojo wird nicht angelehnt!*«

Auch wenn ich all das hauptsächlich tat, um meinem Vater zu gefallen – eine andere Erklärung fällt mir nicht ein –, gab er mir doch nie das Gefühl, großen Wert darauf zu legen, wie gut ich war. Während des Spiels jubelte er laut und ärgerte mich mit meinen Spitznamen – so sehr ich ihn auch anbettelte, damit aufzuhören: Ich war Prodge (kurz für progeny, Nachkomme) und Beamish (aus Lewis Carrolls »Jabberwocky«: Ich winkte bald nur noch ab, wenn meine Mitspieler herüberkamen und fragten: »*Wie* hat der dich gerade genannt?«). Ich kann mich nicht daran erinnern, dass es jemals zu so einem klischeehaften wütenden Schweigen nach einer Niederlage gekommen wäre, sondern eher lag dann Erleichterung in der Luft, weil die Sache endlich durchgestanden war. Und auch wenn mir all der Profi-Baseball, dem ich mit perfekter Aussicht von hoch oben zuschaute, wie Modern Dance vorkam – faszinierend, aber undurchschaubar –, waren wir vor allem zusammen. Mir war nie langweilig, wenn ich bei meinem Vater war.

Aber so richtig ging für mich der Spaß erst nach dem Spiel los; wenn ich mit meinem Vater in der Umkleide gewesen war, wo er pflichtbewusst seine Fragen stellte, während ich hinter ihm stand und Panik vor all den entblößten Riesenphalli hatte, die auf Augenhöhe an mir vorbeiwippten; wenn die anderen Sportreporter wieder nach Hause oder ins Hotel gefahren waren (mein Vater war die ganze Saison für die Redbirds zuständig, also musste er manchmal zwei Artikel abgeben, bevor er Schluss machen konnte); wenn er sich wieder an seinen Platz gesetzt und den Notizblock aufgeklappt hatte, dessen lange, schmale, linierte Seiten nun voll mit seiner geschwungenen Kurzschrift waren. Dann hatte sich das Stadion allmählich geleert, und aus den Schatten kamen die Penner, die es irgendwie an den Sicherheitsmännern vorbeigeschafft hatten, arbeiteten sich im Zwielicht wie Lumpensammler zwischen den Sitzen vor und leerten die halbgetrunkenen Biere. Wenn ich dann von der Pressetribüne runterschaute, staunte ich, wie schnell sich über das eben noch tosende Stadion auf einmal tiefe Kathedralenstille gelegt hatte. Ich ging über den Metallsteg, der zwischen der Pressetribüne und dem Zuschauerbereich hing, und spielte alleine auf den Rängen, wobei es hin und wieder zu steifen, unangenehmen Gesprächen mit einem der Obdachlosen kam. Nach ein paar Monaten nahm ich meinen Mut zusammen und traute mich auf das leere Spielfeld, lief die Bases ab, warf einem Geisterbatter unsichtbare Bälle zu, rief nach meinem Vater hoch über mir hinter dem Fenster der Pressetribüne, damit er mir zuschaute. Dann winkte er. Als mir an einem dieser Abende nichts Besseres einfiel, lernte ich, wie man das Schloss zum Getränkestand der Pressetribüne mit einer geradegebogenen Büroklammer knackte. Von da an gab es nach Feierabend unbegrenzt Karamellpopcorn für mich und Freibier für meinen Vater, dessen Freude über mein Geschick mich unendlich stolz machte. Da saß er dann, ein offenes Bier neben seinem PortaBubble (einem frühen Laptop, der so viel wog wie ein vierjähriges Kind) und eine brennende Zigarette zwischen den Fingern, während er eigentümliche, geistreiche Geschichten über belanglose Spiele schrieb. Es gab dort auch einen leicht zurückgebliebenen Hausmeister, der mich eines Abends mit aufs Dach der Pressetribüne nahm und mir die Sternbilder zeigte. Während der Himmel dunkler wurde, kamen Armadas grüner Riesenkäfer durch die Fenster rein, die wegen des Rauchs gekippt waren. Dann rollte ich ein Programmheft auf und jagte die Viecher, raste herum und klatschte an die Wände, während mein Vater mit dem Rücken zu mir dasaß und tippte und rauchte und tippte und trank.

Ich kann die Gefühle von damals immer noch nacherleben: Ich war glücklich. Mein Vater und ich sprachen dabei kaum miteinander, oder ich stellte ihm manchmal eine Frage, und er hörte mich nicht, und wenn doch, antwortete er erst nach den zwanzig Sekunden Pause, die in unserer Familie ein Running Gag waren, fuhr plötzlich mit dem Kopf herum, wenn ich die Frage selbst schon vergessen hatte, und sagte: »Hmm, nein«, oder: »Klar, Junge.« Aber für mich steigerte diese Distanz die Intimität irgendwie. Es war kein Ausflug in den Zoo. Er ließ sich nicht zu mir herab und war nicht mein Babysitter. Sondern ich war in seinem Element, wo er mysteriöse Arbeit tat, und das – diese Nähe – war wichtiger, als gesehen oder gehört zu werden.

Als ich älter wurde, kam zwischen uns eine andere Art von Distanz auf, eine, die wir beide bemerkten und die uns beide störte. Ich war jahrelang wütend auf ihn, weil er die Ehe mit meiner Mutter in die Auflösung hatte driften lassen, weil man ihm dabei zusehen konnte, wie er sich langsam, aber sicher umbrachte. An dem Abend in seinem Zimmer im Riverside Hospital schwebte zwischen uns ein unausgesprochenes Gefühl von »Da haben wir's«, das vielleicht die etwas makabre – man könnte auch sagen, kühne – Frage erklärt, die ich ihm stellte, einem Mann von gerade mal fünfundfünfzig. Im Jahr zuvor hatte es schon die Aneurysma-Operation gegeben, dann die (erfolglose) Operation, den von ersterer verursachten Leistenbruch zu beheben. Fast ein ganzes Jahr lief er mit einer kanonenkugelgroßen und -förmigen Ausbeulung vor dem Bauch herum. »Meine Reihe von Gebresten«, wie er es in einem Brief ausdrückte, »führt mir nunmehr recht deutlich meine Sterblichkeit vor Augen.« Ansonsten war es eigentlich keine düstere Szene. Die letzte Operation war erfolgreich gewesen, und es ging ihm allem Anschein nach unverdient gut. Wegen des abklingenden Beruhigungsmittels und wohl auch wegen der vierundzwanzig Stunden ohne Zigaretten war er angespannt, aber bereit zu reden, wobei wir flüsterten, weil sein älterer Zimmergenosse schon schlief.

Ich bat ihn, mir zu erzählen, woran er sich aus all den Jahren als Sportreporter erinnerte, denn er hatte in seinem Leben viel gesehen, hatte über Michael Jordan bei den North Carolina Tar Heels geschrieben, über einen jugendlichen John McEnroe, über Bear Bryant und Muhammad Ali. Er hatte die Big Red Machine in Cincinnati verfolgt und war gerade für die Cleveland Indians zuständig, als sie in den Neunzigern ihre vierzigjährige Flaute überwanden und wieder siegten. Er hatte Preise gewonnen und über Skandale berichtet. Als ich vor ein paar Jahren beruflich mit Fay Vincent, dem ehemaligen Commissioner of Baseball, zu tun hatte, fragte er mich, wer denn mein Vater sei, und als ich es ihm sagte, erwiderte er: »Ach, ja. Ich weiß noch, dass er damals sehr fair mit der Rose-Sache umgegangen ist.« Ich musste mich später an einen befreundeten Baseball-Experten wenden, mit dem ich darauf kam, dass Vincent die Story über Pete Rose meinte, der 1989 als Manager der Cincinnati Reds auf seine eigenen Spiele gewettet hatte.

Zu Hause hörten wir kaum jemals von alledem. Ich hatte diese idyllischen Abende mit ihm im Stadion in Louisville, aber das war zweite Liga in einer nicht besonders wichtigen Stadt (weshalb ich überhaupt nur mitkommen durfte, wie ich rückblickend verstehe).

Mein Vater sah es so, dass über die Arbeit reden arbeiten bedeutete, und das tat er schon mehr als genug. Sportreporter sind es gewohnt, dass im Restaurant oder bei Elternversammlungen Leute auf sie zukommen und sich über Sachen beschweren, die sie in ihrer Kolumne geschrieben oder in einer Radiosendung gesagt haben. Aber mein Vater reagierte so empfindlich auf jegliche Bewertung – eigentlich schon auf jede Erwähnung – seiner Texte, dass man ihm fast schon einen körperlichen Schmerz ansah, was wohl daran lag, dass er mehr oder weniger rückwärts zu dem Beruf gekommen war. Der typische Sportreporter glüht für das Thema und kann dazu vielleicht einen geraden Satz schreiben, aber mein Vater hatte Schriftsteller werden wollen (Lyriker sogar), und mit Sport kannte er sich eben aus, also kam er irgendwie dazu, damit sein Geld zu verdienen. Seine Artikel waren dicht, voller Anspielungen und hin und wieder mit einem pedantischen Humor befrachtet, wie man es nennen könnte. Außerdem waren sie *gut*, wie ich merkte, als er fort war – zu seinen Lebzeiten hatte ich sie nur selten gelesen.

Er hatte immer den Anspruch, interessante Texte zu schreiben, so weit er dazu auch vom eigentlichen Thema abschweifen musste. Manche seiner Leser liebten ihn dafür, aber andere – und das kann man ihnen kaum vorhalten – schickten wutentbrannte Briefe, warum die Zeitung nicht einfach jemanden anstellen konnte, der ihnen das Ergebnis sagte und das mit den großen Worten bitte sein ließ. Jahre solcher Briefe in seinem Postfach hatten meinen Vater verbittert, doch nie so sehr, dass seine Muse verstummt wäre. Als *The Other Paper*, eine alternative Wochenzeitung in Columbus, eine reguläre Kolumne namens »The Sully« einführte, in der sie seinen vermeintlich verschrobensten Satz der vergangenen Woche auswählten und kommentierten (z. B.: »›Die Second Base ist ein undefiniertes Gebiet, das wir noch nicht ganz im Begriff haben‹, so John Hart, General Manager der Cleveland Indians, der klingt wie jemand, dem man gleich das halbe Gesicht abbeißt«), staunten wir, wie gequält mein Vater reagierte. Jedem anderen wäre das Kompliment hinter der Stichelei offensichtlich gewesen, aber ihm kam das Blatt nicht ins Haus.

Zusätzlich zu seiner Empfindlichkeit, die unbestreitbar auf seinen

Stolz zurückzuführen war, machte mein Vater keine große Sache aus seinem Sportwissen (das erstaunlich war selbst für einen Baseballreporter, der qua Spezies schon ein wandelndes Lexikon statistischen Nischenwissens ist), was ihn verstummen ließ, wenn er sich einem der allgegenwärtigen »Sportfreaks« mit ihrer Begeisterung und ihren leidenschaftlichen Theorien gegenübersah. Die Reaktion war oft schwer anzusehen, denn der Sportfreak – mit seiner Teamkappe, seinem langen Atem und seinem Willen, neunmal zu wiederholen, dass Henderson ein Idiot war, weil er mit zwei Outs zur Dritten warf – will oft nichts als Bestätigung. Doch wenige Leute verstehen, dass der Sportreporter, der wahre Sportreporter, nie ein Fan ist. Seine Leidenschaft für das Spiel ist abstrakter. Schließlich muss er bis Mitternacht dableiben, ob sein Team gewinnt oder verliert, und sein Team wandelt sich und trägt viele Farben. Er betrachtet das Spiel – oder das Rennen oder das Match oder das Turnier – mit kühlerem Blick; und er hat keinen Anreiz, die Ereignisse aufzubauschen oder zu verzerren. Der Fan wähnt sich beim Spiel im Theater; es gibt Helden und Bösewichte, gerechte und ungerechte Ergebnisse. Aber sosehr der Sportreporter sein Thema auch in der *Sprache* des Theaters präsentiert, bleibt es in seinem Kopf doch etwas anderes, kein Wettstreit zwischen denen, die würdig oder weniger würdig sind, sondern zwischen solchen, die können oder weniger können, beziehungsweise Glück oder weniger Glück haben. Der Wettstreit, und nur der Wettstreit, überdauert in seinen Einzelkomponenten: im Wurf, im Lauf, im Spielzug, in derer aller Nähe zu oder Entfernung von ihrer perfekten Ausführung.

Ich war nie ein Fan. Ich war etwas anderes: ein Ignorant. Und am Ende war das für meinen Vater wohl leichter. Wir hatten anderes, worüber wir reden konnten; ihn plagten nie die peinlichen Schwierigkeiten, die Arbeit hinüber ins Reich der Laien zu bringen, denn ich hätte sowieso nie mithalten können. Die wenigen Male, die ich es versuchte – »Was für ein Spiel gestern Abend«, wenn ich es zufällig gesehen hatte –, lachte er nur wie zum Dank für meine Mühen.

Doch dieser Abend war anders. Ich wollte es wirklich wissen, weil die Gelegenheiten zu schwinden schienen. Ich wollte hören, woran er sich erinnerte. Und er erzählte mir das hier:

> Ich war bei Secretariats Derby '73, im Jahr bevor du auf die Welt gekommen bist – da warst du wohl noch nicht mal gezeugt. Das war einfach ... pure Schönheit, weißt du? Am Anfang war er Letzter, das war meistens so. Ich habe über das zweitplatzierte Pferd geschrieben, das dann Sham wurde. Bis in die letzte Kurve sah es aus, als hätte Sham das Rennen in der Tasche, meine ich. Sham war ein schneller, schöner Hengst, musst du wissen. In einem anderen Jahr hätte er die Triple Crown geholt. Und man konnte sich einfach nicht vorstellen, dass es überhaupt einen Schnelleren geben konnte. Alle haben nur ihm zugeschaut. Es war mehr oder weniger gelaufen. Und plötzlich war da so eine ... bloß wie eine Störung im Augenwinkel, am Rande des Sichtfelds. Und dann, bevor du sehen konntest, was es war, kam Secretariat. Und dann war Secretariat an ihm vorbei. Noch nie hatte man einen so laufen sehen – das haben auch die älteren Kollegen gesagt. Es war, als wäre er eine ganz neue Tierart. Bis er dann nach Belmont kam, hat er die anderen quasi überrundet.

Das hatte mein Vater vorher noch nie erwähnt. Obwohl ich Minuten von den Churchill Downs entfernt aufgewachsen bin, wusste ich vom Kentucky Derby eigentlich nur, dass jeden Mai ein neues Souvenirglas davon im Schrank auftauchte, das meist irgendwer, oft ich, in Scherben schmiss, bevor das nächste kam. Ich weiß, dass er über ein Jahrzehnt lang jedes Jahr beim Rennen war und manchmal meinen großen Bruder mitnahm, aber mich fragte er nur, auf welches Pferd er meine zwei Dollar setzen solle, ansonsten sprach er nicht mit mir darüber.

Ich schrieb auf, was er mir erzählt hatte, als ich wieder in seiner Wohnung war, wo meine Schwester und ich übernachteten. Er lebte noch zwei Monate, aber es war das letzte Mal, dass ich ihn sah.

Ein Jahr danach ging ich in die New York Public Library und suchte mir die Artikel heraus, die er an dem ersten Samstag im Mai 1973 für das *Courier-Journal* (damals *Courier-Journal & Times*) geschrieben hatte. Es gab zwei von »Mike Sullivan, Sportreporter«: den

Rennbericht über Sham (samt Interview mit dem Jockey Laffitt Pincay, in dem dieser zugibt, Secretariat sei zwar »am Ende davongezogen«, was mein Vater als »herrlichen, dramatischen Zielsprint« beschreibt, aber in Preakness werde Sham ihn kriegen), und einen anderen, seltsameren Text, tief im Sportteil vergraben, der eines Tages Historiker des Zeitungsgeschäfts interessieren dürfte, und wenn auch nur, weil er zeigt, wie tief der New Journalism Anfang der Siebziger in die Provinz vorgedrungen war. Darin beschreibt mein Vater, wie er sich am Morgen des Derbys auf den Churchill Downs nach einem Thema umsieht.

Etwa zur Mitte der Story taucht »Der Bursche« auf, »lässig, ... in alten Jeans und Turnschuhen ... nicht ganz glattrasiert, sah er recht so aus wie ein Pferdepfleger oder Stallbursche«. Mein Vater trug zum Derby immer einen weißen Leinenanzug wie sein großer Held Mark Twain, auch wenn sein Kollege und Freund, der bekannte Pferdejournalist Billy Reed einmal schrieb, er sehe eher aus wie ein irrer

Colonel Sanders, was ihn für einen Hippie auf Abwegen wohl nahbar wirken ließ.

»Bist du nicht vielleicht ein Pferdeknecht oder so was?«, fragt mein Vater, aber Der Bursche erwidert: »Nee, ich bin äh, ... reingeschlichen.« Der Bursche erklärt, dass er die ganze Nacht durch nach Louisville gefahren ist, weil er auf einer Mission ist, für seinen »Kumpel« zu Hause ein Autogramm von Pincay zu kriegen. Es folgt ein schräger Post-Sechziger-Dialog. Mein Vater rät ihm, sich nicht wie geplant als Pferdepfleger auszugeben (sonst schnappe ihn noch die Staatsgewalt), sondern sich lieber »nach dem Rennen ganz vorne an den Zaun zu stellen« und es da mit dem Autogramm zu versuchen. Dann wird mit dem Burschen ein Treffpunkt nach dem Derby vereinbart. »Zu diesem Zeitpunkt«, schreibt mein Vater, »würde er mir verraten, ob er das Autogramm bekommen hat.«

Der nächste und letzte Satz erschien mir aus irgendeinem Grunde eigenartig und seltsam rührend, als ich ihn im Surren und Leichenhauslicht des Mikrofilmbetrachters las. Er lautet: »Falls Der Bursche mit seiner Mission scheiterte, dann endet die Geschichte hier.«

DAS KIND EUROPAS

Es war in Nürnberg am Unschlittplatz (wo die Metzger der Stadt beim Unschlittamt den beim Schlachten angefallenen Talg verkaufen mussten); der 26. Mai 1828, ein Pfingstmontag, später Nachmittag. Ein Junge von etwa sechzehn Jahren, der in allen Berichten als »von vollen Lippen« beschrieben wird, kommt den Hügel herabgestolpert. Michael Newton zufolge, dem Autor von *Wilde Kinder* (worin die detaillierteste und lesbarste Schilderung einer Geschichte enthalten ist, die häufig und oft widersprüchlich erzählt worden ist), ist der Junge »wie ein Stallbursche« angezogen, trägt »eine graue Hose, die ihm viel zu weit ist«, und hat im Gesicht »die ersten Anzeichen eines Bartes«. Zwei Schuhmacher treten an ihn heran, denen sein seltsames Äußeres aufgefallen ist, aber als sie ihn befragen, zeigt sich, dass er nicht richtig sprechen, sondern nur immer wieder einen Satz aufsagen kann: *»A Reuta möcht ich waehn, wie mei Votta waehn is.«* Seine Füße sind weich »wie die eines Säuglings« und wund, als wäre er vor diesem Tage noch nie auf ihnen gegangen. In der einen Hand hält er einen Brief, der an »den Rittmeister der 4. Eskadron des 6. Chevauxlegers-Regiments zu Nürnberg« adressiert ist, und in der anderen ein Buch, das er nicht lesen kann, mit dem Titel *Geistliches Vergißmeinnicht*. Die Schuhmacher versuchen, ihm weitere Informationen zu entlocken, bringen ihn aber nur zum Weinen. Er sinkt erschöpft zu Boden und wird dem kanadischen Historiker Martin Kitchen zufolge »in den Stall getragen, wo sich der Fremde sogleich auf einen Strohhaufen warf«.

Der Rittmeister kommt, hat das Findelkind aber weder jemals zuvor gesehen noch von ihm gehört, und ebenso wenig wird er aus dem wirren Brief schlau, also gibt man dem Jungen einen Stift, mit dem er das Einzige schreibt, was er schreiben kann, nämlich seinen Namen: »Kaspar Hauser«. Wieder wollen sie mehr aus ihm herausbekommen, und wieder ereifert er sich zu Tränen. Nun, so Newton, fängt der Junge an, in flehendem Ton wieder und wieder das Wort

»Ross« zu sagen. Die braven Bürger Nürnbergs sind ratlos und sperren Hauser zu seinem eigenen Schutze in einen Gefängnisturm. Dort liegt er auf seiner Pritsche und lauscht dem Schlagen der Stadtuhr. Jahre später, als man ihn das Schreiben gelehrt hat, berichtet er, was ihm damals durch den Kopf ging:

> Ich hörte das nähmliche, was ich zum erstenmal hörte, ich meinte aber doch, es ist etwas anders, weil ich es viel stärker hörte; es ist auch nicht das nähmliche gewesen, sondern (statt) dass die Uhr geschlagen hat, war es geläutet worden. Dieses hörte ich sehr lange; aber nach und nach hörte ich immer weniger, und wie meine Aufmerksamkeit weg war sagte ich jene Worte »dahi weis, wo Brief highört« womit ich sagen wollte: er möchte mir auch ein solches schönes Ding geben und möchte mich nicht immer so plagen … Ich fing wieder an zu weinen und sagte die gelernten Worte; damit wollte ich sagen: warum denn die Pferde so lang nicht kommen und lassen mir immer so wehe tun?

»Dieser Abschnitt bietet uns einen seltsamen Einblick in Hausers Denken«, schreibt Newton. »Zusammenhängend findet nur der Wunsch statt, Schönheit zu besitzen, und er wird wieder und wieder wiederholt …«

> Hauser war in den folgenden Tagen, die er im Vestner Turm verbrachte, weiterhin verwirrt, aber er war friedlich. Einer der Wachsoldaten war von Hausers Sehnsucht nach Pferden beeindruckt und schenkte dem Jungen ein kleines Holzpferd – wahrscheinlich hatte er es aus einem der Spielzeugläden, für die Nürnberg damals berühmt war. Der Junge war so hingerissen vor Freude und andererseits so übermäßig traurig darüber, dass er es beim Zubettgehen weglegen musste, dass man ihm am nächsten Tag noch einige weitere Holzpferdchen schenkte. Von dem Augenblick an spielte Hauser unaufhörlich mit seinen Holzpferden, war ganz darin versunken und nahm nicht wahr, was um ihn herum passierte.

Später, als Hauser in ganz Europa berühmt war und sich seine Sprachfähigkeiten verbessert hatten, konnte er die Geschichte seiner Jugend erzählen, die er – bis zu jenem Nachmittag auf dem Unschlittplatz – ganz und gar in einer dunklen Zelle verbracht habe, wo ihm nur ein paar Holzpferde Gesellschaft leisteten, »und rote Bänder, mit denen ich die Pferde schmückte«. Es habe einen Mann gegeben, der ihm Essen und Wasser gebracht habe, doch dessen Gesicht habe er nie gesehen. Der Grund für seine Freilassung sei ihm ebenso rätselhaft wie der seiner Gefangenschaft. »Das Kind Europas«, wie man ihn später nannte, wurde von einem Schutzherrn zum nächsten gereicht, von Homöopathen, Journalisten, Pfarrern und Aristokraten inspiziert und befingert. Er war in die uralte Faszination des Westens für wilde Kinder geraten (die, wie Martin Kitchen erwähnt, bis auf den griechischen Mythos von Neleus und Pelias zurückgeht, die von ihrer Mutter an einem Berghang zurückgelassenen Zwillinge, die dort von einem Pferdehirten aufgefunden und adoptiert werden, der einen von ihnen – Pelias – von einer Stute aufziehen lässt). Mit Hauser lag eine wahre Tabula rasa vor, ein perfektes Versuchskaninchen für allerlei Theorien zur menschlichen Natur. Newton schreibt:

> Wenn er sich eine Landschaft anschaute, konnte er den Hintergrund nicht vom Vordergrund unterscheiden; die Tiere hielt er für ebenso begabt wie die Menschen; und er hatte überhaupt keine Vorstellung über den Unterschied von belebt und unbelebt. So kam es, dass er besorgt war, wenn er ein Kruzifixus sah, und bat, den Leidenden von dort herunterzunehmen. Er besaß einzig ein großes Geschick im Pferdereiten, das er leicht und mit großem Geschick meisterte, sodass die Instrukteure des Militärs überrascht waren.

Nach zehn Jahren in menschlicher Gesellschaft wurde er ermordet. Weshalb oder von wem, hat niemand ermitteln können. Auch von einer Selbsttötung wird gesprochen, wobei Hauser sich dann selbst ins Herz gestochen haben müsste. Seine Grabinschrift ist wahrscheinlich das Eloquenteste und vielleicht das einzige voll und ganz Korrekte, was jemals über ihn geschrieben wurde:

HIC JACET
CASPARUS HAUSER
AENIGMA
SUI TEMPORIS

IGNOTA NATIVITAS
OCCULTA MORS
MDCCCXXXIII

(Hier liegt Kaspar Hauser, Mysterium seiner Zeit,
Herkunft unbekannt, Tod rätselhaft, 1833)

EIN REITER WILL ICH WERDEN

Eines Samstagnachmittags im Juli 1938 tauchte ein offenbar verwirrter und desorientierter Teenager im Busbahnhof von Columbus, Ohio, auf. Ein Polizist versuchte, ihn anzusprechen, doch der Junge schien nicht einmal seinen Namen zu wissen. In seinen Taschen hatte er 112 Dollar, eine Busfahrkarte nach St. Petersburg, Illinois, und Papiere, die ihn als Thomas Dowell, einen unbekannten örtlichen Jockey, auswiesen. Da der Beamte erkannte, dass Dowell schwere psychische Probleme hatte, nahm er ihn mit aufs Präsidium, wo ein Polizeiarzt versuchte herauszufinden, was los war. Dowell blieb stumm. Aus Sorge, dem Jungen könnte etwas zustoßen, wenn er ihn gehen ließe, brachte der Arzt ihn in einer Zelle unter und versuchte dann, telefonisch die Mutter des Jungen zu erreichen.

Kaum allein, zog Dowell den Gürtel aus der Hose, schlang ihn sich um den Hals und erhängte sich.

Als die traurige Nachricht von Dowells Suizid auf der Rennbahn, auf der er gearbeitet hatte, die Runde machte, schien niemand überrascht. In seiner kurzen Karriere hatte Dowell erfahren müssen, was [unzählige andere] schon lange wussten: Das Leben eines Jockeys war eine Qual. Ein Jockey lebte schnell und gefährlich und starb oft jung, sei es unter den Hufen eines Pferdes oder weil er dem Druck seines Berufes nicht standhielt. Drei Jahre hatte Dowell die einzigartigen Strapazen eines Jockeylebens ertragen ..., alles in der vergeblichen Hoffnung auf »das eine große Pferd«, das ihn aus Armut und Bedeutungslosigkeit herauskatapultieren würde.

– Laura Hillenbrand, *Der Hufschlag des Siegers*

SCHÖNHEIT

Die letzten paar Jahre habe ich drei körnige, kleine Videoclips aus dem Internet auf dem Desktop liegen. Die schaue ich mir am Ende des Tages an, wenn der Blutzucker absackt und die Aphasie einsetzt. Sie stammen aus irgendeiner Spätsiebziger-Fernsehdoku über Secretariat, und jeder einzelne zeigt, wie das Pferd eins der Rennen der Triple Crown '73 gewinnt.

Die Qualität ist so schlecht, dass man nichts als ein paar pixelige braune Massen sieht, aber auf der Tonspur sind die drei Live-Kommentare von Chick Anderson, die in die Geschichtsbücher eingehen sollten. Einer davon – der letzte, vom Belmont Park, bei dem Anderson am Ende ungläubige Tränen zurückhält, während er schreit: »Es sieht aus, als ob er davonzieht ... Der Vorsprung wird größer! ... Secretariat baut den Abstand *weiter aus!* Er galoppiert wie eine GEE-

WAL-TI-GE MA-SCHII-NE!« – kann es in purer Beschreibungskraft und majestätischer Spontaneität mit Herbert Morrisons Übertragung der Hindenburg-Katastrophe aufnehmen. Genau wie es mein Vater in Erinnerung hatte, neigte Secretariat zu Anfang seiner Karriere dazu, das Rennen auf dem letzten Platz zu starten; im Live-Kommentar vom Kentucky Derby fällt sein Name (nach der obligatorischen Auflistung des gesamten Feldes) nicht ein einziges Mal, bis das Feld fast schon an der letzten Kurve ist, und als er dann doch genannt wird, kann man die Augen schließen und förmlich sehen, wie er hervorbricht. Jedes einzelne Wort von Anderson scheint in ein magisches, argloses Unwissen über die bevorstehenden Ereignisse jenes Frühlings gehüllt:

> Sie kommen auf die Zielgerade, und Sham ist in Führung. Er liegt um eine Länge vorne. Secretariat läuft in der Mitte der Bahn und macht Druck ... Jetzt ist Secretariat auf der Zielgeraden! Secretariat kommt außen und geht in Führung! Sham auf Platz zwei! Secretariat zieht davon und *siegtmitzweieinhalb!*

Das entspricht etwa fünfzehn Sekunden Aufnahme.

Das Drama ist perfekt, wenn man weiß, dass Secretariat entgegen den Vorhersagen der Buchmacher die Wood Memorial Stakes verloren hat, sein letztes Vorbereitungsrennen vor dem Kentucky Derby, und überhaupt eine von sehr wenigen Niederlagen in seiner ganzen Karriere (später erfuhr man, dass das Pferd mit einem leidigen Zahnfleisch-Abszess gelaufen war, den der offizielle Rennbahntierarzt bemerkte, als er Secretariats Oberlippe hochklappte, um bei ihm die tätowierte Nummer zu prüfen, die alle Vollblutpferde tragen, damit kein Trainer versucht, vor dem Rennen das Pferd auszutauschen). Viele der Zuschauer des Kentucky Derby und auch Secretariats Besitzer und Trainer wollten sehen, ob der Rummel um das Pferd nur heiße Luft war. Und wie er lief, war es, als machte er sich einen Spaß und wollte sie so lange wie möglich in dem Glauben belassen, bevor er schließlich seine ganze Größe zeigte.

An dem Nachmittag lief er jedes der letzten drei Viertel schneller als das vorherige, nachdem er das erste Viertel abgeschlagen auf dem letzten Platz verbracht hatte. Seine offizielle Zeit, 1:59 und zwei Fünftelsekunden, ist auch knapp fünfzig Jahre nach seinem Rennen immer noch der Rekord beim Kentucky Derby. Auch Sham brach an diesem Tag den bis dahin gültigen Rekord, was einen Eindruck von der Klasse des Starterfelds vermittelt.

Secretariat nennt man am besten nicht das größte Pferd, den größten Läufer oder auch den größten Sportler des Zwanzigsten Jahrhunderts, sondern das größte Lebewesen. Sein Anblick in Bewegung ist eins der Beispiele, die wir den Außerirdischen zeigen können, die uns nach Gründen fragen, warum sie unseren Planeten verschonen sollten. Er hat seinen Boswell, oder vielleicht besser gesagt seinen Homer, in William Nack, dem Autor von *Secretariat: The Making of a Champion* (1975). Ein Meisterwerk des Genres, vielleicht das einzige Meisterwerk des Genres. Ein gutes Pferdebuch zu schreiben ist nicht leicht, wenn man für Erwachsene schreibt. Tiere geben keine guten Helden ab, weil es schwerfällt, sich ganz und gar mit ihnen zu identifizieren, wenn man älter als zehn ist und kein Geld auf ihren Erfolg gesetzt hat. Die Literatur des Pferderennsports – von den Berichten der Pioniere des Sportjournalismus wie Joe H. Palmer und Red Smith über beliebte Geschichten wie Edward Hotalings *Great Black Jockeys* und Alfred Copes *Royal Cavalcade of the Turf* bis hin zu Laura Hillenbrands Bestseller *Der Hufschlag des Siegers* – bereitet nach wie vor glückliche Lesestunden, wahrscheinlich weil der Sport mit seiner Geschichte und seinem Symbolismus einen Typus Autor anzieht, der sich mehr für die Story interessiert als für die Reihenfolge des Zieleinlaufs. Aber die erfolgreichen Pferdebücher begleiten die meiste Zeit die Menschen, deren Schicksale mehr oder weniger parallel zur Rennbahn verlaufen. Auch davon findet sich viel in Nacks Buch, aber irgendwie hat er eine Technik gefunden, mit der er sein Pferd zur Hauptfigur machen konnte, ohne es zu personifizieren und ohne ihm menschliche Gefühle zuzuschreiben (bis auf ein, zwei Stellen). Der Stil erinnert an Kunstkritik. So beschreibt er das letzte Viertel von Secretariats Derby. »Turcotte« ist Ronnie Turcotte, der Jockey, der Secretariat in seinen bekanntesten Rennen ritt:

> An der Clubhouse-Kurve … setzte der junge Hengst erst zu seinem Manöver an, wenn das der richtige Begriff ist, denn es

> war nicht klar begrenzt, hatte keinen eindeutigen Anfang und kein eindeutiges Ende. Es geschah allmählich. Secretariat zeigte … keinen plötzlichen Kraftakt, der ihn spektakulär nach vorne trieb. Das hier war etwas Feineres, Selteneres, eine in Ausmaß und Konzeption künstlerische Bewegung, auf unerbittliche Weise ausgeführt. Und sie begann am Anfang der Kurve, während Turcotte gelassen dasaß. Darauf hatte er gewartet, und nun ließ er es los, ohne sich weiter einzumischen, nur etwas Führung gab er dem Hengst.

»Nur etwas Führung …« Turcotte selbst hat oft wiederholt, das Pferd habe selbst die kaum nötig gehabt. Oftmals ging der Jockey sogar so weit, die Gerte hinten in der Hose stecken zu lassen.

William Nacks Beschreibung von Secretariats Hopeful Stakes, einem Rennen für Zweijährige jeden September in Saratoga Springs, New York, fängt perfekt eine gewisse mystische Qualität ein, die alle seine Rennen besaßen und die einem auffällt, wenn man sich die Aufnahmen ansieht: dass er das Feld nicht dominierte – er war kein Tyrann, kein ewig Überlegener –, sondern dass er *außerhalb* des Feldes stattfand:

> Secretariat schloss zügig zum Feld auf … galoppierte voran, wie unabhängig von der Dynamik des Rennens, unabhängig von dessen Beschleunigung und Tempo, unabhängig von den wechselnden Kämpfen in Zeitlupe, die sich dort abspielten, dem Ringen um Position und geringfügige Vorteile. [Er] reagierte nicht auf Kräfte, die das Rennen generierte, sondern er bewegte sich, als hätte er außerhalb davon sein eigenes kinetisches Feld entwickelt, und Turcotte erinnerte sich später, wie er einfach nur in Ehrfurcht dasaß.

Wie jedes gute Werk über Ästhetik bietet Nacks Buch reichlich Detail. Es beginnt (zum währenden Leid aller Kentuckier) in der Gegend nördlich von Richmond, Virginia, wo Secretariat in den frühen Morgenstunden des 30. März 1970 zur Welt kam: in Caroline County, das Nack beschreibt als »im Geiste Stephen Crane näher als Stephen Foster – ein nüchterneres, weniger bilderbuchartiges Virginia als das der Berge und Täler«. Dieser Ort scheint, oder schien zu der Zeit, gerade frisch vom Bürgerkrieg verheert, so wenig ist dort von einer Erholung zu sehen. Helen »Penny« Tweedy (geborene Chenery) hatte gerade die Meadow Stables übernommen, die seit Generationen ihrer Familie gehört. Ihr Vater, Christopher Chenery, hatte die Farm über Jahrzehnte geführt. Nun lag er im Sterben, und seine Tochter träumte davon, »Champions zu züchten, die Meadow zu retten und [für die Familie] wiederherzustellen, was der Bürgerkrieg unterbrochen hatte«.

Secretariat war »von« Bold Ruler (wie die Pferdeleute sagen), seinem Vater, und »aus« Somethingroyal, seiner Mutter – ihr vierzehntes Fohlen, so Nack. Er war ein Fuchs, sein Fell »wie ein frisch geprägter Penny« mit drei hochweißen Füßen und einem weißen Stern zwischen den Augen. Den Großteil seines Lebens wurde er Big Red genannt, sein »Stallname« (wie es auch schon der von Man o' War war). Seinen Rennnamen bekam er einige Monate nach der Geburt, wie es bei Vollblutpferden Sitte ist. Das Regelbuch verlangt neben anderen Kriterien, dass der Name eines Rennpferds höchstens achtzehn Zeichen – inklusive Leerzeichen – lang ist und weder obszön noch bereits vergeben ist, nicht an ein anderes Pferd und ebenso wenig an eine »berüchtigte Person«. Eine Mitarbeiterin der Meadow Stables namens Elizabeth Ham war früher die persönliche Sekretärin von Norman H. Davis aus Tennessee gewesen, Hoovers Delegiertem bei der Abrüstungskonferenz in Genf, »dem Sitz des Generalsekretariats des Völkerbundes«. Sie schlug den Namen vor.

Abrüstung: Es ist doch ein schönes Detail, dass Secretariat den Frieden in seinem Namen verschlüsselt hatte, schließlich waren die USA in seinem großen Jahr noch in Vietnam, mit Nixon und Kissinger noch im Weißen Haus. Andererseits weiß auch jeder, wozu die Bemühungen des Völkerbundes in dieser Sache geführt haben. Schließlich brachte Norman Davis selbst die berüchtigte, vermeintlich versöhnliche Klausel vor, die Deutschlands Unfähigkeit eingestand, die vollen Reparationen für den Ersten Weltkrieg zu zahlen, zugleich aber auf der deutschen Kriegsschuld beharrte, was Hitler den ersehnten Vorwand lieferte, sich 1933 aus der Konferenz zurückzuziehen (Regierungen, die auf Krieg aus sind, finden Diplomatie schnell ermüdend). Im folgenden Mai hielt Davis eine Rede, in der er seine – zutiefst verblendete – Meinung kundtat, man könne die

Deutschen zurück an den Verhandlungstisch locken, wenn die europäischen Mächte nur ein wenig nachgäben. Der nationalsozialistische Außenminister Konstantin Freiherr von Neurath führte diese Rede bei den Nürnberger Prozessen in seiner Erklärung dafür an, warum Deutschland sich wieder für den Krieg entschlossen hatte.

ACHTZEHN PFERDE IN EINER REIHE

So viele Einheiten beisammen hatte ich seit der Zeit in Nürnberg nicht mehr gesehen, als ich im 3. Eskadron von Kavallerie-Regiment 13 aus Lüneburg war und man uns ausgewählt hatte, an Hitler und seinem Stab vorbeizumarschieren bzw. zu -traben. Achtzehn Pferde in einer Reihe zur Musik unseres Regimentsmarsches, gespielt von dreißig Kapellen zugleich. Ein prachtvolles Bild.

– Max Kuhnert, *Will We See Tomorrow?*, 1993

HERAUSFORDERUNGEN

In Zentralkentucky gibt es kaum stehendes Wasser. Wie weiter südlich in Tennessee haben wir es hier hauptsächlich mit Karstlandschaften zu tun: mit porösem Kalkstein, der Regen verschluckt und entweder in Bäche und Flüsse leitet oder unter der Oberfläche behält. Für die Pioniere des Westens im späten achtzehnten und frühen neunzehnten Jahrhundert klang das sehr attraktiv. Stehendes Wasser brachte Seuchen hervor, und John Filson, dessen *Discovery, Settlement and Present State of Kentucke* (1784) der populärste der frühen Werbetexte der Region war, beschrieb die Gegend als »recht eben und reich an Kalkstein«, weiterhin sei »kaum Marschland, Sumpf und dergleichen zu finden«. (Außerdem berichtete er, es sei »in einigen Teilen nahezu eben; in anderen weniger; in weiteren hügelig«, und dort wachse der »Zuckerbaum, der … jeder Familie reichlich ausgezeichneten Zucker liefert«. Aber sehen wir ihm das nach.)

Wenn man über den Bluegrass State spricht, muss man sich immer auch dem Kalkstein widmen.[1] Alles, was ein Auswärtiger mit Zentralkentucky verbindet, hat mit dem Fels darunter zu tun: die sanften Hügel; die Mammoth Cave; der Bürgerkrieg (währenddessen in der Mammoth Cave reichlich Salpeter abgebaut wurde); das Quellwasser, das man für den Bourbon verwendet; die Schiefermauern, die die ältesten Pferdefarmen umgeben; sogar die Pferde selbst, denn manche behaupten, das Kalzium, das ungewöhnlich reichlich unter Lexington lagert, finde seinen Weg in die Knochen der Fohlen, die dort grasen (Kalkstein besteht praktisch aus prähistorischen Knochen, obwohl diese Kreislaufalchemie wissenschaftlich auf tönernen Füßen steht). Man könnte fast sagen, für Lexington sei die Geologie Schicksal, weshalb es unerlässlich ist, an dieser Stelle einige Worte über John Robert Shaw zu sagen, den literarischen Helden des Kalksteins von Zentralkentucky, Autor des Buches mit dem sehr aussagekräftigen Titel *Narrative of the Life & Travels of John Robert Shaw, the Well-Digger, Now Resident in Lexington, Kentucky, Writ-*

ten by Himself, 1807. Ein großartiges, unbekanntes amerikanisches Buch und meines Wissens das einzige, das der Autor im Vorwort als »Werk eines beinahe vollständigen Analphabeten« auszeichnet.

Ein Jahr vor Erscheinen des *Narrative* schaltete Shaw einen Teaser in der *Kentucky Gazette.* »In einigen Monaten«, schrieb er, »werde ich der Öffentlichkeit eine Erzählung von dreißig Jahren meines Lebens und meinen Reisen präsentieren, worin ich fünf verschiedene Male Soldat war, dreimal schiffbrüchig, zwölf Monate Kriegsgefangener und viermal in die Luft gesprengt.« Dabei handelt es sich um eine enorme Untertreibung. Shaws Leben war eine ewige Reihe solcher unaussprechlichen Schrecken, die im neunzehnten Jahrhundert unter »Missgeschicke« liefen. Ohne ausgiebig zu zitieren, lässt sich kaum der trockene und zugleich stets etwas verblüffte Ton darstellen, in dem Shaw diese Parade des Grauens schildert. Es folgt *eine* der Kapitelzusammenfassungen:

> – Unser Autor erleidet Frostbeulen – bekommt die Schulter ausgekugelt – ertrinkt beinah im Susquehannah River – besucht eine Brennerei – trinkt im Übermaß – fällt wie tot um – wird in die Kaserne getragen, wo er sich aufführt wie ein Irrer – springt den Schornstein runter und rennt auf die Klippen am Flussufer – springt dorten hernieder und bleibt auf einer Eisscholle sitzen – treibt flussabwärts, bis er von einer Bekanntschaft herausgefischt wird.

Shaw war Teil der ersten Welle der Westexpansion in die Gegend des Bluegrass, die im ersten Jahrzehnt des neunzehnten Jahrhunderts stattfand, als die Wege gebahnt, ein Wirtshaus gebaut und die Indianer getötet oder vertrieben worden waren. Geboren wurde er 1761 in Yorkshire, sein Vater war »Stoffweber von Berufe«. Mit vierzehn begann er seine Alkoholikerkarriere. Eines Tages nahm ihn ein Rekruteur beiseite und sagte: »Komm, mein wackrer Bursche … ich zeige dir das Land, wo die Straßen mit Pfannekuchen gepflastert sind«, was Shaw nicht weiter misstrauisch machte. Er wusste es noch nicht, aber er war bereits auf dem Weg nach Amerika, wo er gegen die Kolonisten kämpfen sollte. Ihm und vierhundert weiteren Rekruten »gaukelte man vor, es ginge zum Dienst nach Portsmouth«, um sie dann jedoch nach New Jersey zu verschiffen.

Shaw beschied verständlicherweise, er habe »arg in der Klemme« gesessen, als er in Elizabethtown ankam. Er erlebte das Tappan Massacre, das in ihm eine solche Abneigung gegenüber der britischen Armee auslöste, dass er desertierte – oder »verlustig ging«, wie er schreibt –, wann immer sich die Gelegenheit bot, und sie bot sich oft. Von New York fuhr er per Schiff nach Charleston, wo er »zum ersten und letzten Mal erkrankte, das heißt, an gewöhnlicher Krankheit; denn vor dem Flaschenfieber blieb ich auch seither nicht verschont«.

Shaw trank, als wollte er sterben. An irgendeinem nicht näher benannten Zeitpunkt zwischen Fahnenflucht und »tagelangen Grog-Gelagen« mit seinen Kumpanen (darunter die guten Einflüsse »Curtis Grub und Peter Grub; von denen Ersterer bei einem seiner Abenteuer in einen Werkofen in vollem Brande sprang; und Letzterer sich eines Tages eine Pistole in den Mund schob und sich das Hirn fortblies«) sammelte Shaw seine ersten Erfahrungen im Steinabbau, »und hier war der erste Steinbruch, in dem ich je schaffte«. Bei dieser ersten Anstellung hatte er »das Unglück, [sich] drei Rippen zu brechen«, und wusste, dass er seine Berufung gefunden hatte.

Da nun die Verbindung aus instabilen Sprengstoffen und einem »übermäßigen Genuss des Usquebaugh« etabliert war, nahmen Shaws Missgeschicke weiter an Fahrt auf. Er wurde von einem Baum, den er schnitt, »so heftig … im Munde geschlagen«, dass er um sein Leben fürchtete. Er ließ sich gemeinsam mit *noch* einem Grub (ungeachtet des Ortes und der jeweiligen Umstände befand sich Shaw stets in der Gesellschaft mindestens eines Mannes namens Grub) »mit Grog vollllaufen« und stolperte »in einen Brunnen von zwanzig Fuß Tiefe, wo ich liegenblieb, bis man mich mit der Hilfe von Major John M'Gaughey, heutzutage wohnhaft in Shelbyville, herauszog und ich mir glücklicherweise keinen Schaden zuzog«.[2]

Die Lagen, in die Shaw gewohnheitsmäßig geriet, waren, wie er es ausdrückt – und wie es wohl viele ausdrücken würden –, »beklagenswert«. In einem anderen Steinbruch brach er sich ein Bein, dann verletzte er sich am Boden eines Brunnens außerhalb von Philadelphia wieder am Bein, als ein Stein, den er in der Wand des Schachts unsachgemäß eingesetzt hatte, auf ihn und seinen Arbeitgeber niederstürzte, den er »mit hinuntersteigen lassen hatte, auf dass er sich von der Güte meiner Arbeit überzeuge«. »Mein Bein war davon nicht zu arg versehrt«, versichert Shaw uns, bevor ihm in letzter Sekunde noch einfällt zu ergänzen, »doch Mr Wilson wird zum Ende seiner Tage ein Krüppel bleiben.« Kurz nach dieser Episode ging Shaw »aufs Land, entschlossen, mein altes Handwerk der Korbmacherei wieder aufzunehmen«. Das ist die erste Erwähnung der Korbmacherei im ganzen Buch.

Ebenso ist es die letzte, denn bald darauf wurde Shaw ein überzeugter Anwender des »Bletonismus«, ein Rutengänger, und erfreute die einfache Landbevölkerung mit der »Unfehlbarkeit der Gabelrute«. Also wünschelte er sich von Katastrophe zu Katastrophe bis nach Kentucky, wo es eine große Nachfrage nach seinen Diensten gab, denn die Bevölkerung wuchs und wuchs, während das Wasser tief unter dem Fels blieb. In Lexington freundete er sich zuallererst mit einem Mann namens M'Guire an und ging mit ihm auf ein »Jagdabenteuer« (Shaws Welt unterschied weniger zwischen Abenteuer und Nichtabenteuer als vielmehr zwischen verschiedenen Arten von Abenteuern). M'Guire und er stellten Pumas nach. Shaw sah einen »auf dem Ast eines großen Baumes und rief M'Guire (ohne mit dieser Art von vierbeinigem Getier vertraut zu sein) zu, dort drüben am Baum sitzt ein Reh auf dem Ast«.

Als nächstes wurde er von einem Mann namens Biswell beauftragt, einen Brunnen zu graben, wurde jedoch von einem Unwetter unterbrochen, bevor er sich in die Luft jagen konnte, also kehrte er zu seinem »alten Handwerk zurück, dem des Abenteurers, das zum üblichen Ergebnis führte«. Doch ganz wie üblich ging es diesmal nicht aus.

> Niedergestreckt vom Flaschenfieber lag ich eines Abends im Wirtshaus vor dem Feuer, als mich eine Gruppe Rauhbeine aufschreckte, namentlich Major Mastin Clay, Lieutenant Spence, sowie Mr Moss und Sow. Sie kamen herein und erkundigten sich bald beim Wirt, wer ich sei. Der antwortete: »Shaw, der alte Brunnengräber, ganz krank ist er.« Verflucht soll er sein, rief Clay, mit dem machen wir uns einen Spaß. Und damit legte er mir ein Stück glühende Kohle aufs Bein, das mich recht versengte. Ich sprang auf und forderte, mich

> in Ruhe zu lassen, denn ich sei krank, niemand wolle an meiner Stelle sein, doch wolle ich versuchen es mit jedem Einzelnen von ihnen aufzunehmen. Das machte sie wütend, und Clay, der der wüsteste Schurke unter ihnen war, ließ mich von den andern ergreifen, was sie taten, um dann einen Schwarzen im Hause zu drängen, mich mit seinem Kopfe zu stoßen und mir übel mitzuspielen.

Nach dem Abenteuer mit dem Kopfstoß war Shaw nicht mehr derselbe. Er erholte sich nun immer langsamer von seinen Missgeschicken, und darüber, dass er auf dem Weg nach Lexington vom Pferd fiel (ein Unfall, über den er sich vorher kaputtgelacht hätte), berichtet er, er sei »gerade noch mit dem Leben davongekommen«. Man macht sich schon fast Sorgen, als er zu Maxwells Quelle hinausgeht, »eine gewisse Menge Wasser trinkt« und daraufhin »eine gewisse Menge Blut spuckt«. Nun gibt er sogar eine Weile das Trinken auf, doch die Nüchternheit spendete ihm wenig Trost auf seinem nächsten Brunnenbauabenteuer, als er versehentlich eine Explosion auslöste und »dabei noch drei Viertel von einem Pfund Pulver in der Hand hatte, weshalb [er] wie tot am Boden des Brunnens zurückblieb«.

Es war also kaum seine Schuld, als er sich dann wieder ins Wirtshaus zurückzog und sich dort wieder in Gesellschaft seiner Freunde »mit Grog vollaufen ließ«; ebensowenig kann man es ihm vorwerfen, dass ihm, als er das Wirtshaus verlassen hatte und draußen auf der Straße stand, »ein Ladenschwengel (Sam Combs) eine Handvoll Kalkmörtel in die Augen warf, wodurch [er] jedem mithilfe der Ärzte eingesetzten Heilmittel zum Trotze [sein] rechtes Auge verlor«.

Als diese Verletzung (mehr oder weniger) verheilt war,

> fing ich mit dem Brunnengraben an und grub in jenem Jahre neunzehn an der Zahl, nebst drei weiteren, die ich für Captain John Fowler grub, sodann ich den Stein dafür brach und die Schächte ummauerte. Dabei ereilte mich im Steinbruch das Missgeschick, dass ich wiederum in die Luft gesprengt wurde; denn während ich rammte, kam es zur Explosion und entriss mir den Hammer aus der einen und die Ramme aus der andern Hand und trug sie eine bedeutende Entfernung weit fort …

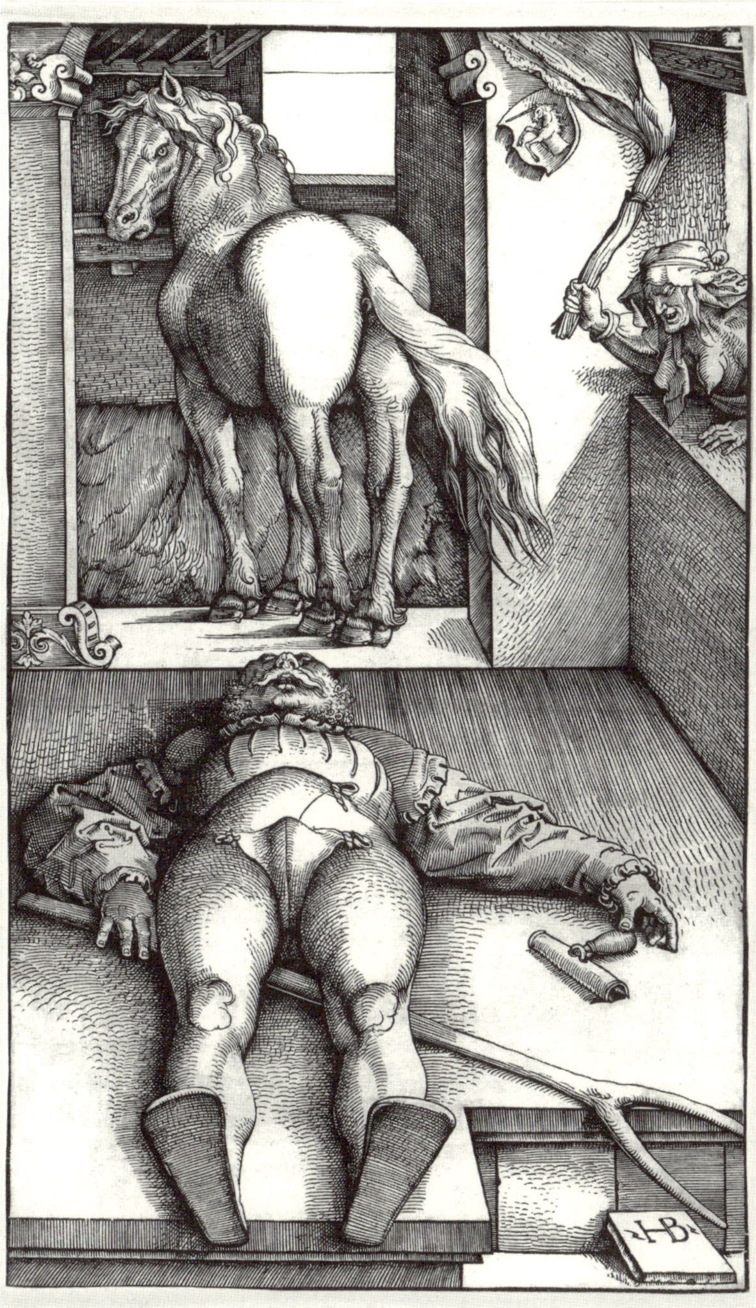
HB

Das Wunderbare an John Robert Shaw ist, dass ihn nie der Mut verließ. Während seiner zehn Jahre in Lexington stieg er in unzählige Brunnen hinab und kam aus kaum einem davon aus eigener Kraft wieder heraus, sondern fast immer musste man ihn herausziehen, nachdem er sich beim Rammen verstümmelt hatte. Im Laufe seines »Kampfes gegen den Kalkstein« verlor er »nicht weniger als ein Auge, vier Finger, einen Daumen und sieben Zehen«. Und dennoch konnte er fünf Morgen Land kaufen und seiner unbenannten Frau zu »zahlreicher Nachkommenschaft« verhelfen.

Mittlerweile ist der Leser zu dem Schluss gekommen, dass es sich bei Shaws Buch um als Memoir getarnte Fiktion wie *Tom Jones* und *Gullivers Reisen* handeln muss. Auch ich habe das geglaubt – bis ich die Schilderung von Shaws »letztem Mal, dass er beim Brunnengraben in die Luft gesprengt wurde«, las, diesmal »für Mr Lewis Sanders aus Lexington«. So beklagenswert war diese Geschichte, dass der zeitweilig sprachlose Shaw das Erzählen einem Dr. Fishback überließ, seinem »damaligen Hausarzt«, dessen Existenz sich unabhängig von diesem Buch bestätigen lässt. Fishback erinnerte sich:

> Am 23. August rief man mich zu [Shaw], der zum vierten Male in einem Brunnen in die Luft gesprengt worden sei, wie man mir berichtete. Als ich mich seinem geschundenen Körper annäherte, bot sich mir ein Anblick, der nichts glich, das ich je gesehen oder von dem ich in den Annalen der Menschheit je gelesen hätte. Der Schädel war am Stirnbein gebrochen, ein Stück weit rechts der Mitte und just unterhalb des Haaransatzes ... Nachdem er schon Jahre zuvor sein rechtes Auge verloren hatte, verblieb nun wenig Hoffnung, sollte er denn überleben, jemals wieder die Vorzüge des Sehens zu genießen, da die Oberfläche des verbleibenden Augapfels von mehreren kleinen Steinfragmenten in beträchtlicher Weise verschrammt und lädiert war. Zusätzlich zu Obigem war sein Gesicht enorm geschwollen und überzogen von Blut, Schwarzpulver und Staub, sodass es ganz und gar unmöglich war, die Züge des John Robert Shaw auszumachen. Der Eindruck, den sein über und über versehrter

Körper in meinem Bewusstsein hinterließ, ist leichter vorzustellen als zu beschreiben …

»JAS. FISHBACK.«

»Hier, lieber Leser«, fügt Shaw hilfsbereit hinzu, »male dir nur meine bemitleidenswerte Lage aus: ein Weib mit zahlreicher Nachkommenschaft um mein Bett geschart, meinen traurigen Zustand beklagend.«

Und nicht allein Dr. Fishbacks Schilderung entkräftet die Zweifel an der grundsätzlichen Richtigkeit von Shaws *Narrative*. Da wäre auch noch diese Todesanzeige in der *Kentucky Gazette* vom 25. Juli 1806:

SHAW, JOHN ROBERT – Brunnengräber aus Lexington, gestorben am Samstag, den 17. August 1806 bei einer Sprengung zum Zwecke eines Brunnenbaus für Lewis Sanders nahe Lexington.

Es sei nur gesagt, dass der Redakteur, der dies in den Druck gehen ließ, nur wenig vom Leben und von den Reisen des John Robert Shaw, damals Brunnengräber und Bewohner Lexingtons, Kentucky, wusste.

Sieben Jahre später gab es eine weitere Todesanzeige, und diese war traurigerweise korrekt:

SHAW, JOHN R. – Brunnengräber und Steinbrecher aus Lexington ist am Abend des Montag, 6. September 1813 verstorben, als er in die Luft gesprengt wurde, während er für Robert Wilson einen Brunnen grub. Er war Autor der Biographie, die seinen Namen trägt.

Er hätte es ahnen können. Und vielleicht hat er es auch. In der Mitte des *Narrative* gibt es eine seltsame Passage, in der Shaw sein Ende vorherzusehen scheint. Es ist im ganzen Buch der einzige Moment der Besinnung, wenn man ihn so nennen kann. Nachdem Shaw einen Brunnen vollendet und sich dabei am Bein verletzt hat, »dürstete [ihn] nach einem Abenteuer«, und er machte sich auf in die Stadt. Als er »am Schild des weißen Pferdes« angekommen war, befahl man ihm und einigen seiner Freunde, »bei der Überführung eines Irren in die Anstalt zu helfen«, wozu sie sich gern bereiterklärten (ein Irrenüberführungsabenteuer).

Auf unserem Wege machten wir am Schilde des Einhorns Rast, um uns zu erfrischen, wo sich mir ein grausiger Anblick bot, ein Unglücklicher, der am Tage zuvor bei einem Anfall ins Feuer gestürzt war, die Augen ausgebrannt, der Kopf verkohlt. Der Anblick dieser zwei bedauerlichen Geschöpfe hinterließ bei mir einen solchen Eindruck, dass ich danach mehrere Nächte keine Ruhe fand. Ich glaubte, den Irren mir ins Gesicht grinsen zu sehen, während ich den Unglücklichen hinter mir wähnte, wo er mir mit seinem schauerlichen Äußeren nachstellte.

»ACHTZEHN WHISKEY PUR«

Er sah die Pest auf einem weißen Pferd ins Dorf einziehen. Krebsig war der Reiter, der das Tier im Galopp über Gras und Kopfsteinpflaster und bunten Berg ritt, einen Furunkel trug er als Hut. Die Pest, die Pest, rief Tom Twp, als am Horizont das Pferd seinen weißen Kopf hob und die Sterne witterte.

– Dylan Thomas, »Das Lachen des Pferdes«

VON UNBEKANNTER GEBURT

Der Mai 1833 war ein ungewöhnlich nasser Monat in Lexington. Es regnete so viel, dass die Bäche über die Ufer traten und die Stadt überfluteten. Dann wurde das Wetter wärmer und schuf ideale Bedingungen für eine Epidemie. Es fing damit an, dass Menschen an unbekannten Ursachen verstarben, und dann, am dritten Juni, wurde der erste Fall von »Asiatischer Cholera« diagnostiziert. Ohne dass es in Lexington jemand geahnt hätte, bewegte sich die Seuche schon beinahe zehn Jahre langsam, aber sicher auf die Stadt zu. 1824 war in Südostasien eine Pandemie ausgebrochen, die in Persien, Ägypten und China wütete, bevor sie schließlich Russland erreichte, von wo aus sie in westlicher Richtung über Europa hinwegzog. 1831 kam sie nach England; die Küste Nordamerikas erreichte sie 1832; und nun, ein Jahr später, war sie im Landesinneren angekommen.

Nach einer Woche raffte sie fünfzig Menschen am Tag dahin, darunter drei Ärzte, von denen die Stadt nur wenige hatte. Einer, der überlebte, Dr. Short, schrieb seinem Onkel: »Ich hatte mir vorgenommen, den rätselhaften Charakter der Cholera zu studieren, um mich mit einigem Vertrauen dem Kampf gegen diese stellen zu können, doch ich muss zugeben, dass ihre Schrecken meine bisherigen Vorstellungen übersteigen.« Er floh aufs Land. Da ihnen nun nicht mal mehr die dubiose medizinische Hilfe ihrer Zeit blieb, versuchten die Menschen, der Krankheit mit Brandy beizukommen. Bald gab es mehr Patienten als Gesunde, die für sie sorgen konnten. Ein früher Historiker Lexingtons schrieb, »die Straßen waren still und verlassen bis auf die Pferde«.

Niemand konnte wissen, dass der ungewöhnlich wasserlösliche Kalkstein unter Zentralkentucky, das Merkmal, das die Gegend überhaupt erst so attraktiv gemacht hatte, auch für die ungewöhnliche Geschwindigkeit verantwortlich war, mit der die Krankheit hier über die Bevölkerung hereinbrach. Die Bakterien, die mit dem Nachttopf hinter dem Haus ausgekippt wurden, fanden sofort ihren

Weg ins Grundwasser und in die Brunnen. Bis Ende Juni hatte »die grausame Zerstörerin«, wie Ranck die Krankheit nannte, so viele getötet, dass die Friedhöfe überfüllt waren. Angehörige luden ihre Leichen einfach vor den Toren ab und eilten fort. Der Historiker J.S. March berichtet in seiner *Conquest of Cholera*, dass Lexingtons »Vorräte guter Särge bald aufgebraucht waren«.

In dieser Zeit wandten die Menschen sich verzweifelt dem Möbeltischler Joseph Milward zu, der am Broadway ein florierendes Geschäft führte (einige seiner signierten Stücke sind bis heute noch in entlegenen Orten Kentuckys zu finden). Milward fing an, Särge zu bauen – eine ganze Menge davon, darf man vermuten –, und 1838 enthielt seine wöchentliche Anzeige im *Lexington Observer and Reporter* den Vermerk: »ICH STEHE mit einem LEICHENWAGEN bereit und bin für Beerdigungen in der Stadt wie auf dem Lande verfügbar.« Das Bestattungsunternehmen Milward ist heute die älteste durchgehend geöffnete Firma in Lexington, immer noch am Broadway, immer noch steht ein Leichenwagen bereit.

Dieser Möbeltischler, mein Ururgroßvater mütterlicherseits, war 1805 als Säugling nach Lexington gekommen, nicht lang nach den ersten Siedlern. Er kam als Teil eines »recht ungewöhnlichen Familienverbandes« aus Baltimore, so Margaret Taylor Macdonalds *The Milward Family of Lexington, Kentucky, 1803-1969*. An jenem nicht genauer festgehaltenen Tag saßen in der Postkutsche ein Paar mittleren Alters, Luke und Ann Adams Usher; Anns Tochter Catherine Adams und Catherines dreijähriger Sohn, den sie Joseph Milward genannt hatte, obwohl kein Zeugnis ihrer Eheschließung mit einem Joseph Milward Sr., »ehrbarer Händler zu Baltimore«, je gefunden wurde. Auf jeden Fall drückte sie, in Lexington angekommen, das Baby sofort den Großeltern aufs Auge und trat ihre dritte Ehe an (schon vor »Joseph Milward« hatte es einen Gatten gegeben). Zu diesem Zeitpunkt war sie neunzehn Jahre alt.

Luke Usher, der Patriarch des ungewöhnlichen Familienverbandes, wird als »von Falstaff'schem Bau« beschrieben, mit einer »Ehefrau von kaum weniger beachtlichem Umfang«. Er muss ein gewisses Interesse an literarischen Dingen gehabt haben, denn er steht auf der Dankesliste der Förderer John Robert Shaws, welche die Veröffentlichung seines Buches ermöglicht haben. Auch der Schauspielerei war er zugetan: Er eröffnete das erste Berufstheater westlich der Allegheny Mountains (in Lexington findet man vieles, was das Erste seiner Art westlich der Allegheny Mountains war, denn die Stadt selbst war dort fünfzig Jahre lang allein auf weiter Flur). Noch interessanter ist die Tatsache, dass Luke Usher der Vater von Noble Luke Usher war, einem Schauspieler, der in Baltimore »den Rand des Ruhmes streifte« und ein enger Freund von David Poe war, dem leiblichen Vater Edgar Allans. Ein früher Poe-Biograf, Arthur Hobson Quinn, schrieb, »aller Wahrscheinlichkeit nach diente Ushers Name als Titel« jener berühmten Geschichte, was meine Familie wohl klugerweise nie vor sich hertrug.

Nach dem Ersten Weltkrieg spalteten sich die Lexingtoner Milwards in zwei Linien auf, als mein Urgroßvater in der Stadt ein Versicherungsbüro eröffnete. Gegen Ende des Zweiten Weltkriegs wurde er krank, und man rief seinen Sohn Hendree, meinen Großvater, von der Artilleristenausbildung in New Mexico nach Hause, um die Firma zu übernehmen, mit der er den Rest seines Lebens expandierte. Heutzutage sind meine Zwillingsonkel Präsident und Vizepräsident des Unternehmens, das zu Powell Walton Milward wurde, Spezialisten für Pferdeversicherung, und wenn man vom Flughafen in die Innenstadt kommt, sieht man mit als Erstes das riesige gelbe PWM-Zeichen an der Wand eines Backstein-Bürogebäudes. Das ist meine Linie: »die Versicherungsmilwards«, nicht die »Beerdigungsmilwards« (»die, die zahlen müssen, wenn jemand stirbt, nicht die, die bezahlt werden«, wie es die in Lexington geborene Autorin Elizabeth Hardwick einmal ausdrückte). Wenn ich jemanden aus der Gegend kennenlerne, muss ich meistens mit dieser Unterscheidung anfangen.

In meiner Kindheit verbrachte ich Wochenenden und Ferien in Lexington und entwickelte die Faszination für diese Stadt, die damit einhergeht, dass man eine Verbindung zu einem Ort hat, ohne selbst dort zu leben. Verglichen mit Louisville, meinem einzigen Maßstab damals, schien Lexington alt, südlich und kultiviert. Das lag zum Teil an dem Wechsel zwischen dem Mittelklasse-Reihenhaus, in dem ich aufwuchs, oder den hübsch gemachten Fertigbungalows meiner besten Freunde auf der einen und jenem anderen, weitaus wohlhabenderen Milieu auf der anderen Seite. Ich erinnere mich noch an das Ritual, bevor wir uns alle zum Besuch ins Auto quetschten, meine Khakihose und meinen marineblauen Blazer mit Schlips und die Pennyloafer anzuziehen, die zeitlose Tarnung der amerikanischen *haute bourgeoisie*, die zu sagen scheint: Wenn wir uns so unauffällig wie möglich machen, lassen sie uns vielleicht unser Geld behalten.

Hätten mich meine zwei, drei Kindheitsfreunde an irgendeinem Tag außer Sonntag so gesehen, hätten sie mich ausgelacht oder gleich verprügelt. Dennoch sehnte ich mich von Anfang an danach, in Lexington dazuzugehören, und als meine geographische Geschichte zu kompliziert für eine offensichtliche »Heimatstadt« wurde (geboren in Louisville; Kindheit im südlichen Indiana; Highschool in Ohio; College in Tennessee), war es schließlich eine große Erleichterung, dass ich den Leuten einfach sagen konnte: »Ich bin aus Kentucky«, einem Staat, in dem ich nie wirklich gelebt habe.

Meine Großeltern bauten eins der ersten modernen Häuser auf dem ehemaligen Gelände von Ashland, dem Anwesen des großen Verhandlungsführers Henry Clay, »Lexington's favorite son«. Ein alleinstehender Nachfahre Clays wohnte noch in dem alten Gebäude, als sie kamen. Ab und zu ließ er sich von seinem »Mann« die zweihundert Meter zum Haus meiner Großeltern hinüberfahren. Ihre Lichter waren die ersten, die er je von den Hinterfenstern der Villa aus gesehen hatte. Als er auszog, wurde Ashland zum Museum. Meine Schwester und ich gingen immer gerne am Heiligabend dorthin. Wir kamen im Schnee die Straße hoch und schlichen uns in den umfriedeten Garten des Anwesens, wo wir eigentlich gar nicht spielten, sondern nur leise im Dunkeln zwischen den seltsam weißgezuckerten Hecken und Bäumen standen.

Lexington hat etwas von einer ummauerten Stadt. Die New Circle Road, die Umgehungsstraße, umgibt sie wie ein Burggraben und hält mit Müh und Not das ländliche Element zurück, von dem sich die Stadt seit jeher abgrenzt. Außen vor dem Kreis fangen schon die Pferdefarmen an, ländlich und vornehm zugleich und ihrerseits umgeben von den berühmten Schiefermauern, die im neunzehnten Jahrhundert ohne Mörtel von Sklaven gebaut wurden und so solide sind, dass sie auch den unzähligen Unfällen betrunkener Fahrer standhalten. Wo die Steinmauern aufhören, fangen die Lattenzäune an – weiß für die erfolgreichsten Farmen, so sagt man vor Ort (weil sie öfter gestrichen werden müssen), und schwarz für den Rest.

Lexington ist seit geraumer Zeit Dreh- und Angelpunkt der amerikanischen Vollblutpferdekultur. Die *Kentucky Gazette* (erste Zeitung westlich der Alleghenies) gab es noch kein ganzes Jahr, da erschien schon eine Anzeige für »Das berühmte Pferd PILGARLICK von wunderschön kastanienbrauner Farbe ... gezeugt von jenem bekannten importierten Pferde Janus, geboren von Silver-eye, und ist das schnellste in ganz Kentucke ...«. Die Einheimischen erklären es wieder mit dem Kalkstein, dass die Pferde aus Kentucky wegen des hohen Kalziumgehalts des Grases hier belastbarer seien als die anderswo aufgezogenen, aber das kam erst später, als Prahlerei oder Erklärung für das, was hier natürlich schien, wenn man die historischen Gründe vergaß. Die meisten der unauslöschlichen Pferdemythen in Lexington haben diese essentialisierende Funktion gemein: zum Beispiel, dass das Bluegrass selbst – Poa pratensis – aus der osteuropäischen Steppe kommt, wo zum ersten Mal Pferde gezähmt wurden; oder dass es von einem irischen Arzt, Redmon Barry, in die Gegend gebracht wurde, der zufällig auch Barry's Grey Medley importierte, einen einflussreichen frühen Zuchthengst. Dabei ist das Bluegrass in Westeuropa schon seit Jahrhunderten bekannt, bloß als Wiesen-Rispengras. Es kam zweifellos mit englischen Schiffen nach Amerika und zog mit den Wagen der Siedler nach Westen, genau wie das Geißblatt, der Götterbaum und andere »eingeführte Spezies«.

In Wahrheit wurde Zentralkentucky wegen einer Kombination aus Landschaft und unmittelbarer kultureller Vererbung, und hauptsächlich Letzterer, zum Inbegriff der Pferdekultur. Einfach gesagt bestand die frühste Lexingtoner Elite aus Virginiern. Die Wohlhabenden der Stadt weisen einen auch heute noch allzu gern darauf hin, dass ihre Ahnen aus dem »Old Dominion« kamen, und jene Lexingtoner, die ihre Linien bis zu einer der ersten Familien Virginias zurückverfolgen können, ergötzen sich den lieben langen Tag an eben dieser einen Tatsache.

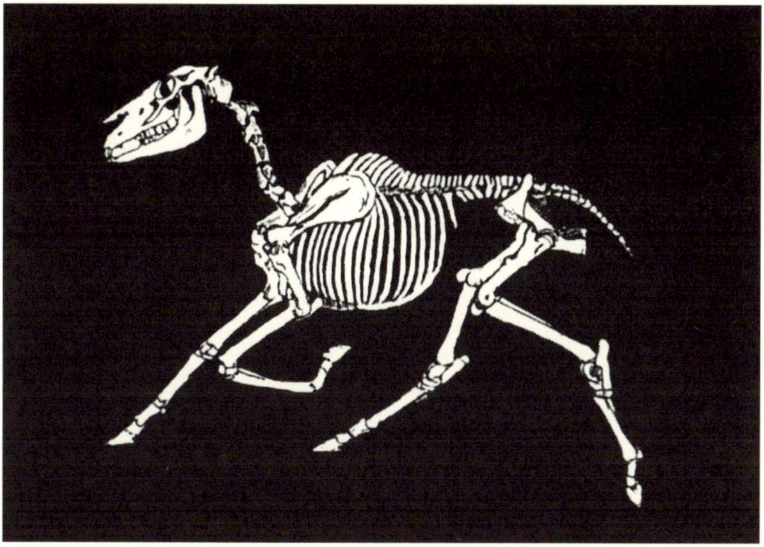

Denn dort in Virginia konnte das Pferderennen in diesem Land zum ersten Mal Fuß fassen und ungehindert vom Puritanismus und allgemeinen niederländischen Phlegma des Nordens wachsen. Die Plantagenbesitzer Virginias hatten ihre Begeisterung für das Rennen aus England mitgebracht – wie auch die meisten anderen ihrer liebsten Freizeitaktivitäten, wie Thorstein Veblen später anmerkte –, wo das Pferderennen als erkennbare Form seit mindestens dem späten zwölften Jahrhundert praktiziert wurde, als der Mönch William Fitzstephen, Thomas à Beckets Sekretär, diese Szene in Smithfield niederschrieb:

> An diesen Ort kommen, ob zum Schauen oder zum Kaufen, eine Vielzahl von Menschen der Stadt – Grafen, Barone, Ritter und Mengen an Bürgern. Wenn von dieser Pferdeart, oder auch von anderen, die in ihrer Weise stark und schnell sind, ein Rennen gelaufen werden soll, so erschallt sogleich ein Ruf, und man befiehlt, die gemeinen Pferde aus dem Wege zu führen. Drei Jockeys, manchmal auch nur zwei, so wie es vorgesehen ist, bereiten sich auf den Wettstreit vor (denn wer das Reiten gewohnt ist, versteht sich besonders auf den

> rechten Umgang mit Pferden). Im Grunde geht es darum, den Gegner daran zu hindern, vor einem selbst anzukommen ... Ganz wie Heraklit es schreibt, entsteht der Eindruck, alles sei in Bewegung.

Im Jahre 1674 wurde einem Schneider in York County, Virginia, ein Bußgeld auferlegt, weil er sein Pferd gegen das eines Arztes hatte antreten lassen: Der Sport sei, in den Worten des Urteils, »nur für Gentlemen«. Das ist das erste schriftliche Zeugnis eines organisierten Pferderennens im Süden – also eins mit Zuschauern und nicht bloß zwei Reitern, die sich irgendwo auf der Straße aneinander messen (in New York hatte es auf Long Island seit 1665 gelegentliche Rennen gegeben, doch dienten die weniger dem Amusement als der vom Gouverneur höchstpersönlich auferlegten gesellschaftlichen Verpflichtung zur »Verbesserung der Pferderasse, welche aufgrund von Vernachlässigung im Niedergange begriffen war«).

Schon Mitte des achtzehnten Jahrhunderts importierten reiche Virginier »Rennpferde« aus England. In den ersten anderthalb Jahrhunderten der Kolonie hatten sie bereits eine ausgezeichnete heimische Rasse gezüchtet, und schon 1705 war die Wildpopulation so groß, dass ein zeitgenössischer Beobachter »eine Art Sport [erwähnt], an dem sich vor allem die jungen Leute erfreuen, nämlich die Jagd von Wildpferden; sie stellen ihnen mal mit Hunden nach, mal ohne diese«. Aber die heimischen Pferde taugten nur zum sogenannten Quarter Racing: schnelle Viertelmeilensprints auf einer geraden Strecke, wie sie wohl auch Fitzstephen in London beobachtet hatte. In den Jahrhunderten seit seiner Schilderung waren die Engländer auf ovale oder runde Rennbahnen umgestiegen, bei denen man die zurückzulegende Strecke nach Gutdünken festlegen konnte, und sich nicht der schwierigen Aufgabe stellen musste, immer längere, vollkommen ebene Flächen ohne jegliches Hindernis zu finden; und deshalb legten die englischen Züchter nun mehr Wert auf Pferde mit größerer Ausdauer. Ihre Nachahmer in den Kolonien passten zwar auf, aber es dauerte eine Weile, bevor man im Südosten genug Land erschlossen hatte, um den Bau so einer Rennbahn praktikabel zu machen. Im Jahre 1737 fand dann das erste nordamerikanische Rennen auf einem Rundkurs in Hanover County, Virginia, statt, und der Import von »vollblütigen Pferden«, die ausschließlich für die Rennbahn und den Zuchtstall vorgesehen waren, kam in Schwung.

Im Kontext der modernen Tierzucht bezieht sich das Wort »Vollblutpferd« auf eine der beinahe hundert anerkannten Rassen auf dem Planeten. Pferdeglossare erklären, der Begriff habe sich im England des achtzehnten Jahrhunderts entwickelt, und beinahe alle wahren Vollblutpferde seien Nachkommen eines der drei »Stammväter« – Herod, Matchem und Eclipse – und diese drei gingen ihrerseits aus der Kreuzung von Araberhengsten (d.h. unmittelbar aus dem Nahen Osten importierten Hengsten) mit englischen Stuten hervor.

Es ist unklar, zu welchem Grad diese »heimischen« Stuten, die Mütter der ersten Vollblutpferde, einfach selbst Araber[3] waren, bloß zeitlich weiter von Arabien entfernt, oder inwiefern sie den Einfluss der heimischen Rassen zeigten: Hobby, Palfrey usw., und des gewaltigen englischen »Great Horse«, das die Ritter bevorzugten. Als die Stammväter geboren wurden, gab es nämlich schon seit sechshundert Jahren arabische Pferde auf den britischen Inseln – das erste aktenkundige wurde im Jahr 1121 von einem schottischen König importiert –, und von dem leidenschaftlichen Neid der Kreuzritter auf die Tiere ihrer Feinde können wir ableiten, dass sie spontan als völlig anders wahrgenommen wurden als die Pferde zu Hause: schneller, leichter und schöner auf jeden Fall. Doch niemand weiß, wann die Engländer den arabischen Typus zum ersten Mal als etwas betrachteten, das man durch Zucht und gezielte Einkreuzung befördern sollte.

Die Vorstellung einer »Rasse« als etwas Identifizierbares und Erhaltbares hat im Westen eine lange Tradition: Conrad Gesner, ein Schweizer Naturkundler des mittleren sechzehnten Jahrhunderts, konnte bereits Dutzende Haushunderassen auflisten, die wir wiedererkennen würden. Vermutlich haben die Engländer nach siebenhundert Jahren der Wertschätzung und Anschaffung arabischer Pferde reichlich Stuten gezüchtet, die den in Arabien geborenen genetisch zum Verwechseln ähnlich waren. Weder die zeitgenössische Literatur noch eines der erhaltenen zeitgenössischen Portraitgemälde legt nahe, dass die »englischen« Stuten, die die ersten Vollblutpferde zur

Welt brachten, in irgendeiner Weise anders aussahen als die »arabischen« Hengste, die sie zeugten. James I (1603-1625) hielt sich sogar einen ganzen Stall an sogenannten königlichen Stuten, die er von seinem »Pferdemeister« im Nahen Osten beschaffen ließ.

Das ist weniger revisionistische Geschichte als eine Rückkehr zu altem Wissen. Im Jahre 1810 erklärte T. Hornby Morland, ein englischer Trainer und Autor von *The Genealogy of the English Race Horse*, überdeutlich: »Das englische Rennpferd ist eine Mischung aus arabischen, berberischen und türkischen Pferden, die im Laufe vieler Jahrhunderte zu verschiedenen Zeiten in unser Königreich verbracht wurden.« Von einem »heimischen« Einfluss spricht er nicht. Aber als die Engländer mit der Zeit selbst immer mehr ihrer Pferde arabischen Ursprungs züchteten und der *Export* dieser nun heimischen Art wirtschaftlich immer bedeutender wurde, war es weniger attraktiv, Arabien als die alleinige Quelle der besten Pferde hochzuhalten. »Sollte es eines Beweises der Überlegenheit der englischen Pferderasse gegenüber der eines jeden anderen Landes bedürfen, mag dieser in dem Eifer zu finden sein, mit dem Ausländer nach unseren Pferden begehren«, schrieb James C. Whyte in *The History of the British Turf, From the Earliest Period to the Present Day.* Das Buch wurde 1840 veröffentlicht, und etwa zu der Zeit scheint auch die Theorie »Arabische Hengste, englische Stuten« zur landläufigen Meinung geronnen zu sein. Autoren dieses Themas wiesen – und weisen bis heute – auf die Tatsache hin, dass das Vollblutpferd etwas kräftiger ist als der »reine« Araber, was an der Einkreuzung des robusteren englischen Blutes der Stammmütter liegen soll. Doch die Aufzeichnungen legen nahe, dass dieser Unterschied im achtzehnten Jahrhundert weniger ausgeprägt war, als die beiden Linien sich aufspalteten, und auf jeden Fall gibt es zwei wahrscheinlichere Erklärungen: Erstens haben die englischen Züchter bei den einzelnen Araberhengsten, die sie im Ausland einkauften, sicher auf außerordentliche Größe geachtet, was sich unmittelbar auf Höhe und Gewicht der englischen Fohlen auswirkte; und zweitens haben Besitzer von Vollblutpferden seitdem gezielt auf Größe gezüchtet. Schlussendlich liegt man wohl nicht allzu falsch, wenn man Zeyd recht gibt, dem Beduinen aus Charles Doughtys *Die Offenbarung Arabiens*, der

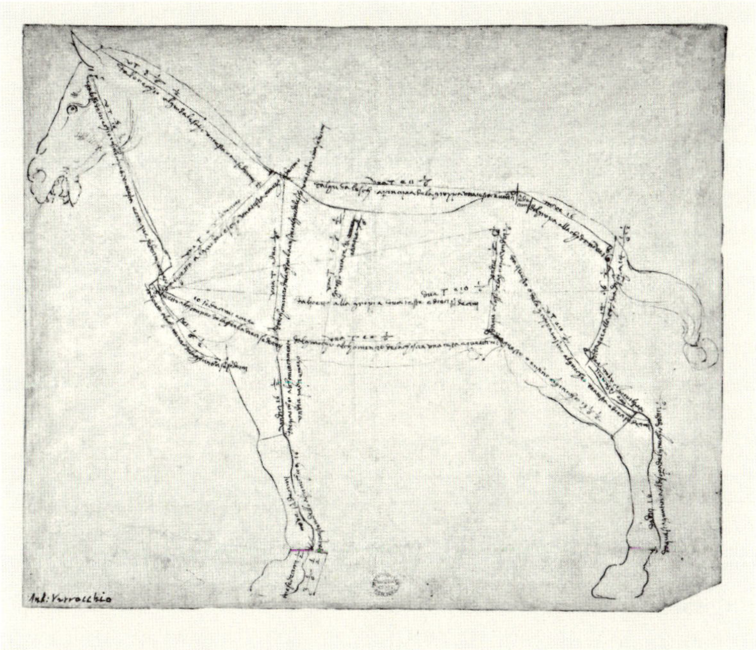

Doughtys Behauptung, England habe »die schnellsten Rennpferde«, folgendermaßen abschmettert: »Von Pferden kannst kein Wissen du haben, denn sie gehören den Arabern.« Wenn alle Hauskatzen Altägyptisch sprechen, dann sprechen alle Vollblutpferde klassisches Arabisch.

Das arabische Pferd ist ein Mysterium der Wissenschaft. Es tritt in Knochenfunden wie auch in der Kunst des früheren Nahen Ostens hervor und sieht genauso aus wie heute; den Zoologen fällt es schwer, den Anschluss zum Rest der Familie herzustellen: »Es gibt keine Zwischentypen, über die eine Verbindung bestünde«, schreibt der Pferdehistoriker John L. Hervey. Vielleicht heißt es deshalb schon seit der Antike, dass es im Nahen Osten die besten Pferde gebe. Vor dreieinhalbtausend Jahren prahlte Pharao Thomtes II in einem Papyrus, dass er sich nach seiner Eroberung Mesopotamiens ein arabisches Rennpferd nach Nordafrika mitgenommen habe. Und die Araber führen schon seit dem Jahr 786 n. Chr. Stammbäume und hatten bereits ihren eigenen mythischen »Stammvater« namens Zad-el-Rakib.

Es dauerte über tausend Jahre, bis die Engländer aufgeholt hatten. Erst 1791 veröffentlichte James Weatherby – vormals Anwalt in Newcastle, der seitdem eine Art Sekretär des Jockey Club in London geworden war – die erste Ausgabe von *The General Stud Book*, einem pingelig dokumentierten Stammbaum, der alle bekannten Vollblutpferde in England enthielt und ihre Linien bis zu den Stammvätern und darüber hinaus verfolgte, bis zu den Vätern der Stammväter, legendären arabischen Hengsten, die nach ihren aristokratischen Besitzern benannt waren: der Byerley Turk, der Darley Arabian, der Godolphin Arabian (der im Nahen Osten noch Sham geheißen hatte, Arabisch für Sonne). Seitdem bedeutet »anerkanntes« Vollblutpferd das, was es auch heute bedeutet, nämlich den Eintrag im *Stud Book* (oder auch den Eintrag in der gewaltigen Datenbank, die in Lexington und London gepflegt wird und die Rolle der alten Druckausgaben übernommen hat).

Neben anderen wirft Weatherbys Buch die spannende Frage auf, woher er die Idee überhaupt hatte. Sein angeführtes Motiv für dieses enorme Rechercheprojekt war es, »das zunehmende Übel der falschen und ungenauen Stammbäume ... zu korrigieren«. Doch wäre sein Interesse wirklich rein pragmatisch gewesen, hätte es ausgereicht, zwei oder drei Generationen weit zurückzugehen, denn alles darüber hinaus interessierte die meisten Profis – darunter die Mitglieder des Jockey Club, für die er inoffiziell arbeitete – üblicherweise kaum. (Sicher ist es faszinierend, dass der Wrigglesworth Arabian einer der Ahnen deiner Zuchtstute ist, aber wenn du in ein paar Jahren Rennen gewinnen willst, mach dir lieber Gedanken, wer ihr Vater war.) Weatherbys wahre Innovation lag neben dem systematischen, protomodernen Ansatz der Datenerfassung im Umfang des Projekts. Er wollte bis zum *Anfang* zurück. Einträge wie der folgende hatten nichts mit dem »Korrigieren eines Übels« zu tun:

> LORD CHEDWORTH'S SNAP – wurde gezeugt von Old Snap, seine Mutter (genannt Young Bowes) wurde gezeugt von Dormouse, die Großmutter (genannt Little Bowes) von Mixbury, die Urgroßmutter (genannt Bowes) von Hutton's

> Barb, ins Land gebracht von Mr Marshall, Ururgroßmutter vom Byerley Turk, aus einer Vollschwester der Coffin Mare, deren Vater der Selaby Turk war und ihre Mutter eine Place Mare – Mr Place von Dimsdale, Zuchtmeister des Oliver Cromwell, stahl diese Stute aus dem Zuchtstall und verbarg sie in einem Keller, bis die Suche aufgegeben war.

Man kann davon ausgehen, dass niemand Weatherby drängte, so ins Detail zu gehen; und es gab in England zu der Zeit kein derart ambitioniertes Beispiel einer Tierahnentafel, dem er hätte folgen können.

Doch in Arabien gab es eines. Bis Mitte des achtzehnten Jahrhunderts reisten mehr und mehr Engländer eigens zum Zweck der Pferdebeschaffung dorthin, und diese Kenner brachten Geschichten der Kohlâni, der »edlen Rasse« mit – der Vollblutaraber, die in ganz Arabien als die Blüte der Spezies anerkannt seien. T. Hornby Morland beschrieb aus erster Hand die Gepflogenheiten der Zucht dieser Tiere, und man staunt, wenn man jedes Detail seiner Schilderung wiedererkennt:

> Hat eine Familie keine edlen Hengste, leiht sie sich vom Nachbarn einen, auf dass er ihre Stuten decke, was vor glaubwürdigen Zeugen geschieht, die eine Urkunde ausstellen, welche vom Sekretär des Emirs oder einem anderen Amtsträger unterschrieben und besiegelt wird. Die Urkunde enthält den Namen von Hengst und Stute sowie eine vollständige Geschichte ihrer Stammbäume. Hat die Stute ein Fohlen geboren, werden abermals Zeugen herbeigerufen, und eine weitere Urkunde wird ausgestellt, die eine Beschreibung des Fohlens und das Datum der Geburt enthält. Diese Urkunden steigern den Wert ihrer Pferde und werden stets dem Käufer mitgegeben.

Es geht also ums Kaufen: Hat man eine eigene Farm und züchtet seine Pferde selbst, braucht man ihre Herkunft nicht zu überprüfen. Aber nomadischen Kulturen war die Zucht so gut wie unmöglich – schon das Training muss sich schwierig gestaltet haben. Beides benötigt natürlich große Stabilität und Routine. Also haben die Beduinen sicher eine Menge Handel mit ihren sesshaften Nachbarn getrieben, um an neue Reittiere zu kommen und um Fohlen loszuwerden, die unpraktischerweise mitten in der Wüste zur Welt gekommen waren. Und beide Seiten mussten wissen, worauf sie sich einließen. Zu dieser Art des Pferdehandels kamen die Engländer erst mit den regulären, organisierten Rennen, und wer so viel Zeit im Umfeld der Rennställe verbrachte wie Weatherby, hörte irgendwann Geschichten wie die in den *Fragments* des Reverend Stephen Weston (eines bekannten Orientalisten und Zeitgenossen Weatherbys). Weston erwähnt einen Colonel Ainslie, der in Ägypten Pferde kaufen wollte und schließlich einen Hengst fand, der um den Hals »einen ledernen Beutel« mit einem Schriftröllchen hatte, auf dem unter anderem gestanden habe:

> Im Namen Gottes … Dies ist ein Hengst von edlem Blute, und hier in dem Beutel um seinen Hals liegt sein Wolfszahn, nebst seinem Stammbaum, der mit höchster Autorität bezeugt ist, sodass kein Ungläubiger daran zweifeln soll. Er ist der Sohn von Rabbaing aus der Stute Lahadah …

Und so weiter und so fort in einer Sprache, die auch in Weatherbys Buch gepasst hätte.

Die Frage nach der allgemeinen Genauigkeit des *Stud Book* ist schwierig zu beantworten. Mehr als ein Autor, der der ganzen Vorstellung eines »Stammbaums« und einer Verehrung des »Blutes« skeptisch gegenüberstand, hat Weatherbys Ambition, einen vollständigen Stammbaum der Vollblutlinie vom Darley Arabian bis zu einem frischgeborenen Fohlen von heute Morgen zu zeichnen, als Spinnerei abgetan, so verlässlich wie die Genealogien im Alten Testament. In einem 1857 in Charleston, South Carolina, veröffentlichten Pamphlet schrieb ein anonymer Schlaumeier: »Keine gewöhnlichen Pferde sind die Söhne und Töchter des berühmten Soundso! Jeder in Pferdeahnenkunde Bewanderte weiß, dass die Genealogie dieser wunderbaren Geschöpfe über eine lange Liste führt, die eine direkte Linie zwischen ihnen und jenem Stammespaar zeichnet, das sein Futter auf der Arche kaute.« Doch auch wenn die snobistische Philosophie hinter Weatherbys Vorhaben uns die Augen verdrehen lässt, war doch die Methodik so streng, wie es in den Jahrhunderten eben möglich war, bevor objektive Prüfmethoden verfügbar waren. Gewiss kam es auch zu Betrug; den meinte Weatherby mit »Übel«. Man betrachte ein Szenario, das recht häufig aufgetreten sein muss: Ein Züchter zieht ein Tier auf oder kauft eins, das außergewöhnlich schnell ist, aber nicht über eine vollkommen »reine« Abstammung verfügt. Er weiß, dass das Tier ihm auf der Rennbahn eine Menge Geld einbringen kann, aber dessen Abkunft erlaubt es ihm nicht, gegen Vollblutpferde anzutreten (der Sport ist nur für Gentlemen). So ein Züchter hätte also einen durchaus hohen Anreiz, für ein solches Pferd einen falschen Vater oder eine falsche Mutter anzugeben, und möglicherweise sogar den Besitzer des Vaters oder der Mutter zu bezahlen, damit er oder sie nickt, falls jemand kommt und Fragen stellt. Auch andersherum wäre eine Täuschung denkbar: Ein Züchter könnte einem hochklassigen Vollblutrennpferd einen weniger vorzüglichen Stammbaum anhängen, damit es einer schwächeren Konkurrenz ausgesetzt wird. Dann könnte er auf sein eigenes Pferd setzen – wie ein Billardprofi, der in der Bar arglose Anfänger ausnimmt.

Neben klarem Betrug kann es auch ohne bösen Willen zu Fehlern im Stammbaum kommen. Fohlen können verwechselt werden. Zuchtstuten standen oft zusammen auf einer Koppel, und wie andere Säugetiere auch adoptierten sie manchmal das Kind der jeweils anderen. Und wenn die Fohlen einander ähnlich genug sahen, merkte es der Züchter nicht. Auch früher schon kam es zu Verwechslungen, nämlich bei der Zeugung. Bevor man eine Trächtigkeit per Test nachweisen konnte, kam es oft vor, dass eine Stute, deren Eizelle bereits befruchtet war, noch einmal von einem anderen Hengst gedeckt wurde. Dann wurde der zweite ins *Stud Book* eingetragen, obwohl in Wahrheit der erste der Vater war.

In den Siebzigern führten die für die Pflege des *Stud Book* zuständigen Stellen Bluttests ein, um zu prüfen, ob die Blutgruppe des Fohlens der entsprach, die sich aus denen des angegebenen Vaters und der angegebenen Mutter ergaben. So ließ sich schon mal ein großer Teil neuer Fehler verhindern. Als dann Mitte der Neunziger DNA-Tests auf den Markt kamen, konnte sich nicht nur die »unmittelbare Abkommenschaft« – also eine Generation zurück, Vater und Mutter – mit 99,99-prozentiger Sicherheit überprüfen lassen, sondern man gewann auch eine Vorstellung davon, in welchem bedenklichen Zustand sich das *Stud Book* nach zweihundert Jahren befand.

Im September 2002 verbrachte ich einen Nachmittag im Gluck Equine Research Center in Lexington[4] mit Gus Cothran, dem Direktor des Bereichs »Pferdeabstammungsüberprüfung« an der Veterinärsschule der University of Kentucky. Cothran wusste, dass ich Geschichten von Täuschungen und Auswechslungen hören wollte – er hatte schon Dutzende wie mich gesehen –, also begann er unser Gespräch mit der Versicherung, dass »so etwas heute kaum noch vorkommt«. Aber er wies darauf hin, dass die Statistik einer geschlossenen Menge nun mal dazu führe, dass Fehler sich quadratisch ausbreiten. Um die Mathematik dahinter zu verstehen, sollte ich die Augen schließen und mir einen vertikalen Stammbaum vorstellen: ganz oben Mutter und Vater, darunter die Kinder, dann die Enkelkinder und so weiter. Nach unten hin werden die Ebenen immer breiter, und wenn zum Beispiel die Großmutter »falsch« ist, dann ist alles falsch, was – in dieser und jeder von ihr abhängigen Linie – danach kommt. Die Linien vermehren sich und mit ihnen die Fehler. Und wenn man es mit einer Gruppe zu tun hat, die seit zwei Jahrhunderten »geschlossen« ist, in der sich nur noch Mitglieder mit Mitgliedern fortpflanzen, dann verflechten sich die Linien zu einem unentwirrbaren Ungetüm.[5] Ein Forschungslabor hatte eine Studie über die Mitochondrien von Vollblutpferden durchgeführt, von der Mutter weitergegebenen genetischen Informationen (eine ähnliche Studie wie die, welche die Abstammung aller Menschen zu einer einzigen Frau zurückverfolgte, die vor siebzigtausend Jahren in Afrika lebte). Das irische Labor fand heraus, dass das *Stud Book* vor 1970 zu knapp fünfzig Prozent »illegitim« war, wie Cothran es ausdrückte. Das heißt natürlich nicht, dass jedes zweite Mal falsche Eltern eingetragen waren, sondern dass das anhand des Buches konstruierte Erbgut eines einzelnen Tieres in etwa fünfzig Prozent der Fälle nicht der Realität entsprach. Alles in allem erscheinen fünfzig Prozent da gar nicht mal so schlecht. »Aber das sind nur die Stuten«, sagte Cothran. »Das Y-Chromosom ist noch nicht ausgewertet.«

Diese Zahlen untergraben aber weniger die Nützlichkeit des *Stud Book*, da ein Trainer die Abstammung seines Pferdes meist nur bis zu einem Champion der jüngeren Vergangenheit zurückverfolgen möchte, als dass sie die Romantik der Sache stören. Wir sehen uns gerne einen Derbysieger an und denken: In den Adern dieses Tieres fließt das Blut von Eclipse, genauso wie eben viele Menschen gern von einer der ersten Familien in Virginia abstammen wollen. Andererseits ist auch eine andere Art von Romantik mit dem Buch verbunden, selbst in seiner heutigen, digitalen Form, eine Romantik, die seine Mängel und den antiquierten Totalitätsanspruch transzendiert. In gewisser Weise ist es wie eine heilige Schrift: Mobash zeugte Mabash und so weiter. Es enthält – und das sieht man, wenn man vor der ursprünglichen, winzigen Handschrift die Augen zusammenkneift – eine Kultur der besessenen Aufmerksamkeit für diese bestimmte Art Pferd; eine Kultur, die ihren Anfang vor Jahrtausenden hatte, in einem anderen Land und einer anderen Sprache, eine Kultur, die sich zwischen Gesellschaften austauschte, die sonst kaum etwas voneinander verstanden, sich aber in der Schönheit dieses Geschöpfes einig waren; eine Kultur, die Kontinente überquerte, die nicht in Gegenständen und Gesetzen weitergegeben wurde, sondern in Form von Lebewesen, von Tieren, die sich unter Hege und Kontrolle fortpflanzten, jedes einzelne von ihnen bei Geburt frisch und uralt zugleich auf dem Weg von Arabien auf die britischen Inseln und nach Virginia.

Und so brachte die große Zahl der Virginier, die im späten achtzehnten Jahrhundert nach Kentucky übersiedelte, eine Tradition mit, die schnelle, unpraktisch grazile Pferde verehrte; und vor allem brachten sie die Tiere selbst mit. Und im Gegenzug erhielten diese Menschen ein Land, das wie geschaffen für das Vollblutpferd schien. Wie der große Werber John Filson angemerkt hatte, war es – zumindest rund um Lexington – weniger dicht bewaldet als die Landschaft, die sie verlassen hatten, mit natürlichen offenen Flächen, sanfterer Topographie, häufigeren Bächen, einem berechenbareren Binnenlandklima und vor allem viel Platz. Die Pferdemenschen hatten ihr Pferdeland gefunden.

Die Revolution und der Krieg von 1812 rissen Löcher in den Pferdebestand Virginias – auf Elkhill, Jeffersons Plantage am James River, nahm der britische General Cornwallis »alle Pferde mit, die Dienst tun konnten; jenen, die zu jung waren, schnitt er die Kehle durch« –, was die Verschiebung des Schwerpunkts gen Westen beschleunigte. Vor dem Ausbruch des Bürgerkriegs gab es mindestens siebzig professionell geführte Rennbahnen im Süden, und Kentucky hatte mehr als jeder andere Staat (darunter eine Bahn von einer Meile am heutigen Ort des Lexingtoner Friedhofs, wo unweit der Innenstadt die Milwards begraben liegen). Zentralkentucky hatte sich im nationalen Bewusstsein als der Ort durchgesetzt, wo erstklassige amerikanische Pferde geboren wurden, und auch wenn eine ganze Reihe anderer Orte ebenso geeignet zur Zucht von Vollblütern gewesen sein mochte, formte der Glaube die Wirklichkeit.[6]

Als die Abstammungslinien Kentuckys als die für die Zucht begehrtesten etabliert waren, wuchs um sie eine eigene Kultur und Wirtschaft. Örtliche Farmer bauten das spezielle, vitaminreiche Getreide an, von dem sich ein erwachsener Vollblüter ernährt; die Kinder der örtlichen Familien, die unter diesen teuren, nervösen, fragilen Geschöpfen aufgewachsen waren, wurden zu den Pferdepflegern und Stallgehilfen und Trainern und Jockeys, die wussten, wie man mit ihnen umging; ein örtliches Archiv wurde eingerichtet, damit man mit den immer neuen Namen nicht durcheinanderkam; Tierärzte entwickelten Spezialwissen über die Physiologie des Rennpferds. Wenn man Besitzer eines Vollblutpferds war und Sieger züchten wollte,[7] dann ergab es Sinn, seine Stuten da unterzubringen, wo Champion-Zuchthengste zum Decken bereitstanden; und besaß man einen Zuchthengst, dann brachte man ihn dorthin, wo es reichlich Leute gab, die die Decktaxe zahlen konnten und wollten. Und das nicht nur, weil es praktisch war: Lange Reisen, ob per Bahn, Wagen oder, wie es heutzutage am häufigsten der Fall ist, Privatjet, sind riskant, wenn es um Tiere geht, deren jede Bewegung, jeder Bissen und jede Temperaturschwankung große Sorge bereitet (der destabilisierende Effekt der Reise wird oft als Grund angeführt, warum ausländische Pferde nicht das Kentucky Derby gewinnen). All das führte dazu, dass Lexington Stück für Stück unersetzlich wurde für alle jene, die das Beste für ihre Tiere wollen, heute und in Zukunft. Deswegen hat Queen Elizabeth ihre Pferde hier und besucht sie einmal im Jahr, um zu schauen, wie es ihnen geht.

Während des Bürgerkrieges zahlte die Region den Preis für diese Dominanz: Beide Armeen überfielen mehrmals die Lexingtoner

Zuchtfarmen, um Reittiere zu beschaffen. Henry Clay selbst wurden Pferde im Wert von 25 000 Dollar geraubt. Und keiner der Räuber war berüchtigter und effizienter als der Südstaatler John Hunt Morgan, der genau wusste, wo die guten Pferde waren, weil er wie Clay vor dem Krieg dem Kentucky Jockey Club angehört hatte. Zu Anfang war es seine erklärte Mission, seinen »Heimatstaat aus den Händen [seiner] Unterdrücker zu befreien«, doch als eine Mehrheit der Kentuckier deutlich erklärte, dass sie gar nicht gerettet werden wollte, plünderte er den Staat eben. Ein Offizier des Nordens hat darüber ein Gedicht geschrieben:

John Morgan's foot is on thy shore
Kentucky! O Kentucky!
His hand is on thy stable door,
Kentucky! O Kentucky!
You'll see your good gray mare no more,
He'll ride her till her back is sore
And leave her at some stranger's door,
Kentucky! O Kentucky!

Im Jahre 1863 wurde meine Ururgroßmutter Kate Adams (nicht Catherine Adams, die vielverheiratete Stammmutter meiner Familie) von Gerüchten eines Überfalls durch Morgan aus ihrem Zuhause südlich von Lexington vertrieben. Man hatte sie gewarnt, er werde jeden Moment »in unsere Stadt und unser Zuhause kommen und es zerstören«. Auf dem Sterbebett diktierte sie eine Schilderung des Erlebnisses, das stattgefunden hatte, als sie siebzehn war, und das sie als eins der größten Abenteuer ihres Lebens beschrieb. Ich fand den Text auf einem gefalteten Blatt im Sekretär meiner Großmutter. »Um zehn Uhr«, schrieb sie, »glücklicherweise in einer mondhellen Nacht spannte unser treuer Farbiger Hiram einen Zweispänner an, stellte Stühle hinein und hieß uns Platz nehmen, denn er fahre uns nun an einen sichereren Ort.« Sie waren sechzehn Tage lang unterwegs.

> Eines Nachts schliefen wir mit den Sätteln als Kissen auf dem Boden. Eine andere Nacht hindurch blieben wir auf den Pferden hinter der Armee, da John Morgan, der Held des Südens, Bäume gefällt und den Weg versperrt hatte.

Wir brauchten acht Stunden für zwei Meilen Entfernung. Ein andermal waren wir so nahe, dass wir ein Scharmützel zwischen unseren Männern und John Morgans Kavallerie sahen, kein Toter, zwei Verwundete.

Am letzten der sechzehn Tage ritten wir im strömenden Regen, ein trauriger Anblick muss das gewesen sein, dann erreichten wir den Ohio River und schwammen mit den Pferden hinüber. Wir kamen nach Portsmouth, Ohio, wo man gut für uns sorgte und der Hotelier die Bezahlung ablehnte, da er dem Norden treu war und nur zu gern Flüchtlinge beherbergte, wie er uns nannte.

Bei Kriegsbeginn hatten alle Milwards die Seite des Nordens eingenommen, obwohl sie Sklavenhalter waren. Die Männer und Frauen, die sie besaßen, haben eine eigene Seite in der Familienbibel – Sally, Thomas, nie ein Nachname. Die Liste ihrer Geburts- und Sterbedaten geht exakt bis zum Ausbruch des Krieges. Kate Adams' Familie war in dieser Sache besonders zwiegespalten: Ihr Vater besaß einhundert Sklaven, aber sowohl er als auch sein Bruder kämpften für den Norden, offenbar ohne zu zögern, denn in ihrer weitgehend dem Süden zugetanen Stadt waren sie unter den Ersten, die sich zum Dienst meldeten.

Hubbard Kavanaugh Milward, mein Ururgroßvater, kam in unserer Familie einem Kriegshelden am nächsten. Er musste vom Schlachtfeld beordert werden, nachdem er »von einem Pferd überrannt worden war, sodass er ohne Hilfe weder gehen noch aufs Pferd oder wieder davon heruntersteigen konnte«. Nach der Schlacht wurde er zum Colonel seines Regiments ernannt, und später marschierte er mit Sherman ans Meer, bei welchem Abenteuer im totalen Krieg er eine der Fackeln hielt, die Atlanta niederbrannten, und verweilte, um Tagebucheinträge zu schreiben wie diesen:

Donnerstag, 24. Nov., Milledgeville, Georgia
In einer Kirche sangen Adjt. Hamilton und ich einige (religiöse) Weisen, und er spielte auf dem Melodeon. Letzte Nacht wurde das State Arsenal niedergebrannt, und morgen soll ich das Magazin sprengen.[8]

Als der Krieg vorüber war, hatten in Lexington genug Pferde überlebt, um die Blutlinien fortzuführen. Bloß gab es in Kentucky nicht mehr genug Geld, als dass die Einwohner sie aus eigener Kraft hätten pflegen können. »Wer als Pferdehalter zu Größe kommen will, Sieger glamouröser Wettbewerbe züchten und starten lassen will«, schrieb der inoffizielle Staatshistoriker Thomas D. Clark, »muss phänomenale Beträge dafür ausgeben«, weshalb sich seit dem Bürgerkrieg »immer weniger Söhne Kentuckys halten konnten.« Die meisten Farmen und Rennbahnen gingen in die Hände Industrieller aus dem Norden und Osten über, und der Norden beherrschte bald den Sport, was bis heute der Fall ist, von Iren, Engländern, Japanern und Arabern einmal abgesehen. Von einigen wenigen unermesslich reichen Kentuckiern abgesehen sind die Einheimischen, die mit den Pferden und auf den Farmen arbeiten, bei Eignern von außerhalb des Staats angestellt, oder wie es heutzutage immer häufiger ist, bei Eignern aus dem Ausland. Gehörte der Sport – als Ereignis wie als Geschäft – wirklich allein Kentucky, dann würde er von heute auf morgen zusammenbrechen.

Doch ebenso ist es wahr, dass das Geschäft *ohne* Kentucky zusammenbrechen würde, denn viel stärker als jeder andere populäre Zeitvertreib lebt das Pferderennen von seinem Zauber: Will man in einer Demokratie einen Sport der Könige, dann braucht man dazu ein Königreich, und genau das bietet Lexington. Die Stadt strotzt vor Pferden. Es gibt kein Entkommen vor dem Totem-Tier. Der Kult geht über alle Klassen, von Kalendern und Aschenbechern in Dinern und Tankstellen über Drucke von Delacroix, Géricault und Stubbs an den Wänden der Mittelklassehäuser bis hin zu den Originalen draußen auf den »Farmen«. Sinnbild all dessen war für mich der goldene Briefbeschwerer, den mein Großvater Milward auf seinem Schreibtisch hatte, eine Art Medaillon, das sich um eine horizontale Achse drehte, und auf jeder Seite ein halbes Pferd im Basrelief hatte. Wenn man es mit dem Finger in Schwung setzte, schwebte einem das ganze Pferd vor Augen, da und doch nicht da. Alle vier Hufe angehoben wie auf den Photographien von Muybridge.

Ich erinnere mich noch an die beinahe religiöse Stille im Wagen, als mein Großvater an einem Sonntag mit mir raus zum Kentucky

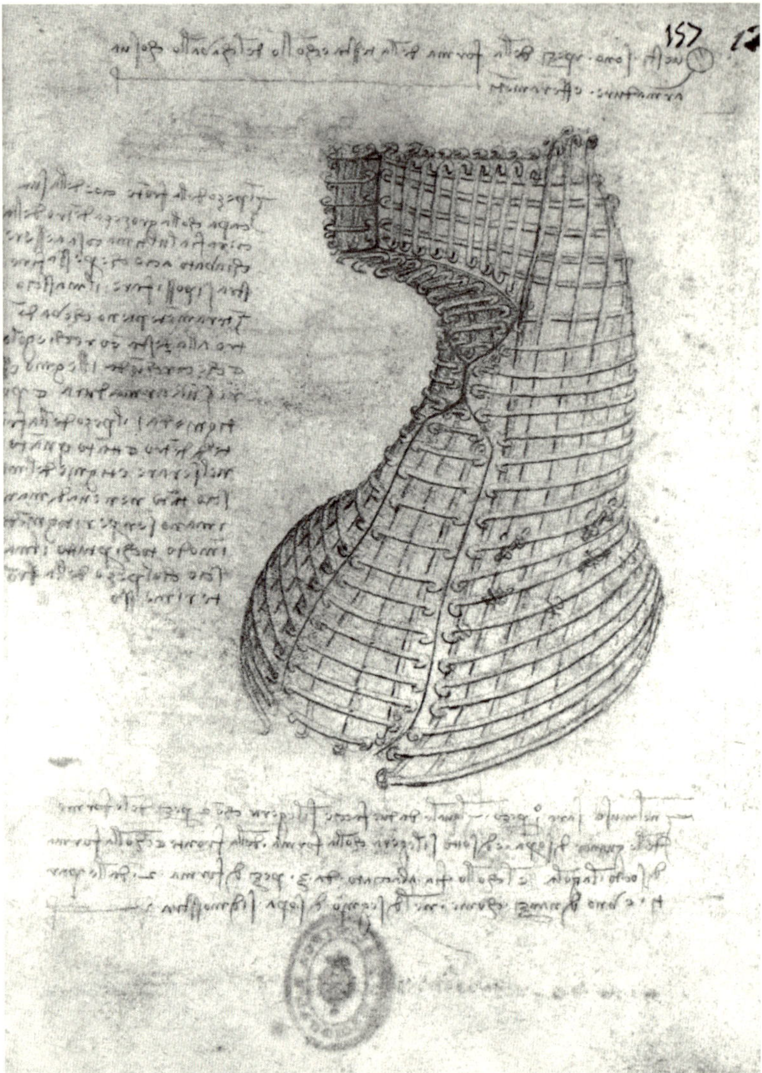
157

Horse Park fuhr, um mir die lebensgroße Statue zu zeigen, die über dem Grab des großen Man o' War steht. Meine Großeltern hatten das Pferd vor seinem Tod besucht. Das war in den Dreißigern eine Art Pilgerreise für die Lexingtoner: Man fuhr hinaus zur Faraway Farm, wo er Zuchthengst war; um ihn zu tätscheln; und um seinen Pfleger Will Harbut mit seinem heißgeliebten Spruch zu hören: »Er war das Pferdste von allen.« Als Man o' War 1937 starb, wurde er einbalsamiert – als erstes Pferd überhaupt – und lag drei Tage lang feierlich aufgebahrt. Zweitausend Menschen defilierten an seinem Sarg vorbei. Seine Statue verstörte mich: der gewaltige, nichts-sehende, alles-sehende Kopf, die in Bronze erstarrten Muskeln. Als Kind konnte ich die Götzenmacht spüren.

Und außer den Monumenten und dem Nippes gab es immer auch die lebenden Pferde selbst, draußen auf den Farmen, die Zuchtstuten auf den tiefen, blaugrünen, monotonen Feldern, hinter den Zäunen entlang der Grundstücksgrenzen, auf der Weide, die zurückgesetzt von den zweispurigen Straßen liegt, mit einem einzigen alten Baum, den man für den Schatten wie eine Vogelscheuche in der mittleren Entfernung hat stehenlassen. Ich kannte sie nur aus dem Autofenster, während wir auf dem Weg von Louisville nach Lexington durch ihr Sichtfeld brausten. Wenn sie den Verkehr überhaupt bemerkten, dann mit der seltsamen stillen Verachtung für alles, was vorüberzieht. Man hätte sich ihnen gern angenähert, sie berührt, aber sie waren in einer anderen Welt. Thomas D. Clark erwähnt die Ironie, dass der Durchschnittsbürger ausgerechnet im Bluegrass viel stärker von den Pferden abgeschnitten ist als anderswo im Süden. »Es gibt hier nur wenige Tiere, mit denen unerfahrene Reiter zurechtkämen, und erst recht keine öffentlichen Reitwege.«

ASHLAND

Meine eine wirklich »persönliche« Erfahrung mit einem Pferd ereignete sich in dem Sommer, in dem ich elf wurde. Damals trieb ich mich die ganze Zeit in dem Wald gegenüber von unserem Haus in New Albany herum, in Tarnkluft, weil ich mich für die russische Invasion bereitmachte, die ganz sicher bald bevorstand, wie ich aus dem Fernsehen wusste. Ich war wohl bald in der Nachbarschaft bekannt als der, der sich da hinten auskennt – oder, genauer gesagt, als der verschrobene Dicke, der sich da hinten auskennt. Ich durchlebte in jenem Jahr nicht nur eine »mollige« Phase, sondern ich war außerdem davon überzeugt, dass ich schlanker aussah, wenn ich mir die Haare mit Wasser glatt am Kopf zurückstrich, weshalb ich mich in der Schule andauernd auf die Toilette schleichen musste. Außerdem waren mir beide oberen Schneidezähne ausgefallen und erst bei einem war der neue nachgekommen, der außerdem bedrohlich spitz zulief. Mein Lächeln in der Zeit lässt sich leichter vorstellen als beschreiben, und es half wohl auch nicht, dass ich damals gern ein Barett mit Tarnmuster trug. Mein Vater hatte bis an sein Lebensende mein Schulfoto aus dem Jahr im Portemonnaie. Es heitere ihn auf, sagte er.

Als die Tochter eines seiner Kollegen ihr Pony Flicka vermisste, rief ihre Mutter meine an und fragte, ob ich nicht suchen helfen könne. Ich nahm die Mission mit feierlichem Stolz an und trug an dem Nachmittag vielleicht noch ein bisschen mehr Tarnschminke auf. Ich tigerte stundenlang durch den Wald und suchte dusselig nach Spuren in den Blättern. Als ich einen Pfad entlangkam, den ich oft ging, schaute ich auf und sah auf einmal einen Rotfuchs auf mich zutrotten. Das einzige Wildtier, das ich in dem Wald je gesehen hatte, der den Namen eigentlich kaum verdiente – es war kaum mehr als ein Stück Buschland zwischen den Grundstücken. Der Fuchs und ich starrten uns einen Augenblick lang an, der sich wohl in die Ewigkeit hingezogen hätte, hätte sich keiner von uns bewegt, aber aus ir-

gendeinem Grund schlug ich mit meinem Stock an einen Baum und verscheuchte das Tier. Gegen Abend hatte ich Hunger und war den Tränen nahe. Aber dann, als ich gerade wieder den Heimweg einschlug, erspähte ich in einem Bachbett einen bleichen Hirschschädel. Stolz griff ich ihn mir, rannte damit zum Haus des hinterbliebenen Mädchens und studierte die Schilderung meiner Entdeckung ein.

Als ich ankam, hatten sie das Pferd schon gefunden. Es war zwanzig Meter hinter ihrem Gartenzaun gewesen. Es hatte sich irgendwie losgerissen und war in die Bäume gelaufen, aber das Seil, das immer noch am Zaumzeug fest war, verfing sich im Unterholz. Daraufhin hatte das Pony gezerrt und gezerrt, bis es sich selbst das Genick brach, erklärten sie. Es war übel zugerichtet, an manchen Stellen fehlte die Haut und das Fleisch war zu sehen. Ich schlurfte durch den Wald nach Hause und schmiss den Schädel ins Gestrüpp.

Später im Sommer brannte ich »den Wald« nieder. Ich war mit meinem Freund Steven zelten. Als Kommunistenkiller in spe besuchten wir regelmäßig »Messerschauen«, wenn ihr wisst, was ich meine, und einer von uns hatte sich ein gewaltiges, rambomäßiges »Survivalmesser« mit »Überall«-Streichhölzern im Schaft gekauft. Dieses Werbeversprechen wollten wir auf die Probe stellen, also liefen wir einen ganzen Nachmittag herum und strichen sie überall an, an der Rinde von Bäumen, an Steinen, an unseren Stiefeln. Und mit einem der Streichhölzer steckten wir aus Langeweile einen kleinen Blätterhaufen an, nichts Gefährliches. Leider griff es auf trockene Dornenranken über, die in alle Richtungen fortknisterten wie die abgezwirbelten Fasern einer schrecklichen Lunte. Bald gab es etwa fünfzehn von unseren kleinen Blätterfeuern, und dann waren sie auch nicht mehr klein. Und dann stand der ganze Wald in Flammen.

Steven war eigentlich ein harter Kerl, und als ich ihn weinen sah, fing auch ich an. Weil er schneller war, sollte er zurückrennen und meine Mutter die Feuerwehr rufen lassen, beschlossen wir. Nach etwa einer halben Stunde – einer Zeitspanne, die in meiner Erinnerung meine halbe Kindheit beansprucht – kamen die Feuerwehrmänner mit ihrer uralten Ausrüstung: Gartenschläuche an Tankrucksäcken, die sie an einem Teich auffüllen mussten. Das Feuer war bis auf dreißig Meter an die Häuser herangekommen. Mir war schlecht vor Angst und Schuldgefühl, während ich nach Hause lief, doch auf halbem Wege kam mir meine Mutter entgegen, die wohl mit bloßen Händen das Feuer bekämpfen wollte, wenn sie ihren Sohn so vor dem Jugendknast retten konnte. Als ich sie sah, ließ ich mich auf den Rücken fallen und schluchzte: »Bring mich doch einfach um!«, was ich in dem Moment auch ernst meinte, glaube ich. Ich war komplett durchgedreht. An ihre Antwort kann ich mich nicht erinnern.

Dieser kleine Abstecher in die Welt der Brandstiftung hätte für meine Familie nicht zu einem schlimmeren Zeitpunkt kommen können. Mein Vater steckte tief in einer klinischen Depression. Ein halbes Jahr vorher war am Weihnachtsmorgen seine Mutter gestorben (der Anruf kam, während wir die Geschenke aufmachten, und meine Mutter schickte uns nacheinander in den Hobbyraum, wo wir ihn mit dem Kopf in den Händen auf dem Sofa fanden). Dann kaufte die Gannett Company das *Courier-Journal* und läutete eine straffere Konzernkultur ein, die für den unkonventionellen Stil meines Vaters wenig übrighatte. Auf einmal musste er als alter Haudegen sich in der Redaktion die Nächte um die Ohren schlagen und die Artikel anderer Leute aufhübschen. Er verfiel in eine Art Lähmung. Eine Weile war es, als hätte er das Sprechen ganz und gar aufgegeben. Einmal kam ich auf dem Rad an ihm vorbei, während er spazieren ging, und als ich ihn grüßte, starrte er mitten durch mich durch.

Die immer schon ausgiebigen Mittagsschläfe wurden bedrohlich lang. Die Stunden vor dem Fernseher vervielfachten sich. Da fanden meine Mutter und ich ihn, als wir aus dem Wald zurückkamen – Sport schauend, als wäre überhaupt nichts los. Ich riss mich von meiner Mutter los und rannte auf mein Zimmer am anderen Ende des Hauses, aber selbst von da aus hörte ich noch, was sie zu ihm sagte, Sachen, die kein Kind hören und an die sich ganz sicher auch kein Erwachsener erinnern will. Die Wut meiner Mutter war zwar verständlich – und in Anbetracht der Umstände eigentlich noch zurückhaltend, schließlich verließ sie ihn ja nicht –, doch aus meinem Blickwinkel war ich allein schuld daran; ich hatte das Verbrechen begangen, und jetzt musste mein Vater dafür büßen; ich hatte ihn mit ins Verderben gerissen. Und er war nicht in der Verfassung, es mir anders zu erklären.

Es folgten einige Monate – soweit ich weiß, die einzigen – wirklich unglücklicher Kindheit: Schweigen im Haus oder im Wagen, andauernde Angst vor der Wut meines Vaters. Aber schließlich ging er zu einer Psychiaterin, die laut eigener Aussage zweimal hingucken musste, als sie seine Hirnchemie-Werte vor sich hatte. Sie verschrieb ihm Tabletten, die ihn über den Berg brachten. So schlimm ging es ihm danach nie wieder.

Spät am Nachmittag des Feuers kam meine Mutter zu mir ins Zimmer und sagte, sie wolle mir etwas zeigen. Ich lag oben auf dem Hochbett, das Gesicht immer noch rußgeschwärzt, und hatte mich quasi ins Koma geheult. Meine Mutter nahm mich bei der Hand und führte mich zurück in den Wald, den Weg entlang, auf die Verwüstung zu. Ich roch es schon, bevor wir aus dem Vorgarten waren. Auf diesem ganzen Todesmarsch von etwa einer Stunde sagte meine Mutter nur einen Satz zu mir: »Du sollst sehen, was du getan hast.« Es war wie aus dem Buch Hiob. Mein geliebter Wald! Schwarz verkohlt. Ich glaube, irgendwann sank ich wirklich auf die Knie. Meine stets patente Mutter trat alle paar Schritte gegen einen qualmenden Baumstamm, um sich zu vergewissern, dass er auch nicht wieder aufflammte.

Am nächsten Morgen stand ich um fünf Uhr zu meiner Zeitungsrunde auf. Ich öffnete die Fliegengittertür und schleifte den dicken, mit gelber Kunststoffschnur gebundenen Packen herein. Ich durchschnitt die Schnur mit meinem Schweizer Messer – ich hatte natürlich das mit der größtmöglichen Anzahl an Werkzeugen und Klingen – und lud die Zeitungen in meine Stoffschultertasche. Normalerweise las ich den *New Albany Tribune* vor dem Verteilen nicht, aber an dem Morgen wollte ich wissen – genauer gesagt, bebte ich vor Angst –, ob das Feuer erwähnt wurde.

Das wurde es. Auf der Titelseite, über der Falte, in der Mitte, mit einem Schwarz-Weiß-Foto in dreizehn mal achtzehn von einem Feuerwehrmann im Einsatz. Beklommen las ich die Bildunterschrift. Dort stand unter anderem: »Für das Feuer sollen zwei Jugendliche verantwortlich sein, die an einem Müllhaufen gezündelt haben.«

Ein paar Tage danach saß ich gerade mit meinem Vater im Hobbyraum, als das Telefon klingelte. Er beugte sich hinüber und hob ab, dann stand er etwas unruhig auf und wandte mir den Rücken zu, was bedeutete, dass es ein ernstes Gespräch war. »Ja, Sir«, sagte er (ich kann seine Worte im Kopf wie eine Kassette abspielen, samt der langen Pausen), »ich bin sein Vater … Nein … Nein, ich verstehe. Hören Sie, er … Nein, er ist kein Zündler oder so etwas … Es war absolut nur ein Versehen. Ja, ich … ich glaube wirklich nicht, dass das nötig wäre … Wirklich? … Ach, auf jeden Fall eher Versehen als Brandstiftung, ganz sicher … Ja, wir haben mit ihm geredet …

Nein, ich versichere Ihnen … Danke … Danke … Auf Wiederhören.«

In der Schule erfuhr ich, dass die Polizei Steven auf die Schliche gekommen war, der mich verpfiffen hatte (was soll's, er war erst elf). Mein Vater sagte nichts zu dem Anruf, wofür ich damals viel zu dankbar war, um mich darüber zu wundern. Ich habe nie herausgefunden, wovor er mich bewahrt hat.

MORGENARBEIT

Keeneland besteht aus einer Rennbahn, einer Auktionshalle, einem Clubhaus, einem Speisesaal und einer Farm, aber die Lexingtoner sprechen immer nur von »Keeneland«. Es ist der Vatikan des Pferdelandes, der Ort, an den die Gläubigen pilgern, um dem erlauchten Tier nahezukommen, das ihre Stadt berühmt gemacht hat. Gegründet wurde es 1936, als der Pferderennsport in Amerika nach einigen Rückschlägen wieder aufblühte. Zur Prohibitionszeit hatte es im ganzen Land auch Bewegungen gegeben, die jede Form von Glücksspiel unterbinden wollten (wobei Kentucky und Maryland ihren Wurzeln treu blieben und diese ganz und gar abwehrten[9]), und die Depression hatte Amerikas Interesse an einem Zeitvertreib gedämpft, bei dem der Zuschauer sich üblicherweise von einer gewissen Menge Geld trennen muss. Aber nun gab es Zeichen der Erholung. 1934 war in Amerika die Rekordzahl von 14261 Rennen gelaufen worden. John Oliver »Jack« Keene, dessen Familie schon kurz nach der Revolution auf das Land zog, aus dem Keeneland wurde, wollte etwas schaffen, das alles Gute am Pferderennsport verkörperte: eine Oase der Erholung von der kaufmännischen Atmosphäre und allgemeinen Schmierigkeit, die so vielen amerikanischen Rennbahnen immer noch anhaftet. Ihm selbst ging dann zwar bald das Geld aus, aber er verkaufte das Land an eine Investorengruppe, die seiner Vision zugetan war. Ein Jahr nach der Eröffnung beschrieb sie ein prominenter Trainer in geradezu dankbaren Tönen:

> Auf den gemütlichen Tribünen und grünen Rasen Keenelands versammelt sich jeden Nachmittag ein Volk, das Pferde kennt und liebt ... Wir sprachen alle dieselbe Sprache, und das Vollblutpferd war unser Ein und Alles. Nirgends hörte man von abgekarteten Rennen und zurückgezogenen Pferden, wie man es überall dort tut, wo der Sport neu ist.

Bis heute kann es in Sachen purer Schönheit keine andere Rennbahn mit Keeneland aufnehmen. Es liegt draußen vor der Stadt, dem Flughafen gegenüber an der Versailles (ausgesprochen Ver-SAILS) Road, und das Land um die Rennbahn selbst ist nicht bebaut, sodass man bis an den Horizont nur Weiden sieht, wenn man auf der Tribüne sitzt. Schnippte man mit den Fingern und landete im Jahr 1937, würde sich bis auf die LED-Anzeige der Quotentafel wohl kaum etwas verändern.

Die Farm, die man im Vordergrund sieht und deren Land direkt an die Rennbahn anschließt, gehört John T. Ward, dem Lexingtoner Urgestein, das mit dem englischen Pferdebesitzer John Oxley zusammenarbeitet und den Gewinner des Kentucky Derby 2000, Monarchos, trainiert hat (in einer Glasvitrine an der Wand seines Büros liegt eine Strähne von Monarchos' schwarzer Mähne mit zwei roten Schleifen). Keeneland ist mehr oder weniger Wards erweitertes Zuhause und seine private Trainingsbahn. Morgens bringt er seine Pferde zum Training herüber oder nachmittags zum Rennen, und hinterher geht er wieder zu Fuß mit ihnen nach Hause.

Die Welt des Pferderennens bringt nur wenige Menschen hervor, die auch nur ansatzweise so berühmt sind wie die Stars anderer Sportarten. Wahrscheinlich kann man an einer Hand abzählen, wie viele Namen dem Durchschnittsmenschen bekannt wären. Zum einen gibt es die legendären Jockeys wie Bill Shoemaker und Eddie Arcaro; und zum anderen die Trainergrößen, heutzutage wären das Bob Baffert, D. Wayne Lukas und eben John T. Ward. Die Trainer sind nicht unbedingt deswegen berühmt, weil sie das ganze Jahr über ihre Konkurrenten deklassierten (auch wenn sie sich natürlich eher gut als schlecht schlagen), sondern vor allem weil sie regelmäßig die Rennen der Triple Crown gewinnen, die im Fernsehen gezeigt werden. Baffert ist der Protzige von ihnen, der mit Bluejeans und Cowboystiefeln in den Siegerkreis tritt, stets betont, was für ein ganz normaler Kerl er ist, auf seinem knallroten Auto posiert und die Blaublüter zur Weißglut bringt. Lukas ist vor allem als Bafferts Rivale bekannt. Und Ward als der Anti-Baffert. Er gehört der vierten Generation einer Kentuckyer Pferdefamilie an, ist Lexingtoner Patriot, trägt im Siegerkreis Fliege und lässt keine Gelegenheit verstreichen, um von »Tradition« zu reden oder davon, wie »man« es macht, was vor allem heißen soll, nicht so wie Baffert, was jeder Pferdekenner weiß. Dieser Konflikt ist nicht unbedingt echt (als ich Ward danach fragte, antwortete er, vermutlich wahrheitsgemäß: »Natürlich sind wir Konkurrenten, aber am Ende sind wir doch alle im selben Geschäft« ... gähn), und echte Insider würden keinen der drei an ihrer jeweiligen Kurzbeschreibung erkennen, aber darum geht es ja: Der Rennsport hat Menschen-, nicht Pferdegeschichten bitter nötig, alles, was potentielle Fans spannend finden könnten. Fast ganz Amerika schaltet ein, wenn meinetwegen Sammy Sosa einen neuen Homerun-Rekord aufstellt, aber wenn dein Sammy Sosa vier Beine hat, nicht redet und allem Anschein nach keine Ahnung hat, worüber sich alle so aufregen, muss man eben etwas kreativer werden. Deshalb nennt man Baffert »kontrovers«, wenn er Sachen sagt oder tut, mit denen es ein Football-Coach nicht mal auf die sechste Seite des Sportteils schaffen würde (persönlich ist er in seiner zuvorkommenden Herzlichkeit fast schon Typ lieber Onkel vom Lande), und Ward wird zu seinem kulturellen Gegenstück, zum gestrengen Puristen. Und wenn ihr hier zum ersten Mal von ihm hört, versteht ihr, was ich meine.

Ich besuchte Wards Stall an einem feuchten Septembermorgen um exakt 6:15 Uhr. (»Kommen Sie gerne vorbei«, hatte er bei unserem Telefonat am Abend vorher gesagt. »Stehen Sie nur nicht im Weg herum.«) Er sah nach Mitte fünfzig aus, hatte silbergraues Haar und tiefsitzende, leicht wässrige, kobaltblaue Augen, etwas schmal, als wäre er noch nicht ganz wach. Er trat ungeziert auf, fast etwas spröde. Er sprach ruhig mit seinen Mitarbeitern und strahlte die natürliche Autorität von jemandem aus, der nie danke sagen muss und dabei nicht mal unhöflich wirkt. Im Stall und drumherum arbeiteten alle leise, aber nicht etwa aus Ehrfurcht – es war eine frühmorgendliche Atmosphäre, in der man nur sprach, wenn es sein musste, und selbst dann fasste man sich kurz.

Ward führte mich durch den Stall an den Boxen entlang. Die meisten Pferde hatten den Kopf erwartungsvoll in den Gang gesteckt, und wir streichelten ihnen die Nasen – er herzlich, wie man einem Hund liebevoll am Kopf wackelt; ich nervös, wie man eine Ziege im Streichelzoo anfasst. (Eins der Pferde bleckte die Zähne und zwickte meinen Freund Chris, der mich zur Farm gefahren hatte. Das hinterließ einen untertassengroßen Bluterguss am Arm, der über den nächsten Monat das Farbspektrum von Rot über Blau, Schwarz und Gelb bis Grün durchlief.)

Als die ersten Pferde aus dem Stall geführt wurden, traten wir an die Seite und ließen sie vorbei. Die Reiterinnen und Reiter waren zwar klein, aber immer noch größer als Jockeys. Das merkte ich Ward gegenüber an, und er sagte: »Das ist wie mit den zwei verschiedenen Schlägern beim Baseball. Das Pferd gewöhnt sich daran, mit soundso viel Kilo auf dem Rücken zu laufen, und wenn dann der Jockey draufsteigt, fühlt er sich ganz leicht an.« Die Reiter stellten kurz Blickkontakt mit Ward her, als sie in Windbreakern und schwarzen Reitkappen vorbeikamen, und tätschelten ihre Tiere am Hals; einer beugte sich nach vorn und flüsterte seinem Pferd ins Ohr: »Was meinst du? Hmm, was meinst du?«

Während wir ihnen zur Rennbahn folgten, versuchte ich, Ward etwas zu seinem Trainingsplan zu entlocken. Am Abend zuvor hatte ich noch lange in R.W. Collins' *Race Horse Training* gelesen, einem derben und unterhaltsamen schmalen Buch von 1937, das seit den Fünfzigern vergriffen ist. Collins war ein ziemlich erfolgreicher Trainer in Lexington, und das Buch besteht aus einem Jahr seiner Tagebucheinträge, die vorab die Zeitschrift *Blood Horse* gedruckt hatte. Ich hatte in der Mercer Street in Manhattan ein antiquarisches Exemplar gefunden und an einem Tag mehr daraus gelernt als aus allem anderen, was ich über das Thema gelesen hatte, auch wenn es voll der abstoßenden Nebenbemerkungen ist, die man von einem Mann von Collins' Zeit und Erziehung erwarten würde (z.B. »Alkohol, N***** und Pferde sind keine gute Mischung«; oder in einer ähnlich soziologischen Betrachtung, »[Mein neuer Bursche] Sammy ist von Jiddischer Nationalität ... Ich staunte, wie lebhaft er wurde, als ich ihn vor ein paar Tagen mit einem Krämer über ein Paar Socken feilschen sah. Irgendwann verrät sich das Blut immer«).

Collins schreibt, als würde er mit einem absolut Ahnungslosen reden, und darin liegt der besondere Wert des Buches. Mit dem Training von Vollblutpferden ist es so wie mit der Teilchenphysik – wer sich wirklich mit den Komplexitäten der Sache auskennt, ist selbst in diesem Bereich tätig und hat entweder viel zu viel zu tun oder ist von deinen scheinbaren Lernstörungen zu angewidert, um dir alles haarklein zu erklären. Oder vielleicht könnte man besser sagen, so wie viele Wissenschaftler können sich die Trainer nicht so recht vorstellen, dass alle anderen nicht genauso in den Einzelheiten ihrer Berufung drinstecken. Man darf nämlich nicht vergessen, dass diese Leute kaum etwas anderes tun. Die guten Trainer sind jeden Morgen da und jede Nacht in Rufbereitschaft. Der ganze Sport, der Unterschied zwischen Sieg und Niederlage, hängt von winzigsten Variablen ab, da bleibt kein Raum für Nachlässigkeit. Man stelle sich einen Arzt vor, der ein Krankenhaus leitet, und alle Patienten sind seine Söhne und Töchter, und außerdem haben sie alle eine seltene Knochenkrankheit, dann hat man in etwa eine Vorstellung von diesem Lebensstil. Stellt man einem Trainer eine einigermaßen gewissenhaft recherchierte Frage zum Pferdetraining (im Gegensatz zu einer Frage zu den Rennen, die sie für ihr Leben gern beantworten), geht er sofort davon aus, dass man genau weiß, wovon man und wovon er redet, und Sekunden später steckt man tief im Labyrinth einer der ältesten und vielschichtigsten Fachsprachen überhaupt. Mehr als einmal bin ich nach einer zehnminütigen Unterhaltung mit einem Trainer aus seinem Stall an der Rennbahn gekommen und habe eine Seite in meinem Notizbuch angestarrt, auf der etwa stand: »Sagt, Hengst ›ist sein Rennen gelaufen‹. Erwähnt ›Gleichbein‹. Hat große Hände.«

Collins schreibt von seinem Berufsalltag, listet pflichtschuldig die Einzelheiten auf und erklärt dann (und das ist das Alleinstellungsmerkmal seines Buchs), warum ihm all das überhaupt wichtig ist. In einer typischen Passage entwirrt er das Mysterium, warum ein Unterschied von zwei Sekunden in der »Morgenarbeit« (ein Übungsrennen auf eine feste Distanz – man sagt, zum Beispiel, ein Pferd hat »fünf Achtelmeilen in 59 3/5 gearbeitet«) die Pferdereporter zum Telefon rennen lässt und Trainer zu trüben Rechtfertigungsinterviews bewegt:

> Hengst- und Stutfohlen zur Arbeit geschickt und den Jungs gesagt, sie sollen ein bisschen schneller machen, aber nicht schneller als drei Achtel in :36, und sie die Halbe in etwa :50 ausgaloppieren lassen. Machte mir Sorgen, als meine

> Uhr für das Hengstfohlen anfing mit :11 2/5, beim Viertel :22 3/5 und bei drei Achteln :34 1/5 zeigte, das Stutfohlen eine Länge dahinter, und dann galoppierten sie beide aus und kamen bei :48 2/5 rein. So können einem die Jungs in ein paar Sekunden durch eine kleine Fehleinschätzung der Geschwindigkeit die ganze Arbeit, ja, die Investition, gefährden. Die jungen Dinger haben bisher nur recht langsame Arbeit getan, und solche Geschwindigkeiten hätte ich noch mehrere Wochen lang nicht verlangt. Wenn sie hiernach nicht das Futter verweigern, Knochenhautentzündung am Schienbein bekommen oder zu eilig werden, ist es ein großes Glück.

Ward wuchs unter Männern wie Collins auf – sein Vater hatte ihn wahrscheinlich noch persönlich gekannt –, also wollte ich gerne von ihm hören, ob und wie sehr sich sein Handwerk in den Jahrzehnten seit Collins' Buch verändert hatte. Schließlich war im Rennsport ansonsten so vieles – vor allem die Geschwindigkeit des durchschnittlichen Vollblutpferds – mehr oder weniger gleich geblieben. Die anderen alten Sportarten (wie die klassischen olympischen Disziplinen) waren von modernen Trainingstechniken revolutioniert worden, aber weil der Pferderennsport schon in einem frühen Stadium so eine organisierte, statistisch quantifizierbare Form angenommen hatte, feilten Pferdetrainer schon seit Jahrhunderten an ihren Methoden und justierten Nahrung, Zeitpläne, Übungen, Rennvorbereitung und Psychologie. Bis vor Kurzem hatten sie zwar noch keine Labore, um all das im Detail zu überprüfen, aber sie hatten Hunderttausende Stunden an Mensch-Tier-Interaktion, anhand derer sich wohl genauso sicher feststellen ließ, was funktionierte und was Mythos war. (Auf dem Gebiet der Zucht ging es mit dem Fortschritt anscheinend langsamer voran, zumindest in England, wo Edward Topsell 1658 in *The History of Four-Footed Beasts* schrieb: »Verweygert sich die Stute, so schlaget Krabbenfleysch in Wasser weych wie Honig und berühret darmit die Nathur der Stute in ihrer Hitze und haltets ihr an die Nas; andernfalls nehmet Hennenmist gemischt mit Rosen und Therpenthin und benetzet darmit der Stute Geheymnisse.«)

Ward sagte: »Es stimmt natürlich, dass das Pferd nun seit was weiß ich wie viel tausend Jahren mehr oder weniger gleich geblieben ist. Unsere Fortschritte bei den Trainingsmethoden liegen in den Feinheiten. Der Trick ist der, der er schon immer war – man darf sie nicht demoralisieren. Sie erinnern sich an alles.«

Wir kamen durch das Feld, das zwischen Wards Farm und der Rennbahn liegt. Mittlerweile hatte der Himmel pinke Streifen bekommen, und der Tau hatte mir den Hosensaum durchnässt. Ward ging mit den Händen in den Jeanstaschen und nahm den Blick nie von den Pferden vor sich, deren straffe Oberschenkel einander streiften, während es bergab ging. Nichts als leises Hufgeklapper war zu hören. Bis zehn Uhr überquerte Ward dieses Feld achtmal.

»Ein dreijähriges Pferd beim Derby«, sagte er, »das ist wie ein fünfzehnjähriger Schwimmer bei Olympia. Stark und extrem athletisch, aber es weiß noch nicht, was eine Niederlage ist. Aber wenn es erst mal eine erfahren hat, wird es schlauer. Einem Kind kann man sagen, es soll so schnell es kann so weit es kann laufen, und es macht es. Sagt man das einem Erwachsenen, bekommt man was zu hören. Was meinen Sie, warum sie beim Militär Neunzehn- und Zwanzigjährige als Soldaten nehmen? Diese Pferde sind die Delta Force.«

Ich fragte ihn, wie er ihren Willen zu laufen aufrechterhielt.

»Ich gebe jedem einzelnen Pferd seinen individuellen Lehrplan«, sagte er. »Ein bisschen wie bei Montessori.«

Vor allem wollte ich hören, wie er seine Pferde pflegte. Collins' Buch war wie ein Lexikon obskurer Veterinärtechniken, die wie aus dem achtzehnten Jahrhundert klangen oder wie vom Planwagen eines Wildwest-Wunderheilers. Immer wenn ich so eine Technik fand, blätterte ich zurück und notierte sie mir auf dem Vorsatzblatt. Mit der Zeit machte der Zufall ein Gedicht daraus. Wenn Pferde »ausschuhen« oder »klamm auskühlen«, wenn ihre Beine »geschwollen« oder »voll« oder ihre »Schienbeine wieder kalt« sind, nämlich andauernd, dann unternehmen Collins und seine Burschen Folgendes:

»mit Silberblister bestreichen«
oder mit »Absorbent, extrastark«.
Bestrichen »trocknen« oder »härten« die Schienbeine.
»Alle Pferde in meinem Stall bekommen jeden Morgen

eine Lehmschlammpackung auf die Füße.
So bleiben sie feucht und geschmeidig.«
»Devil und Glow stehen beide jeden Tag
eine Stunde in Eiswasser, wonach ich Devil die Beine
mit Jod-Entzündungssalbe einreibe.
Wenn das Fieber aus Glows Knöchel ist,
erst einreiben oder blistern,
was jeweils besser erscheint.«
Oder auch »Einreibemittel auf den Hals streichen.«
»Glow ein Zäpfchen gegeben.«
»Glow wieder mit Quecksilbersalbe
beide Knöchel geblistert.«
Die Knie der Pferde werden mit einem Eisen »gebrannt«
oder »punktgebrannt«.
»Habe wieder Lights Sehne, Friendlys Knöchel
und Villages Sehne mit Quecksilberblister bestrichen.«
»Guten Schweißbalsam auf die Knie aufgebracht.«
»In der Zwischenzeit war sein Knie rundgeschwollen,
und ich hatte es gut mit
Hagyard's Absorbent Balsam eingerieben.«
»Ebenso neu bestrichen mit Mac.«
»Die Wunde wurde mit ›blauem Balsam‹ bestrichen.«
»Der arme General kann sein verletztes Bein immer noch nicht
belasten, und ich frage mich,
was die Entzündung unter dem Wickel macht.«

Das fragte ich mich auch. Ich hielt mich zurück und trug Ward nicht das Gedicht vor, sondern fragte ihn nach, nun ja, all dem »Bestreichen«. Zu meiner Überraschung erklärte er, dass viele dieser Behandlungen immer noch gängig seien, aber nicht aus den Gründen, aus denen man vielleicht glaube (wer weiß, welche das wären). »Zum Beispiel hat man die Beine der Pferde früher mit Jod bestrichen«, sagte er. »Das strafft die Haut und lässt das Gelenk besser aussehen. Hauptsächlich eine kosmetische Sache. Aber vor allem sorgt es dafür, dass die Pfleger sich die Beine jeden Tag genau anschauen, sodass Probleme früh bemerkt und erkannt werden. Darin liegt der Vorteil.

Alles, was Aufmerksamkeit fürs Detail bringt, hat seinen Nutzen. Was auch immer ich machen kann, damit meine Leute sich die Pferde öfter und genauer anschauen, das mache ich.«

Wir kamen auf die Rennbahn; die Stille war erstaunlich. Jedes Kettenklimpern hing einen Augenblick klar und klein in der Luft wie eine Seifenblase. Man ließ die erste Gruppe Pferde ihre Trainingsläufe absolvieren, und Chris, der mitgekommen war, wandte sich mir zu: »Hörst du das?« Es gab jedes Mal ein Geräusch, wenn die Vorderhufe aufsetzten. Aber es war viel zu laut, um nur von diesen auszugehen. »Die schnauben ... Mann, ist das laut.« Wenn die über 450 Kilo wieder Bodenkontakt hatten, komprimierte sich die Lunge und presste Luft aus den Nüstern. Wenn sie die Hufe wieder hoben, atmeten sie ein. So hört sich ein Vollblutpferd im Galopp an. Das hatten wir beide über den Lärm des Publikums beim Rennen noch nie gehört.

Wenn man sie so einzeln laufen sah – nichts als laufen, ohne die Ablenkung durch den Rennverlauf und ohne dass die anderen Pferde einem den Blick versperrten –, gewann man eine ganz neue Achtung vor ihrer Kraft. Jedes Einzelne von ihnen war wie ein zum Leben erwecktes Gemälde von Delacroix, wenn es vorüberraste, die Augen geradeaus, der ganze Körper in Riffelwellen wie eine Flagge.

Ward beobachtete die Arbeit still und aufmerksam. Bei einem Pferd und Reiter, die vorüberkamen, wandte er sich seinem Assistenten Patrick zu und sagte: »Das ist kein gutes Paar.« Patrick sagte: »Yep.« »Der Reiter ist überfordert«, fuhr Ward fort. »Das Pferd trainiert ihn.« Dann stand er auf, und es ging zurück zum Stall zur nächsten Gruppe.

Es gab an dem Tag vier Gruppen mit jeweils vier oder fünf Pferden. Die Reiter blieben während der Erholungsphase nach der Arbeit oben, was den Tieren Ward zufolge hilft, den Rücken zu strecken. Sie standen auf einem Feld vor den Stallungen und wurden mit warmem Seifenwasser aus Eimern gewaschen, während sie aus Schalen soffen, die man vor sie gestellt hatte. Dann durften sie noch zwanzig Minuten dort bleiben, bevor sie wieder in ihre Boxen geführt wurden, wo sie sofort Futter bekamen.

Der ganze Ablauf, vom Verlassen der Box zum Gang über das Gelände, bis sie wieder zurück in die Box kamen, hatte ungefähr zwei Stunden gedauert. Ich stellte eine wohl naive Frage: War das alles, was sie an Freilauf bekamen? »Zwei Stunden, zehn, zwei Stunden, fünfzehn Minuten«, sagte Ward. »Den Rest der Zeit sind sie in der Box. Manche haben ihre Pferde nur fünfundfünfzig Minuten draußen, aber wir lassen sie gerne ein bisschen herumstehen.«

Collins schreibt, dass »früher« – also noch vor seiner Zeit – die Rennpferde einen Teil des Tages auf der Weide verbringen durften, was sie seiner Meinung nach abhärtete. Aber Ward erklärte, das Risiko sei einfach zu hoch. Die Pferde seien für Millionen von Dollar gekauft worden, kosteten Millionen an Unterhalt und hätten (zumindest teilweise) das Potential, auf der Rennbahn Millionen einzubringen. Man könne es sich nicht leisten, so eine Investition zu gefährden, weil sie irgendwo in ein Loch oder auf eine Schlange trete. Wenn es nach ihm gehe, täten die Pferde keinen einzigen ungeplanten, unbeobachteten Schritt.

Zwei ist ungefähr 8,3 Prozent von vierundzwanzig. Also verbringen diese Pferde von ihrem Kauf als Jährlinge an bis zum Ende ihrer Rennkarriere 91,7 Prozent ihrer Zeit in der Box. Und dabei ist Wards Stunde extra schon eingerechnet. Es hieß manchmal, sie würden behandelt wie Diven, aber anscheinend werden sie eher behandelt wie Kampfjets, die im Hangar bleiben, wenn sie nicht in der Luft sind.

Ich fragte, warum die Muskeln nicht schwach wurden, wenn die Pferde so lange auf begrenztem Raum standen, aber Ward sagte: »Das ist eher wie Gewichtheben als Läufertraining.« Das heißt, kurze, hochintensive Anstrengung, die kleine Verletzungen der Muskeln verursacht, damit diese sich noch stärker regenerieren, was wohl während all der langen Stunden in der Box geschieht.

Während unserer Nasenstreicheltour hatten die Tiere zufrieden gewirkt. Aber sie konnten doch sicher die Weiden riechen, und würden sie eines Morgens ohne Reiter und Trainingsplan auf einer aufwachen, wüssten sie doch sicher etwas mit ihr anzufangen.[10] Ein sonderbares Schicksal für ein Tier: einerseits eins der dauerhaftesten und mächtigsten Symbole alles Wilden und Freien zu sein, dabei aber selbst seine ganze Zeit in einer Box zu fristen, in der es sich gerade so umdrehen kann. Es wäre spannend zu wissen, ob es ihnen etwas ausmacht. Schon seit Hiob versuchen die Menschen, ihnen in den gewaltigen Kopf zu schauen. Henry Adams glaubte, der Hengst »stirbt im Zaumzeug und nimmt eine neue Natur an, wenn er zahm wird«, was für uns, die Zähmer, wohl allzu praktisch klingt. Vielleicht reicht es aus zu sagen, dass ihre Natur ihnen gestattet, unsere seltsamen Forderungen zu erdulden. In »Vom Erhabenen« schreibt Schiller:

> Ein Pferd, das noch frey und ungebändigt in den Wäldern herumläuft, ist uns als eine uns überlegene Naturkraft furchtbar, und kann einen Gegenstand für eine erhabene Schilderung abgeben. Eben dieses Pferd, gezähmt, an das Joch oder vor den Wagen gespannt, verliert seine Furchtbarkeit, und mit ihr auch alles Erhabene. Zerreißt aber dieses gebändigte Pferd seine Zügel, bäumt es sich entrüstet unter seinem Reiter, giebt es sich seine Freyheit gewaltsam wieder, so ist seine Furchtbarkeit wieder da, und es wird aufs neue erhaben.

Sehen wir heutzutage überhaupt noch etwas in der Natur als wirklich furchtbar oder »uns überlegen« an? Wer einem wütenden Bären gegenübersteht oder wem ein Tornado das Dach vom Haus reißt, dem mag die Frage blöd vorkommen, aber während Naturgefahren und -katastrophen natürlich jene in Angst und Schrecken versetzen, die sie selbst durchleben, sind Erstere doch zumindest in der entwickelten Welt kaum noch mehr als ein Kuriosum im kollektiven Unterbewusstsein. Wir fürchten uns nicht mehr vor der Natur; Angst macht uns eher die Vorstellung, dass wir über die Natur triumphiert haben, und die Frage, was dieser Triumph auf lange Sicht bedeutet, wenn wir viel zu spät verstehen, dass auch wir die Natur waren, dass unser Triumph unser Selbstmord war. Das symbolisiert das ungezähmte Pferd heute: die Macht dessen, was wehrlos und unentbehrlich zugleich ist, was uns ausgeliefert ist, ohne dessen Gegenwart wir aber etwas von uns selbst einbüßen und dahinschwinden würden. »Der Mensch hat das Pferd verloren«, schrieb D.H. Lawrence, »und nun ist der Mensch verloren.«

Wenn wir uns heutzutage einen Fluss anschauen, dessen Lauf das Army Corps of Engineers kontrolliert, oder ein Tier im Wald, das ausstirbt, sobald jemand dem richtigen Politiker die richtige Summe unterbreitet, oder einen jungen Hengst im Zaumzeug, dann empfinden wir nichts Erhabenes, sondern vielmehr eine umfassende, körperlose Tristesse. Wir hatten immer für unbezähmbar gehalten, was wir um jeden Preis erobern wollen. Jefferson glaubte, es würde tausend Jahre dauern, den amerikanischen Westen zu besiedeln. Wir verkannten unsere eigene Kraft.

Zurück im Stall schaut Ward zu, wie zwei seiner Mitarbeiter ein schwieriges Stutfohlen zu beschlagen versuchen. Es tritt sich immer wieder aus ihrem Griff frei und bewegt sich ein paar Schritte vor und zurück, sodass die beiden um seine Hufe herumtänzeln müssen. Schließlich greift Ward ein. Er rammt dem Pferd den Ellenbogen in die Rippen und drängt es an die Wand. Allem Anschein nach hat es ihm mehr wehgetan als dem Tier, das allerdings kurzzeitig verdutzt wirkt und sich nun am Huf halten lässt, das Bein am Knie angewinkelt. Die beiden anderen Männer kommen wieder mit Hammer und Hufeisen herbei.

UNTER DEN JÄHRLINGEN

Als ich Ward verließ, war er auf dem Weg nach nebenan zum Jährlingsverkauf in Keeneland. Ein paarmal im Jahr, im Frühling, Sommer und Herbst werden Hunderte junger Pferde aus den anspruchsvollsten Zuchten der Welt hier durch den Verkaufspavillon geführt, und bei jedem Geschäft wechselt eine Handvoll Pferde – unerprobt, untrainiert und mit nichts als ihrem Stammbaum und ihrem »Gebäude«, um sie zu empfehlen – für Millionen Dollar das Stück den Besitzer. Von diesen Veranstaltungen und ihrem nördlichen Gegenstück in Saratoga breitet sich der ganze Vollblutpferde-Rennzirkus aus; es ist dort eine seltsame Mischung aus Sotheby's-Auktion und NBA Draft. Schicksale werden entschieden: die Geschicke von Trainern und Jockeys, der gute Ruf der Besitzer, die Ergebnisse der Triple-Crown-Rennen.

Alle Pferde werden am ersten Januar nach ihrem Geburtsjahr eins (denn etwa gegen Neujahr kommt die nächste Generation nach). Da die Zuchtsaison von Februar bis Juni geht und eine Stute ihr Fohlen über elf Monate austrägt, kann ein Pferd zwischen acht und zwölf Monate alt sein, wenn es ein Jährling wird, also waren die im September in Keeneland angebotenen Pferde zwischen sechzehn und neunzehn Monate alt. In diesem Alter sind Vollblutpferde möglicherweise am schönsten. Sie sind gerade der unbeholfenen Steife und den Gnubbelknien des Fohlenalters entwachsen und ihre Muskeln entwickeln sich allmählich und wogen beim Gehen unter dem Haarkleid.

Ein zweitägiger Verkauf war für den zehnten und elften September 2001 angesetzt. Ich kam am Morgen des zehnten bei großartigem Wetter an, statt des in Zentralkentucky so häufigen tief verhangenen Himmels begrüßte mich ein strahlendes Blau mit Schäfchenwolken. Am Eingang bekam ich meinen Verkaufskatalog, ein gebundenes Büchlein, in dem all die noch namenlosen Hengst- und Stutfohlen (von denen jedes eine Nummer an der Hüfte trägt) samt Namen ihrer Verkäufer oder Besitzer aufgelistet waren. Weiterhin wird seitenlang die Abstammung dargelegt und die gewonnenen Preisgelder jedes Vaters und jeder Mutter aufgeführt. Oben auf der Seite ist ein kleiner Stammbaum über drei Generationen abgebildet. Die meisten Leute dort hatten den Katalog in der Hand, studierten ihn, kritzelten sich Notizen an den Rand. Er ist eine Art Libretto für eine der ungewöhnlichsten Aufführungen Amerikas.

Der Pavillon war in Bewegung, Menschen und Pferde liefen Achterschleifen von einem Ende zum anderen, Assistenten flüsterten in Handys, Rennfans schlenderten ziellos umher. Bei einem Jährlingsverkauf passieren so viele Sachen an so vielen Orten gleichzeitig (darin ist es ganz anders als eine traditionelle Auktion), dass ich beim Versuch, einen Überblick zu bekommen, schnell die Orientierung verlor – es war wie wenn man Wirtschaft studieren will, indem man sich mitten ins Gewusel auf dem Börsenparkett stellt. Die Gespräche bei diesen Verkäufen sind eher kurz und vage – alle Blicke schweifen die ganze Zeit über die Parade an Potential, denn keiner will *das eine* verpassen.

In der Woche vor dem Verkaufstermin beginnt der ausgeklügelte Prozess, das jeweilige Pferd unter den Hammer zu bringen, wenn sich Trainer, Besitzer und Kaufinteressenten in Keeneland an den Ställen treffen, wo die Jährlinge zu besichtigen sind. Jedes Tier bekommt eine ausgiebige veterinärmedizinische Untersuchung, deren Ergebnis kurz vor Beginn des Bietens auf Bildschirmen angezeigt wird. Die Interessenten werden zum Beispiel darüber in Kenntnis gesetzt, ob das jeweilige Pferd ein »Kopper« oder »Luftschlucker« (eins, das gern an Zäunen nagt, was zu Magen-Darm-Problemen führen kann) oder auch ein »Spitzhengst« ist (was einen ein- oder beidseitigen Kryptorchismus bezeichnet – Junghengste, bei denen sich einer oder beide Hoden noch nicht abgesenkt haben – oder auch einen Monorchismus, bei dem überhaupt nur ein Hoden vorhanden ist).

Die Trainer prüfen sie ausgiebig und recherchieren die Stammbäume noch eingehender (wozu es extra eine Bibliothek vor Ort gibt, obwohl die Profis all das größtenteils im Kopf haben) und schauen ihnen zu, wie sie ein bisschen herumlaufen. Manchmal hat ein Verkäufer auch ein Video geschickt, wie ein Tier zu Hause auf der Farm herumtollt. Die meisten schweren Entscheidungen – auf welche Pferde ein Interessent bieten und wie hoch er gehen will – werden schon vor dem ersten Verkaufstag getroffen.

Da geht es für all die um starke Nerven, die sich von einer Menge Geld trennen wollen; für die bloßen Zuschauer geht es ums Spektakel. Die Pferde werden eins nach dem anderen entlang einer verschlungenen Route von den Ställen zur Bühne geführt, erst langsam (immer langsam) über den Sattelplatz, dann durch eine offene Laufhalle, wobei sie immer wieder stehenbleiben, damit die gestressten Trainer, die gleich mit Millionen Dollar anderer Leute zocken werden, einen letzten Blick erhaschen können. Die Pferdepflegerinnen bürsten sie die ganze Zeit, kämmen ihnen die Mähne und den Schweif, flüstern ihnen beruhigend zu und tun alles, damit die Tiere besonders beeindruckend und gelassen wirken. Eine plötzliche unerwartete Bewegung, die das Pferd aus der Ruhe bringt, sodass es vor den Bietern nervös wirkt, kann groteske Geldbeträge kosten. Die Leute lehnen sich über die Balustraden und schauen den Pferden hinterher. Am meisten fallen in der Menschenmenge die Araber auf, denen überallhin Grüppchen strenggesichtiger Bodyguards und Assistenten folgen. Einige der Pferde scheint die Aufmerksamkeit zu stören, und sie zerren an ihrem Zaumzeug. Manchmal tritt ein bekannterer Trainer zu einem Pferd, das seine Aufmerksamkeit erregt hat, in die Laufhalle. Dann steht er mit verschränkten Armen da und kaut sich auf der Lippe, während sein Blick sorgfältig über jede Partie des Tieres gleitet, während er jede Perspektive, jede Sehne abdeckt, um das Potential eines Rennpferds einzuschätzen, das seinen Lebtag noch kein Rennen gelaufen ist.

Von der Laufhalle kommen die Pferde in eine Art Backstage-Bereich, den letzten Halt vor der Versteigerung. Wer dem Jährling bis hier gefolgt ist und auf ihn bieten möchte, der begibt sich nun in den Auktionssaal. Wenn eine neue Nummer aufgerufen wird, öffnet sich dort ein sieben Meter hohes Tor, das auch in ein mittelalterliches Schloss passen würde, und ein Auktionshelfer in vornehmem grünem Jackett und schwarzer Hose übernimmt den Führstrick und bringt den Jährling auf die Holzbühne. Dann schließt sich das Tor wieder.

Auf dem offenen Sattelplatz zwischen dem Pavillon und den ersten Stallreihen, in denen die Jährlinge untergebracht sind, sehe ich John Ward auf einer Bank im Schatten eines Baumes sitzen, wo er sich mit Leuten unterhält, wahrscheinlich Fans, nach ihrem ehrfürchtigen Abstand zu schließen. Er gehört bei diesen Verkaufstagen zur Prominenz, ein Sohn Lexingtons, der gerade das renommierteste Pferderennen Kentuckys und der Welt gewonnen hat. Er ist für heute fertig mit dem Bieten (»Eins haben wir gekriegt, das andere nicht«, sagt er[11]), aber hinter mir führt man immer noch Pferde zum Podium, und alle paar Minuten verstummt Ward auf einmal mitten im Gedanken, wenn ein hübsches vorbeikommt, dann starrt er mit gerecktem Hals und schnellen, hochkonzentrierten Augen an mir vorbei und mustert es. Man kann es fast rattern hören, während er das Pferd mit den anderen zehntausend vergleicht, die er bereits genauso visuell seziert hat.

Am meisten überraschte mich an den Verkaufstagen, dass nicht nur viele Bieter und die meisten Pferdereporter geradezu kulthaft den Stammbaum hochhalten, sondern in überwältigender Mehrheit die Trainer selbst auch. Studien über die genetischen Faktoren, die sich auf Geschwindigkeit und Ausdauer auswirken (einfacher gesagt, wie häufig diese Merkmale in der Nachkommenschaft auftreten), qualifizieren deren Einfluss als »geringfügig«, und es wird argumentiert, dass auch diese bescheidenen Zahlen eher auf das jeweilige Training zurückzuführen sind als auf die Abstammung. Der Biologe Stephen Budiansky schreibt in *The Nature of Horses*: »Was ein Rennpferd wirklich von seinen Vorfahren ›erbt‹, sind weniger die Gene als vielmehr der Preis ... Niemand, der 500000 Dollar für einen Jährling ausgibt, wird sich hinterher in der Pflege und im Training knauserig zeigen.« Für die Bieter stand in Sachen Geld und Karriere zu viel auf dem Spiel, als dass sie aufgrund irgendeiner romantischen Vorstellung vom »Blut« einer nutzlosen Methodik nachhingen, wenn sie aussichtsreiche Pferde kaufen wollten. Jeden Moment würde jemand den Vorhang zurückziehen und mir offenbaren, dass die Abstammungsgläubigkeit die Astrologie der Rennpferdewelt ist, so glaubte ich. Doch in Wahrheit praktizierten diese Menschen Astronomie. Oder genauer gesagt, Zoologie.

Ward schüttelt den Kopf. Er sagt, er studiere erst den Verkaufskatalog und nehme dann erst das Gebäude eines Jährlings unter die Lupe, auf den er wegen seines Stammbaums aufmerksam geworden sei. Dabei zieht er auch gewisse praktische Fragen in Erwägung. Zum Beispiel sieht er sich besonders genau die Nachkommenschaft junger Zuchthengste an, die (in diesem Fall) zwischen etwa 1995 und 1997 zur Welt kamen. Aber auch hier geht es ihm vor allem ums Blut. »Früh in seiner Karriere als Zuchthengst«, erklärt Ward, »bringen sie ihm die besten Zuchtstuten, weil er noch berühmt ist und ihn noch alle ganz groß auf dem Schirm haben.«

Er erzählt, dass es auf dem Zuchtdiagramm manchmal zu einer »Kerbe« kommt, einer Kreuzung von zwei Linien, die zuverlässig Sieger hervorbringen. Zum Teil geht es auch darum, wo das Pferd eingesetzt werden soll. »Wir wollen Pferde, die auf Sand überlegen sind«, sagt er, »nicht auf Gras. Das ist eine unserer Konstanten. In den allermeisten Fällen gibt die Abstammung das beste Geläuf vor. Sieht man das nicht ein, geht man daran zugrunde.«

Warum die Vorliebe für Sand? Geht es da ums Geld? Er lacht: »Ach, es will eben jeder das Kentucky Derby gewinnen. Das ist nach wie vor die ganz große Nummer. Das wird Ihnen selbst *Bob Baffert* sagen.«

Ward sieht das anscheinend ganz weltlich, wie es wohl jeder Trainer muss, der öfter als hin und wieder mal gewinnen will. Er gibt zu, dass Sieger »von überallher kommen können«. Aber als ich ihn frage, ob er nicht seine eigenen Vorhersagen dadurch wahr werden lässt, dass er seine Pferde so gut vorbereitet, antwortet er gemäß seinen Erfahrungen. »Ich habe auch schon einen Derbysieger gekauft, den ein anderer trainiert hatte«, sagt er (und meint Fusaichi Pegasus, der *im Vorjahr* das Derby gewonnen hat), »und Monarchos habe ich gekauft und selbst trainiert. Beide kamen aus Familien, die bewiesen hatten, dass sie bei den großen Rennen mithalten können. Man muss schon darauf achten, dass da jemand dabei ist, der was auf dem Kasten hat.«

Trotzdem muss doch auch etwas an den Jährlingen selbst sein – also an ihrem Körper, nicht an ihrer Abstammung –, das Ward in seiner Entscheidung beeinflusst. Warum sonst würden er und seine

Kollegen die Tiere dann so ernst bestarren? »Tja«, sagt er und hält inne, als überlegte er, ob er wirklich mit einem Stümper über die Feinheiten reden will, »eigentlich sucht man nach Gründen, das Pferd *nicht* zu kaufen. Man hält die Augen offen nach Pferden, die man nicht trainieren kann. Und es gibt eine ausgiebige tierärztliche Untersuchung.«

»Aber es kommt nicht vor, dass Sie einfach ein Tier sehen und sagen: Das muss ich haben!«, frage ich.

Er zuckt die Schultern. Dann zeigt er hinter mir auf die stetig vorrückende Kolonne der Jährlinge auf dem Weg zum Verkauf. »Schauen Sie doch«, sagt er. »Die sind doch *alle* wunderschön.«

Der *New Yorker*-Journalist Kevin Conley weist in seinem Buch *Stud* über die Pferdezucht in Zentralkentucky auf die interessante Tatsache hin, dass Weatherbys *Stud Book* fünfunddreißig Jahre älter ist als die Erstausgabe von Burkes *Peerage*. Anders gesagt existierte bereits ein offizielles Register des Pferdeadels, bevor es eine Entsprechung für Menschen gab. Diesen Trend – die Pferdezucht als Vorbild in Angelegenheiten der menschlichen Reproduktion – kann man sowohl vorwärts als auch rückwärts in der Zeit verfolgen. Es beginnt mit Theognis, einem griechischen Dichter des sechsten Jahrhunderts vor Christus, der schrieb, »edle Ross' [erspäh'n wir zur Zucht], und ein Jeglicher will solche von wack'rem Geschlecht aufzieh'n; aber zu freien die schuftige Tochter des Schuftes, kümmert den Edelen nicht, bringt sie nur Schätze zu ihm«.

2500 Jahre später griff Sir Francis Galton, Charles Darwins Cousin, diese Idee auf. Galton gilt als Vater der Eugenik (»Wohlgeborenheit«), ein Begriff, den er dem weniger wohlklingenden, aber ehrlicheren Wort »Menschenzucht« vorzog. In *Inquiries into Human Faculty and Its Development* (1883) sprach er sich dafür aus, dass sich die Regierungen der Zukunft eine Scheibe von den Pferdebesitzern abschneiden sollten, denn diese verstünden, dass »es auf lange Sicht wirtschaftlicher ist, die besten Stuten in der Zucht einzusetzen

denn in der Arbeit«. Seine Logik war die, dass Pferdebesitzer durch spontanes Experimentieren und sytematisches (wenn auch intuitives) Ausmerzen unerwünschter Merkmale eine Wissenschaft entwickelt hatten, durch die »die geeigneteren Rassen oder Blutlinien eine größere Chance haben, sich zügig gegen die weniger geeigneten durchzusetzen«. In ganz Europa und den Vereinigten Staaten schlug seinem Werk reges Interesse entgegen, zumal es sehr gut zu der viktorianischen Vorstellung passte, dass Wohlerzogenheit und Wohlgeborenheit Hand in Hand gehen.

Im zwanzigsten Jahrhundert führten vor allem drei Männer Galtons Arbeit weiter. Einer davon war der Amerikaner David Starr Jordan, der erste Präsident der Stanford University. Das Geld für die Uni kam vom ehemaligen Gouverneur Kaliforniens Leland Stanford, dem Besitzer der Farm in Palo Alto, auf deren Land der Campus errichtet wurde, und außerdem war er ein respektierter Trabrennpferdezüchter. (Es war auch Stanford, der Muybridge dafür bezahlt hatte, die berühmten Fotos aufzunehmen, weil eine Wette darüber entschieden werden sollte, ob bei einem Pferd im Lauf alle vier Hufe den Boden verlassen – und das tun sie.) Stanford berief Jordan unter anderem deshalb zum Präsidenten der Universität, weil er sich darauf verließ, dass dieser seine Theorien zur Zucht und Vererbung erforschen würde. Laut der Historikerin Barbara Kimmelman gründete Jordan 1906 das »Eugenics Committee« der American Breeders Association, dem er selbst vorsaß, und das der Biologe Garland Allen von der Washington University »die erste organisierte Eugenik-Gruppe der Vereinigten Staaten« nennt.

Ein anderer Fackelträger dieser Ideen war Charles Davenport, ein zunächst vielversprechender Biologe, der sich dann aber der sozialtechnischen Scharlatanerie zuwandte und in *Heredity in Relation to Eugenics* (1911) schrieb: »Der Mensch ist ein Organismus – ein Tier; und die Gesetze der Verbesserung von … Rennpferden gelten auch für ihn. Akzeptiert man diese einfache Wahrheit nicht und zieht sie nicht zur Auswahl von Ehepartnern heran … endet jeder Fortschritt.« Zwölf Jahre später wurde er noch deutlicher und schrieb seinem Kollegen Wickliffe Draper, dem Gründer des nazifreundlichen Pioneer Fund (und Nachkommen von »Blaublütern

Kentuckys«, wie er gern betonte), dass es »die größte Revolution des menschlichen Fortschritts brächte, wenn man an die menschliche Paarung in dieser oder jener Weise dieselben Ansprüche wie an die Pferdezucht stellte«. Davenport überzeugte die Frau des Eisenbahnmagnaten E.H. Harriman von seinen Vorstellungen, und mit ihrem Geld (auch Rockefeller gab etwas dazu) konnte er das Cold Spring Harbor Laboratory auf Long Island einrichten, wo sich Forscher versammelten, um die Notwendigkeit und Durchführbarkeit der Eliminierung »Schwachsinniger« und anderer Unerwünschter (d.h. »Farbiger«) aus der Bevölkerung zu beweisen. Dubiose Experimente wurden durchgeführt und die Ergebnisse so irreführend dargestellt, dass mehrere Staaten dazu übergingen, »Geisteskranke« zu sterilisieren. Den Laborarchiven zufolge gab Davenport 75000 Dollar (und das in den 1930er Jahren) für »Forschung zur Genetik des Vollblutpferdes« aus.

Der dritte und erfolgreichste Verfechter der Eugenik unserer Zeit war natürlich Adolf Hitler. Er hasste Pferde. Er konnte nicht gut reiten und wütete gegen die aristokratische Arroganz der Kavallerieoffiziere, die – wie überall in Europa – dem Adel entstammten. Hitler versuchte sogar, die Kavallerie ganz abzuschaffen, ein zu der Zeit verständliches, wenn auch kontroverses Vorhaben, aber die Wehrmacht erklärte Pferde in den matschigen, endlosen Weiten der Ostfront für unverzichtbar.

In *Mein Kampf* vergleicht Hitler Pferde mit Juden, deren »Aufopferungssinn [nur] besteh[e], solange ... die Existenz jedes Einzelnen dies unbedingt erforderlich mach[e]. ... Das gleiche [gelte] von den Pferden, die sich des Angreifers geschlossen zu erwehren suchen, um nach überstandener Gefahr wieder auseinanderzustieben.« Über menschliche Angelegenheiten verbreitete er ebenso brutale Dummheiten wie über das Pferd in freier Wildbahn, das in Wahrheit zur absoluten Selbstaufopferung neigt: Naht Gefahr, treiben die stärksten Pferde die schwächeren vor sich her und setzen sich dabei selbst Angriffen aus. Rollo Springfield liefert eine eindringliche Schilderung, wie dieses Verhalten für einen Betrachter aus der Entfernung aussieht:

Wittert [ein Hengst] Gefahr, schlägt er aus, wendet sich um

> und warnt mit einem besonders schrillen Wiehern die Herde, die sogleich kehrtmacht und mit eindrucksvollem Tempo fortgaloppiert, die Hengste hintan, die hin und wieder verharren und sich umschauen, während die Stuten und Fohlen wie durch einen Zauber verschwinden, denn sie suchen sich zuverlässig den ersten Hügel oder die erste Senke aus, die sich ihnen zum Verbergen anbietet, um erst in großer Entfernung wieder aufzutauchen.

Wenn schon nicht das Tier selbst, so bewunderte Hitler doch die Zucht des Vollblutpferdes, und er freute sich auf den Tag, wenn es »der völkischen Weltanschauung ... endlich geling[e], jenes edlere Zeitalter herbeizuführen, in dem die Menschen ihre Sorge nicht mehr in der Höherzüchtung von Hunden, Pferden und Katzen erblicken, sondern im Emporheben des Menschen selbst ...«.

Es überrascht, wie öffentlich und ausdrücklich diese Verbindung zwischen der Eugenik und der harmlosen alten Tradition der Pferdezucht hergestellt wurde. Und die Eugeniker bedienten sich nicht einfach nur einer naheliegenden Metapher: Sie wollten uns wirklich wie Pferde behandeln. 1921 hielt George Adami, der Vizekanzler der University of Liverpool, eine Rede, in der er ein »Zuchtbuch für Menschen« forderte. Aber den exakten Schnittpunkt finden wir in Kentucky: W. E. D. Stokes' *The Right to Be Well Born; or, Horse Breeding in Relation to Eugenics* (1917), wie der Autor zugibt, geschrieben während »der Mußestunden meines Urlaubes«. Stokes prahlte weiterhin, er habe »Mendels Abhandlung ›Versuche über Pflanzen-Hybriden‹ nie aufgeschlagen«, denn er habe »die Wahrheit der Vererbung unvoreingenommen von den Ansichten anderer ergründen« wollen. Das Ergebnis ist ein Buch, das einen Platz im Regal der literarischen Absonderlichkeiten Lexingtons neben John Robert Shaws *Narrative* verdient. Schon die ausgefallenen Abschnittstitel – wie ZÜCHTET KEINE KRÜPPEL MEHR! und BEWERTET MÄNNER NACH IHRER LEBENSSAAT! – lassen den Ton erahnen (wobei man nicht vergessen darf, dass Stokes es ernst meinte – er ließ sich als Kandidat für öffentliche Ämter aufstellen).

Stokes war Präsident der Patchen Wilkes Stock Farm in Lexington, die bis heute existiert. Er züchtete Champions wie den legendären Hengst Peter Volo. Eines Tages, wohl während eines Urlaubes, beschloss Stokes, dass er der Welt nicht mehr seine geballte Weisheit zum Thema Eugenik vorenthalten konnte, die seiner Meinung nach »bedeutet, Schwächlinge auszumerzen«, denn »die Gesetze der Vererbung [seien] beim Menschen ebenso unerbittlich wie in der Anwendung zur Aufwertung von Tieren«.

The Right to Be Well Born bringt einen beim Lesen in Verlegenheit, denn einerseits ist es oft zum Brüllen komisch (man müsste schon ziemlich blutleer sein, um nicht über die salbungsvolle Selbstgewissheit zu lachen, mit der die völlig irrsinnigen Behauptungen vorgebracht werden), andererseits lesen wir es mit dem Wissen, wie viel Leid und Tod genau solche Denkweisen im zwanzigsten Jahrhundert anrichten würden. Der öde Ton und Stil des Buchs erinnert bereits gespenstisch an *Mein Kampf*. Und der Rassismus ist widerwärtig. »Das N****kind erscheint anfangs recht frühreif«, schreibt Stokes und stützt sich auf seine lange Erfahrung in der Ausbeutung der Kinder ehemaliger Sklaven, die für ihn Knochenarbeit leisteten und gerade genug Geld für die Unterbringung in armseligen Hütten bekamen, die auch ihm gehörten, »doch irgendwann kommt es an eine undurchdringliche Grenze, über die hinaus ihm keine höhere Leistung mehr möglich ist.«

An anderer Stelle wiederum erleben wir unerwartete Momente tiefer Einsicht, wie zum Beispiel in der Passage, in der Stokes uns erklärt, dass wir JOCKEYS KEINE DICKEN FRAUEN MEHR HEIRATEN LASSEN DÜRFEN!:

> Ebenso leicht wie die Zucht von Ponys, Zwerghühnern und so weiter wäre es auch, einen Jockey von rechter Größe, rechtem Gewicht und geeigneter Intelligenz zu schaffen. Doch leider heiratet ein guter Vierzig-Kilogramm-Jockey unweigerlich eine Frau von siebzig oder fünfundsiebzig Kilogramm … Dann sieht man in ihren Familien Töchter von fünfundsiebzig Kilogramm und Söhne von sechzig Kilogramm, und die bittere Enttäuschung ist für jedermann zu verstehen; denn die zusätzlichen zehn oder zwanzig Kilogramm der Söhne sind ihr Ruin.

The Right to be well born
by W. E. D. Stokes

UNTER DEN JÄHRLINGEN II

Die Plätze im Auktionssaal sind den Betuchten vorbehalten (das Gesamtkapital des versammelten Publikums dürfte dem eines mittleren Landes entsprechen), aber jederzeit sind so viele von ihnen draußen und begutachten einen bevorstehenden Posten, dass man zwischendurch auf einen freien Platz rutschen und sich die Abläufe anschauen kann. Der Auktionator sitzt auf einem gewaltigen Podest bestimmt drei Meter über der Bühne. Er muss so weit oben sein, um über die riesigen Pferde hinwegschauen zu können, und wegen dieser Alice-im-Wunderland-Proportionen hat er etwas von einem gleichgültigen Richter in einer Kafka-Geschichte. Er bedient sich des hektischen Südstaatengeplänkels eines Dorfjahrmarkts – »Ah got four hunnert 'n' fifty thousand now ken ah get four hunnert seventy fahv, four seventy fahv, ken ah get« – anstatt des feierlichen Gebrummels einer Kunstauktion. (Dieser Stil ist so wunderbar unnötig; es würde sich doch sicher kein einziges Pferd für einen Dollar weniger verkaufen, wenn er einfach sagen würde: »Ich habe ein Gebot für vierhundertundfünfzigtausend Dollar. Bietet jemand vierhundertundfünfundsiebzig?«) Der Redeschwall läuft ununterbrochen von morgens bis abends, während eine Auktionsnummer nach der anderen aufgerufen wird. Ist ein Auktionator erschöpft, rutscht ein anderer auf seinen Platz, und wird ein Pferd von der Bühne geführt, kommt gleich ein anderes nach, ein Karussell mit jeder Farbmischung von Schwarz, Braun, Weiß, Rot und Grau.

Der Auktionator ist auf dem Podium flankiert von zwei Übermittlern. Er ruft nicht, was er selbst sieht, sondern was die beiden ihm einflüstern. Sie behalten nämlich die Spotter im Auge, die Männer, die am Fuß der Ränge stehen und die Menge nach der hochgezogenen Augenbraue oder dem Kugelschreiber-Klicken absuchen, die ein Gebot bedeuten. Diese auffällige Anonymität der reichsten Bieter hat ihre Vorteile, denn für einen unbekannteren Interessenten hat es ein gewisses Prestige, sich beim Bieten mit einem der großen Namen zu messen, was schnell für alle Beteiligten teuer werden kann. Als Experiment setze ich mich in die erste Reihe, drehe mich zum Publikum hin um und schaue, ob ich die Gebote sehen kann: Ich bemerke kein einziges. Wenn ein Spotter jemanden findet, der zu dem nächsthöheren Gebot bereit ist, das der Auktionator die ganze Zeit über ihnen allen baumeln lässt wie ein Katzenspielzeug, macht er mit einem »Hyah!« oder »Hey!« auf dem Absatz kehrt. Jeder hat seinen ganz speziellen Ruf. Dann schreibt der Übermittler auf dem Podium das neue Gebot auf und flüstert es dem Auktionator zu, und plötzlich – und ganz mysteriös, da der erste Teil der Ereigniskette kaum wahrnehmbar ist – steigt der Preis.

Die Jährlinge trippeln vor und zurück, bäumen sich manchmal auf, ihre Hufe klappern auf dem Bühnenparkett, die dunklen Augen rollen in den Höhlen und verschlingen die Menge wie die Blicke von Rilkes Panther. Irgendwie ist es viel, viel seltsamer und beunruhigender, sich in der Gegenwart eines Vollblutpferdes aufzuhalten als beispielsweise in der einer Giraffe oder eines anderen exotischen Tieres, dessen definierendes Merkmal seine Seltsamkeit ist. Diese Pferde sind mystisch in ihrer Schönheit; mir fällt auf, wie sehr sie ihren Schweifen zum Trotz aussehen wie gewaltige Rehe. Jede Bewegung ihrer Glieder hat etwas von einem Flackern, so als könnten sie einfach verschwinden, sobald man blinzelt. Viele schnauben, während sie verkauft werden. Andere bleiben stumm. Wie aus Protest gegen das unverschämte Gestarre wiehert jedes zehnte, dass es über den atemlosen Zahlen des Auktionators spitz durch den Saal hallt. Sie scheißen reichlich, und bei ihnen auf der Bühne steht außer dem Auktionshelfer auch ein uniformierter Kehrer, der die Äpfel auf sein Blech schiebt, kaum dass sie auf dem Boden aufgeschlagen sind.

Diese beiden Männer sind die einzigen Schwarzen, die ich bei dem Verkauf sehe, zu der Erkenntnis muss ich mich zwingen, weil mir so etwas nach so vielen Jahren im Süden kaum noch auffällt. Vielleicht nicht ganz fair ist die traurige Anmerkung, dass sich der Posten des Mannes oben auf dem Podium – des Auktionators von Keeneland – zu einem Mann namens Jerry Delph zurückverfolgen lässt, der als Vorbild für den Sklavenhändler in *Onkel Toms Hütte* gedient haben soll. Delph verkaufte Menschen und Pferde am selben Auktionsblock im Lexingtoner Stadtteil Cheapside, der in den Worten Thomas D. Clarks »noch immer besudelt ist von den Grausamkeiten, die dort gegen die Menschlichkeit begangen wurden«.

Es ist ein Schauspiel, wie diese Pferde in die Menge aus arabischem Königshaus, irischem Adel, japanischen Milliardären, altem Südstaatengeld und Dot-com-Neureichen auf der Suche nach einem Hobby zurückstarren. Die Tiere haben eine gewisse Unschuld an sich; schließlich sind sie Kinder (Siebenjährige, in Pferdejahren gerechnet). Auch ihr Stolz ist unbestreitbar: Sie scheinen zu wissen, dass die ganze Sache, die Hunderte von Millionen, die jedes Jahr den Besitzer wechseln, die jubelnden Massen, der Hochmut, die Tränen, sich alles um sie drehen und nichts ohne ihre Macht sind. Doch ist diese Macht zwiespältig, denn sie haben den Halfter schon angenommen. Und so wie sie der Grund für die ganze Show sind, so ist das Geld der Menge, so ist all die Arroganz der Grund für ihre Existenz, für die Existenz ihrer Art.

Auf meinem Weg aus dem Pavillon fallen mir Bob Baffert und Prinz Ahmed bin Salman bin Abdul Aziz von Saudi-Arabien auf, das Besitzer-Trainer-Team hinter der Thoroughbred Corporation, die in kurzer Zeit eins der erfolgreichsten Zucht- und Rennunternehmen der Welt geworden ist. Baffert hat schneeweißes Haar und trägt es gerade so lang, dass es wippen kann, und selbst im Gebäude hat er seine typische Sonnenbrille auf (er hat Heuschnupfen und will seine geröteten Augen verbergen). Bin Salman hat ein rundes, freundliches Gesicht, geöltes, schwarzes Haar und über dem Lächeln einen gepflegten Schnurrbart. Baffert ist das Gesicht mit dem höchsten Wiedererkennungswert der Branche, und bin Salman wahrscheinlich der einflussreichste Akteur, aber gemeinsam bilden sie die Antithese zu den alten Pferdefamilien Kentuckys (Baffert lebt in Kalifornien, hatte seinen Einstieg als Jockey auf einem deklassierten Quarter Horse, und hat, wie gesagt, *Heuschnupfen*), also hegt man in Lexington eine noch leidenschaftlichere Hassliebe für die beiden als anderswo.

Im Falle des Prinzen könnte man vielleicht besser sagen, dass die Lexingtoner nie so recht wussten, was sie von ihm halten sollten; anders als die Maktums von Dubai, seine größten arabischen Rivalen im Pferderennen, besitzt er in Zentralkentucky kein Land, ist also kein »Nachbar« (auch wenn er viele seiner Pferde hier untergebracht hat). Doch so skeptisch man ihn auch betrachtet, zollt man ihm widerwillig einen gewissen Respekt. Zu Hause kontrolliert er die Saudi Research and Marketing Group, ein Medienimperium, das die meisten Zeitungen und Zeitschriften des Königreichs verlegt, und er gehört der winzigen Pyramidenspitze von Vollblutpferdebesitzern an, deren Launen beim Einkauf einen bedeutenden Einfluss darauf haben, wie das Jahr für die ganze Branche läuft. An diesem Tag hat er bereits über eine Million Dollar für drei Hengste ausgegeben. Allein in der ersten Sitzung eines einwöchigen Verkaufs. Und von solchen Verkäufen besucht er jedes Jahr etwa ein Dutzend, wobei direkte Transaktionen mit einzelnen Verkäufern noch gar nicht mitgezählt sind.

Hinter den obersten Rängen des Auktionssaals steht eine kleine Gruppe – Fernsehreporter, Sicherheitsleute und Gaffer – und lauscht bin Salman, wie er von Officer schwärmt, dem Hengst, den er letztes Jahr gekauft hat. Ich schiebe mich zwischen zwei Personen. Der Prinz hat die Hände hinter dem Rücken gefaltet. Er trägt Jeans und ein weißes Oxfordhemd (wenn man in Keeneland Geld ausgeben will, sollte man auch hin und wieder in den Ställen vorbeischauen, also ist der Dresscode eher lässig – für Milliardäre).

Nach ein paar Minuten in der Gesellschaft des Prinzen gewinnt man den Eindruck, dass er freundlich und – so seltsam es klingt – bescheiden ist. Der betuchte Süden ist voll von Leuten, die sich wie Hochadel aufführen, also tut es gut, an einen Prinzen zu geraten, der menschlich auftritt (zugegeben gibt es in Saudi-Arabien Tausende von Prinzen, aber bin Salman ist König Fahds Neffe und der Sohn von Prinz Salman, dem Gouverneur von Riad, also ist er dem Zentrum der Macht recht nahe). Er sieht allen in die Augen und nickt, wenn man ihm ein Kompliment macht.

Auf Bafferts Anraten hin hat bin Salman gerade fünf Millionen Dollar auf die Nummer 203 geboten, einen fuchsfarbenen Urenkel von Secretariat.[12] Doch unglaublicherweise ist das Gebot nicht hoch genug. Scheich Mohammed bin Rashid al-Maktum, der Verteidigungsminister und Thronanwärter der Vereinigten Arabischen Emirate, gewinnt die Auktion mit fünfeinhalb. (Später frage ich Rogers Beasley, den Verkaufsmanager, ob der Prinz und der Scheich sich im Auktionssaal jemals zu einem Wettstreit hinreißen lassen. »Früher«, sagt er. »Aber heute sind sie schlauer.« Er kann nicht klagen: An diesem Tag allein sind über 60 Millionen Dollar an Pferden verkauft worden.) Bin Salman, der lächelt und vor der Kamera die Handflächen hebt, »Was soll man machen?«, nimmt die Niederlage anscheinend stoisch, aber Baffert ist sichtlich enttäuscht. Er hatte sich darauf gefreut, das Pferd zu trainieren, das nun sofort wieder in seinen Stall geführt wird und sich wahrscheinlich fragt, was Sinn der ganzen Übung war.

Es wird sich etwa eine Woche lang in seinem neuen Zuhause auf der Farm des Scheichs einleben dürfen, und dann nähert sich eines Tages ein Trainer von hinten, unbekümmert, aber nicht heimlich, langsam; wenn es zuckt oder tritt, weicht er etwas zurück, bevor er sich wieder annähert, wobei er die ganze Zeit redet, dem Pferd eine Hand auf die Kruppe legt, dessen Entrüstung respektiert, aber fest, doch ohne Druck, darauf beharrt, dass es einfach sein muss; und wenn es damit reicht, wenn er das Pferd endlich in seinen Bann geschlagen hat, schnallt er ihm einen Sattel auf den Rücken. Wenige Stunden später spürt es dann zum ersten Mal das fremde Gewicht eines anderen Wesens auf sich, eines lästigen Zweibeiners, der der halben Tonne, die seine Muskeln bereits im Galopp tragen können, noch einmal fünfzig Kilo zusätzlich aufbürdet. Tausende Jahre genetischer Anpassung an die Domestikation lassen es – ohne dass es versteht, warum, doch widerstehen kann es auch nicht – nicht ganz so heftig buckeln wie seine wilderen Artgenossen, seine Empörung nicht ganz so lang vorhalten und diese neue Gegenwart nicht als Feind wahrnehmen, vor dem man um jeden Preis fliehen müsste, selbst wenn man sich selbst dabei verletzte oder umbrächte. Gleitet schließlich irgendwann die Trense ins Maul und spürt das Pferd zum ersten Mal die Gerte, hat es die Realität als Serie solcher Demütigungen akzeptiert, doch geht mit diesen das exzellente Futter einher, das jeden Morgen und Abend wie von Zauberhand erscheint, und dazu eine kleine Herde Zweibeiner – dieser Gegenwart recht ähnlich, nur größer –, die ihm zugetan scheinen wie einst seine Mutter, wenn sie nicht bereits vergessen ist. Dann hat das Leben begonnen, für das es bestimmt ist – für das es als Vollblutpferd geschaffen wurde.

Man ließ nach dem Flüsterer schicken. Bald darauf kam der mysteriöse Pferdezähmer, man sperrte ihn die ganze Nacht über mit dem Pferd ein, und am Morgen zeigte er das vormals bösartige Tier her, das ihm nun an der Rennbahn nachlief wie ein Hund – sich auf seinen Ruf hin niederlegte –, das sich das Maul öffnen ließ, sodass ein jeder die Hand hineinstecken konnte – kurz gesagt, war es fast so friedfertig wie ein Schaf. Nach eben diesem Treffen gewann es sein Rennen, und seine Fügsamkeit blieb eine gute Zeit bestehen; doch nach drei Jahren kehrte sein Laster zurück, und man sagt, es habe einen Menschen getötet, wofür es hingeschlachtet wurde.

Der Mann, der dieses soeben geschilderte Wunder wirkte, war ein grober, ungelehrter Bauer niedersten Ranges mit Namen Sullivan, doch besser bekannt als der Flüsterer. Seine Arbeit war das Zureiten. Den Spitznamen hatte er von der

volkstümlichen Vorstellung, er könne den Tieren seinen Willen einflüstern; und die Eigentümlichkeit seiner Methode schien dies in gewissem Maße zu bestätigen. Wie er dies Handwerk gelernt hatte und worin es bestand, offenbarte er nie. Er starb um 1810. Sein Sohn, der ihm in dieser Arbeit nachfolgte, besaß jedoch nur einen geringen Anteil von dessen Kunstfertigkeit, denn er hatte das wahre Geheimnis entweder nicht gelernt oder er war nicht fähig, dies in die Tat umzusetzen.

– Rollo Springfield, *The Horse and His Rider*, 1847

AUF DIE FELDER DES JUBELS

Der Ausflug zum Jährlingsverkauf nach Lexington war erst mein zweiter Aufenthalt in der Stadt, seit wir ein Jahr zuvor dort meinen Vater begraben hatten. Beim ersten, im Winter 2000, war ich gekommen, um am Bett meines Großvaters zu sitzen, während er den fünfundzwanzigjährigen Kampf gegen seine Parkinson-Krankheit verlor.

Das Grab meines Vaters ist auf dem katholischen Calvary Cemetery direkt gegenüber vom Hauptfriedhof Lexingtons, wo die Familie meiner Mutter zurück bis zu Joseph Milward liegt. Ich ging erst zu den Milwards und stand eine Weile vor dem schlichten Stein am Grab meines Großvaters. Er hatte einen wunderbaren Namen: Hendree Paine Brinton Milward. Er war der Inbegriff eines dünnen Mannes – und hatte, vor allem im Alter, eine gewisse Ähnlichkeit mit Samuel Beckett. Er war ein Mensch von geradezu antiquierter Rechtschaffenheit (und ohne jede Sentimentalität bezweifle ich wirklich, dass da irgendjemand in der Stadt widersprochen hätte). Gereist war er nur ein einziges Mal als junger Mann – 1936 war er auf einer kurzen Bildungsreise in Deutschland gewesen, hatte dort den Stechschritt gesehen und die Angst in den Augen. Ich konnte einmal in seinem kleinen Tagebuch blättern. Zu seinen Tagen in Berlin gab es nur einen Eintrag: »Mein Deutsch ist bescheiden, aber es gibt hier auch niemanden, mit dem ich reden wollte.« Nach Kriegsausbruch lehnte man ihn beim Militär ab, weil er an einer Hand einen kaputten Ringfinger hatte, der auf eine Kindheitsverletzung an einer Milchflasche zurückging, weshalb er nicht gut eine Waffe halten konnte. Also ging er nach Hause und übte, den schwachen Finger unauffällig mit dem nächsten zu führen. Als er wiederkam, gratulierte der Musterungsarzt ihm zu seiner kräftigen Faust. Er wurde nach New Mexico zur Pilotenausbildung für B-52-Bomber geschickt, meine Großmutter nahm er mit, und ihre Ehe währte noch vierundfünfzig Jahre. Eines Morgens wachte er in Deming, New Mexico, auf, öffnete die

Fensterläden und sah Tausende Ascheflöckchen durch die Luft schweben, die sich an der Seite des Hauses aufhäuften »wie Eintagsfliegen«. Ein paar Stunden zuvor war beim Trinity-Test die erste Atombombe überhaupt gezündet worden.

Sein Tod war wohlverdient und friedlich, kaum mehr als ein Seufzen. Er wurde neben seinem Bruder begraben, der 1915 zur Welt gekommen war, zwei Jahre vor ihm, und nur sechsundzwanzig Tage lebte. Es war seltsam, an den Säugling dort unter der Erde zu denken, der doch immer älter war als der Mann.

Die beiden streng durch die Straße und den Verkehr und die Zäune voneinander getrennten Friedhöfe mit den Reihen angelsächsischer Namen auf der einen und all den Micks und Macs und O's auf der anderen Seite schienen mir immer gut die umfassende Gegensätzlichkeit meiner Eltern aufzuzeigen: er Katholik, sie Protestantin; sie alteingesessen in Lexington, er Enkel irischer Einwanderer, aufgewachsen in White Plains, New York, und erst als Jugendlicher nach Lexington gezogen, als sein Vater Bauleiter der neuen IBM-Anlage außerhalb der Stadt wurde; sie die ehemalige Cheerleaderin, er der ehemalige und unverbesserliche Hippie; sie Masterstudentin, er Uniabbrecher; sie eine Frau, der man schon ein Glas Wein deutlich anmerkte, er ein Mann, der scheinbar folgenlos brutale Mengen »Grog« kippen konnte, wie er sein Getränk der Wahl nannte; sie dem Tennis zugetan, er ein Liga-Bowler, der mich stundenlang in der Bowlingbahn-Kinderecke abgab (eine Einrichtung, die es eigentlich gar nicht geben dürfte). Es war mir rätselhaft, wie sie es zwanzig Jahre miteinander aushielten.

Der Grabstein stand noch nicht; das Gras war noch nicht nachgewachsen. Es war spät, und sonst war niemand da. Ich hatte keine Blumen oder Ähnliches zum Ablegen und kam mir wie ein Störenfried vor.

Mit am schwierigsten im Umgang mit dem Tod meines Vaters ist für mich wie wohl auch für viele andere Hinterbliebene, dass keine der vielen Erinnerungen an ihn so recht zur Trauer passt. Er war ein zutiefst lustiger Mensch, Sammler und Verbreiter derber Witze und sorgfältig von Seite zehn ausgeschnittener Geschichten irrer Hinterwäldler-Verbrechen. Er hatte eine Variante des düsteren, grotesken irischen Humors geerbt, der auch Synge und Flann O'Brien durchzieht, bei dem aus der schrecklichsten vorstellbaren Situation, dem schlimmsten Wutausbruch plötzlich ein Witz erblüht, der alles erträglich macht. Sein Humor war oft vulgär: Auf der Pressetribüne am Jacobs Field in Cleveland, wo mein Vater über unzählige Spiele der Indians schrieb, hängt zu seinem Gedenken eine Plakette mit der Aufschrift: »Know it? I wrote it!«, der Pointe eines Witzes, den man nicht vor Kindern oder zartbesaiteten Erwachsenen erzählen sollte, und den er liebte. Er plauderte häufig über seine ewigen Verdauungsprobleme und merkte mir gegenüber einmal an, er spiele mit dem Gedanken, ein Buch zu schreiben mit dem Titel: *Durchfall: Eine Autobiographie*.

Seit seinem Tod haben seine Absonderlichkeiten für mich nur an Strahlkraft gewonnen. Wann immer ich befürchte, dass meine Erinnerungen daran schwinden, wie er war, gehe ich sie wieder im Kopf durch. Er hegte eine verschrobene Loyalität gegenüber einer kleinen Reihe von Markenprodukten – Triscuits, Q-tips, V8 juice, Fig Newtons, Kool Super-Longs, Tab (ein Getränk das schmeckt wie Coca-Cola, die man über Nacht offen im Auto liegen lassen hat, und das er so mochte, weil »nie einer einen Schluck schnorren will«) –, und er war völlig niedergeschlagen, wenn er diese Sachen mal nicht um sich hatte. Auf jeder Reise rannte er so schnell wie möglich los, Vorräte kaufen. Seine Lieblingsschimpfworte waren »Pflaume« und »Clown«. Er hatte eigentümliche Phobien, unter anderem vor Vögeln. Als Kind hatte er den Hitchcock-Film gesehen, und der hatte ihn unwiederbringlich verrückt gemacht. Einmal kam ich aus der Schule nach Hause und fand ihn – ich schwöre – hinter dem Sofa auf dem Bauch, die Hände über dem Nacken gefaltet wie bei einer Tornadoübung. Eine Drossel war den Schornstein runtergekommen und flatterte im Kamin herum. Ich riss alle Türen auf und wollte gerade das Gitter wegziehen, als er brüllte: »Nein, Johnny, der *pickt uns die Augen raus!*« Kamen ihm am Strand die Möwen zu nahe, rannte er ins Wasser und schlug um sich.

Einmal gab er gerade bei uns im Keller ein Live-Radiointerview, als ich runterkam und Wäsche holen wollte. Er legte die Hand auf die Sprechmuschel und sagte: »Hey, Beamish, sag mir mal einen guten Namen für ein Südstaaten-Landei.« Ich hatte keine Ahnung, wer dran war, und zuckte die Schultern.

»Komm schon, sag mal einen Namen. Keine Ahnung, Jethro oder so?«

»Nee«, erwiderte ich. »Enis ist besser.«

Er bedankte sich, hob wieder den Hörer und machte eine Trottelstimme: »Hey, hiers Enis ...«, um dann aus der Perspektive eines zahnlosen Schwarzbrenners die Saisonchancen der Mannschaften diverser Südstaaten-Unis zu erörtern (und dennoch verletzte es ihn, dass mancher seinen Reportagestil zuweilen nicht zu schätzen wusste).

Einer seiner ältesten Freunde, Schley Cox, hat mir mal eine Geschichte erzählt, die einen Eindruck vermittelt, wie es so mit ihm war. Sie spielt 1975 in Louisville. Cox war gerade wegen eines Leistenbruchs operiert worden, und der Arzt hatte ihm gesagt: »Gehen Sie nach Hause. Aber vor allem dürfen Sie nicht lachen.«

»Also habe ich deinen Vater angerufen«, erzählte Cox. »Ich war bei meiner Schwiegermutter und habe ihm gesagt: ›Sully, ich würde dich gerne einladen, aber ich darf nicht lachen. Wirklich nicht. Das tut saumäßig weh. Also komm vorbei, aber keine Witze reißen! Lachen ist nicht.‹ Also hat er es mir versprochen. Keine Witze. Bloß ein bisschen unterhalten. Als er dann vor der Tür war, standen wir uns bestimmt fünfzehn Sekunden gegenüber und haben uns angestarrt – sonst nichts –, und dann haben wir uns kaputtgelacht, weil es einfach nicht anders ging, und ich habe geschrien vor Schmerz, konnte aber nicht aufhören.«

Meine Geschwister und ich tauschen oft Geschichten aus, wie er uns als Kinder geärgert hat. An einem Abend fuhr er mit uns ins Autokino (das war für ihn das Größte, bei allen Filmen, auch den schlechten, nur einmal stand er in einem normalen Kino nach irgendeinem Hollywood-Remake eines europäischen Klassikers auf und entschuldigte sich lautstark im Namen des amerikanischen Volkes beim Regisseur des Originals). Ich erinnere mich noch an den Film, der an dem Abend lief: *Snowy River*. Es gibt darin eine Szene, in der eine Herde Wildpferde in Zeitlupe einen fast senkrechten Berghang hinabströmt, ihre Körper sich geradezu überschlagen wie die

Frau in dem Duchamp-Gemälde, und es war wunderschön anzusehen dort draußen im Dunkeln auf der gewaltigen Leinwand. Irgendwann schlief meine kleine Schwester Beth auf dem Beifahrersitz des Kombis ein (wir hatten immer Kombis).

Mein Vater saß mit einem großen Glas Whisky Soda auf dem Schoß neben ihr. Da meine Mutter zu Hause war und die Jüngste nicht mehr bei Bewusstsein, packte er die Gelegenheit beim Schopfe, die »Gartenäffchen« zu foppen, wie er alle Kinder nannte, also tauchte er die Finger in seinen Drink, streckte die Hand aus dem Fenster und schnippte Whiskeytropfen auf meinen großen Bruder Worth, der ein Stück neben dem Wagen in einem Liegestuhl saß. Jedes Mal zog er die Hand blitzschnell wieder zurück. Ich beobachtete das Ganze von meinem Platz auf dem Autodach.

»Dad«, sagte mein Bruder schließlich und drehte sich um, »ich glaub, es fängt an zu regnen.«

»Nein, Junge, glaube ich nicht«, erwiderte mein Vater, als weihte er ihn in eins der größten Mysterien der Welt ein. »Das *bildest* du dir nur *ein*.«

Allein der Versuch, sein Leben zu erzählen, wäre eine plumpe Farce. Eine Aufgabe für einen Romanautor, der zwar der Wahrheit, aber nicht so sehr der Realität verpflichtet ist. Man sucht sich eine Maske aus und kann selbst dieser in der Beschreibung nie gerecht werden. Seine Enttäuschungen und Traurigkeiten verließen ihn nie. Sein eigener Vater war gestorben, als er selbst erst neunzehn war, bei der Arbeit auf einer Baustelle. (»Bei der Beerdigung kamen vier verschiedene Männer auf meine Mutter zu und behaupteten, sie hätten ihn aufgefangen«, erzählte er mir. »Also wusste sie, dass es keiner von ihnen getan hatte.«) Er war erschüttert; er hatte seinen Vater verehrt. Er brach das College ab und war eine Weile völlig orientierungslos. Ich verstehe heute, dass er es nie verwunden hat, in vieler Hinsicht immer Sohn geblieben zu sein. In einem seiner Tagebücher stehen seine Pläne für ein Buch über seinen Vater, die Geschichte »eines großen Unbekannten«. Aber er hat es nie geschrieben. Er hatte nicht die Veranlagung für so eine langfristige Hingabe, für das künstlerische Ausblenden anderweitiger Verantwortungen, das eine gewisse Grausamkeit erfordert, wenn wir ehrlich sind. Also schrieb er unten an seinem Schreibtisch mit der grünen Lederarbeitsfläche auf seinem knarzenden Sessel in einer Qualmwolke seine Zeitungsartikel, und zwar gut, und hatte dabei stets die zwei Sachen vor sich stehen, die ihn sein ganzes Journalistenleben begleiteten: einen mittelalterlichen Globus und eine antike Bourbonflasche. An der Wand hing ein verstörendes Hippie-Poster aus den Sechzigern, eine sepiafarbene Daguerreotypie eines toten Cowboys aufrecht im Sarg, und darunter in der Schrift eines Wildwest-Fahndungsplakats ein Gedicht von Christopher Logue:

> Sei nicht zu hart
> Man lebt nur kurz
> Und Menschen kriegen nichts geschenkt.

Das hing immer hinter ihm, während er tippte – oder, genauer, hämmerte, im Zwei-Finger-System. Der Schreibtisch war gewaltig wie ein Schiffsdeck. Leider ging er bei der Haushaltsauflösung verloren und steht jetzt irgendwo in Louisville beim Trödler oder liegt auf der Müllkippe. Ich stand da unten oft bei ihm herum, wenn er schrieb oder Telefoninterviews führte. Ich weiß nicht, warum er mich duldete; es wäre für keinen von uns eine große Sache gewesen, wenn er mich einfach weggeschickt hätte. Aber ich sah ihm gerne zu. Es gab ein grobes, quadratisches Kellerfenster in der Wand, durch das ein geometrisch perfekter Lichtbalken hereinfiel, in dem Rauch und Staub tanzten. Wir hatten ein komisches kleines Spiel. Mein Vater hatte Secretariats spätes Davonziehen beim Derby unter anderem deshalb als so mysteriös und plötzlich in Erinnerung, weil er auf dem linken Auge fast blind war – und die Pferde damals natürlich von links kamen. Er war einmal an Histoplasmose erkrankt (ein großes Problem im Tal des Ohio River wegen der extremen Konvektion, die dazu führt, dass sich die Ausdünstungen von Vogelscheiße in der Atmosphäre stauen – so hat es mir mein Vater zumindest erklärt). Es gab nur einen winzigen Fleck in dem Auge, den die Krankheit verschont hatte, ein Fenster, durch das er sehen konnte. Ich trat dann also anderthalb Meter von seinem Sessel zurück, und er nahm seine dicke Streberbrille ab (die mit seinem buschigen Schnurrbart unerklärlich hip aussah). Dann legte er die rechte Hand über das heile Auge – wir nahmen die Sache sehr ernst. Ich streckte meinen rechten Arm wie einen Uhrzeiger aus, ließ ihn einmal rund um meinen Kopf ticken, und wieder bei zwölf angekommen wechselte ich zum linken, bis wir die Stelle hatten. Hier? Nein. Hier? Nein. Hier? Ja, genau da. Viele Jahre später versuchten wir es nach ein paar Drinks in seiner Wohnung in Columbus noch einmal, aber der Fleck war da komplett verschwunden. Er witzelte, er könnte jetzt das linke Brillenglas rausnehmen, »um zu gucken, was die Leute sagen«. Sein – unser – Nachname ist Gälisch für »der Einäugige«: Súileabháin.

Er war erzkatholisch erzogen worden und erholte sich sein Leben lang Schritt für Schritt davon, wie er sagte (aber wie so viele irische Katholiken, die die Zugehörigkeit eher ethnisch als religiös verstehen, hielt er an den kleinen Ticks des Glaubens fest, zum Beispiel senkte er immer den Kopf und bekreuzigte sich, wenn im Gottesdienst das Kreuz an uns vorbeikam, womit er in unserer weniger ritualbetonten anglikanischen Kirche immer einige Blicke auf sich zog). Er hatte eine eigentümliche Sprache, die er auf eine der kirchlichen Schulen zurückführte, die er besucht hatte. Als Kind hatte er leicht gestottert, was eine sadistische Nonne verschlimmerte, indem sie ihn mit dem Lineal schlug, wann immer er an einem Konsonanten hängenblieb. Deshalb gewöhnte er sich wie viele Leute, die alle neuen Worte aus Büchern lernen und nicht aus Unterhaltungen, eine individuelle Aussprache an. Irgendwo habe ich ein ganzes Lexikon an Worten, von denen er eine eigene Version hatte, auf der er stur beharrte, sooft man ihn auch verbesserte: ee-light für elite, faskist für fascist, sham-a-lawn für chameleon und é-sprit für esprit (auf den Anrufbeantworter sprach er mir gern: »Ruf zurück, Junge, auf dass É-sprit und Geist und Heiterkeit ersprühen«).

Als es Zeit war, schickten seine Eltern ihn auf die St. Joe Prep in Bardstown, Kentucky, ein von Franziskanern geführtes Internat (heutzutage ein Museum – mein Onkel Brien war im letzten Abschlussjahrgang). Bardstown liegt im Herzen der katholischen Gegend Kentuckys, die sich mit zwei oder drei Countys überschneidet, wo Mitte des achtzehnten Jahrhunderts französische Missionare die bereits fest eingerichteten Methodisten irgendwie verdrängen

konnten. Es ist ein seltsamer kleiner Außenposten des alten Europas im Wettstreit mit der – im Kern ebenso alten – Kultur des ländlichen Zentralkentucky.

Etwa fünfzehn Kilometer von der Schule entfernt liegt die Abbey of Gethsemani, das Kloster, in dem Thomas Merton einen Großteil seines Lebens verbrachte. Mein Vater hat ihn einmal kennengelernt. In der Abschlussklasse musste man eine Woche zur Einkehr ins Kloster: streng kontrolliertes Schweigen, Vesper um drei Uhr morgens. Ein anderer Junge in der Klasse meines Vaters hatte einen Onkel, der ein Freund von Mertons Familie in Frankreich gewesen war, also arrangierte man eine Audienz. Mein Vater hatte *Der Berg der sie-*

ben Stufen gelesen und hatte bereits große Ehrfurcht vor ihm. Man führte eine Gruppe von Jungen – die »Bücherwürmer« – in einen kahlen Raum. Dann kam Merton wild gestikulierend herein und redete wie ein Wasserfall (die Jungs hatten seit Tagen niemanden mehr sprechen hören). »Ihr seid von der St. Joe?«, fragte er. »Normalerweise hört man die Bierfässer durch die Gänge rollen, wenn welche von euch da sind!« Das ist das Einzige, woran sich mein offensichtlich überwältigter Vater erinnern kann.

Traditionell wurden die Schüler der St. Joe Prep an die ebenfalls franziskanische Bellarmine University in Louisville geschickt, und so wurde es auch mein Vater 1963. Er teilte sich ein Zimmer mit zwei anderen katholischen Jungs aus dem Süden, die bis zu seinem Tod zu seinen engsten Freunden gehörten. Der eine war Schley Cox (der mit dem Leistenbruch), und der andere war Chris Wimmer, der heute Hafenkapitän in Hilton Head ist. »Wir waren die drei Sonderlinge, die immer zusammen herumgelaufen sind«, erzählte Cox mir. »Wimmer war eins fünfundneunzig und keine sechzig Kilo. Dein Vater und er haben immer zusammen im Zimmer gesessen, geraucht und sich ihre Gedanken über Gott und die Welt gemacht.« Nach dem Tod meines Vaters habe ich sie beide panisch angerufen, als mir plötzlich auffiel, wie wenig ich von seinem Leben vor meiner Geburt wusste. Wenn er über alte Zeiten redete, wärmte er meistens eine Handvoll harmloser Anekdoten wieder auf. Schon als Kind spürte ich, dass sich da ein gewisser Schmerz verbarg, einzelne Erinnerungen, die sich zu Panoramen der Trauer weiteten, und die wenigen Male, die ich nachhakte, wurde er verlegen. Aber als ich mit den beiden Männern sprach, konnte sich keiner von ihnen an eine Traurigkeit meines Vaters erinnern, sondern nur an sein gelegentlich sonderbares Verhalten, das mir zutiefst vertraut war.

Cox erzählte mir, mein Vater sei damals von den University of Kentucky Wildcats ganz besessen gewesen. »Es war eine kalte, verregnete Novembernacht«, sagte Cox, »und es gab ein Basketballspiel. Mike saß im Wohnheimzimmer an seinem Schreibtisch. Plötzlich springt er auf, wirft seine Jacke über und meint: ›Ich muss nach Lexington.‹ Er hatte kein Auto, war aber ein begnadeter Anhalter. Er stellt sich also an die I-64 und hält den Daumen in den Wind. Auf einmal kommt der Ü-Wagen von Channel 11 mit Cawood Ledford die Interstate runter.« (Ledford war ein in Kentucky legendärer Sportreporter, dessen Stimme in meiner Kindheit jede lange Autofahrt durch die Dunkelheit begleitete.) »Also zieht dein Vater so eine kleine Basketball-Pantomime-Nummer ab, als ob er Körbe wirft. Aber Cawood ist einfach weitergerast.«

Wimmer hatte meinen Vater als »Hippie, bevor es Hippies gab« in Erinnerung (ich kann mir bis heute nicht erklären, wie diese Verwandlung über den Sommer so schnell gehen konnte, denn an seinem letzten Tag an der St. Joe trug er noch Bürstenhaarschnitt und Schlips, aber mein Vater war eben impulsiv). »Schley hat uns einander vorgestellt«, erklärte Wimmer. »Dein Dad trug Gabardine-Hosen und Banlon-Hemden. Er hatte ›Howl‹ und Ferlinghetti gelesen. Außerdem hing er bei Jack Fry's ab, der Boxerbar, und konnte einem spontan sagen, wer in welchem Inning der World Series '56 geworfen hat. Ich wollte selber gerne einen auf Beatnik machen, und er kam rein und sah aus wie der verschrobene Onkel von irgendwem. Na, *der* ist doch mal interessant, hab ich mir da gedacht.«

Mein Vater war gerade erst an die Uni gekommen, als sein Vater starb. Nach allem, was ich gehört habe, haben seine acht Kinder meinen Großvater, nach dem ich benannt bin, geradezu vergöttert. Während der Woche war er oft irgendwo unterwegs auf einer Baustelle. Kam er zum Wochenende nach Hause, fing das wahre Leben wieder an. »Jeder von uns hielt sich für sein Lieblingskind«, sagten meine Onkel oft.

Als die Eltern meines Vaters Anfang der Dreißigerjahre heirateten, war mein Großvater noch Maurer (zu Hause in Irland waren die Männer der Familie Steinmetze gewesen, die wohl direkt ins Maurerhandwerk übergingen, als sie in den 1890ern nach Amerika kamen). Der Chef auf einer seiner Baustellen ließ ihn gegen einen Kollegen antreten, und der Gewinner sollte Vorarbeiter werden. Der Wettstreit war sadistisch: Es wurde mit Ziegelsteinen eine Fabrik hochgezogen. Der Chef teilte jedem von beiden eine Wand zu und sagte: »An die Arbeit. Wer als Erster fertig ist, kriegt den Posten.« Es dauerte fast eine Woche. Wenn mein Großvater abends nach Hause kam, konnte er sich kaum noch bewegen, und meine Großmutter massierte ihn stundenlang mit Franzbranntwein, damit er sich am nächsten Morgen wieder ans Werk machen konnte. (Er gewann am Ende.) Mein Vater erzählte, dass er sich an Samstage erinnerte, an denen sich mein Großvater und seine Freunde bei einem von ihnen zu Hause versammelten. Wie es so war, hatte eine ihrer Frauen eine neue Küche oder ein Gästezimmer verlangt. Also trafen sie sich im Morgengrauen und legten los. Sie waren alle Handwerker mit verschiedenen Spezialisierungen. Dabei tranken sie die ganze Zeit Whiskey und knieten sich immer mehr rein, klotzten immer härter ran, je mehr sich die Flasche leerte, machten nicht einmal zum Essen Pause und wollten einander übertrumpfen. Um Mitternacht sollte immer alles fertig sein.

Als mein Großvater starb, gab es einen Bruch im Leben meines Vaters. Er verließ die Baseballmannschaft noch früh in der Saison, obwohl er hart dafür trainiert hatte, aufgenommen zu werden – für ihn war das eine bedeutendere Entscheidung, als sie es vielleicht für jemand anderen gewesen wäre. Sein Vater hatte als junger Mann semiprofessionell gespielt, und der Sport mit all seinen tiefgründigen Vater-Sohn-Traditionen – den Handschuh ölen, sich über Spiele streiten – war ihre große Sache gewesen. In einer Kolumne, die er in den Siebzigern schrieb, erinnerte sich mein Vater an einen Monat, den sie – kaum ein Jahr bevor mein Großvater starb – gemeinsam in Pawtucket, Rhode Island, verbrachten. Es war der Sommer 1963. Mein Großvater leitete dort eine Baustelle und hatte meinen Vater als Arbeiter angeheuert. Der Rest der Familie war wohl zu Hause in Louisville geblieben:

> Wir fuhren jeden Morgen zusammen auf die Baustelle. Wie immer hatte er mir eine Kirchenliga-Mannschaft aufgespürt, die einen First Baseman brauchte. Er fuhr mich mit seinem blauen 1955er Dodge zu jedem Spiel, zweimal die Woche nach der Arbeit. Er schaute sich jedes Inning ruhig und vertieft und mit der besonderen Zufriedenheit an, die jenen zu eigen ist, die zugleich Baseballfans, Väter und alte Männer sind.
>
> Nach dem Spiel saßen wir in dem alten Dodge und ließen das Spiel mit langen, genügsamen Pausen verbal Revue passieren, während sich die Dunkelheit über uns legte.

> Sosehr er es auch verabscheute, gestattete er mir mein neues Laster des Rauchens. Wir saßen vorne im Wagen und schwelgten im schlichten, althergebrachten Klischee des Baseballs der Prozente, in der archaischen Logik des Regelwerks unseres beschaulichen Sports.
> Dann fuhr er auf der Heimfahrt mindestens einmal rechts ran, um sich eine Nitroglycerintablette unter die Zunge zu legen und zu warten, bis der Schmerz in der Brust abklang.

Mein Großvater starb im Februar danach. Und der Sport verlor für meinen Vater die Bedeutung. Er stürzte sich ganz in seine Lyrik, igelte sich in seinem Zimmer ein, entwarf und überarbeitete seine Texte an einer grauen Schreibmaschine, die ich in meiner Kindheit noch sah. Cox sagte, mein Vater sei überhaupt nur noch zu anderen Kursen als Englisch gekommen, weil er Portraits der Professoren schrieb. Kam er von einem Date zurück, setzte er sich sofort an eine Situationsbeschreibung – das Mädchen, das Restaurant, seine Verdauungssorgen. Cox erzählte, mein Vater habe ganze Nächte über seinen Schreibtisch gebeugt verbracht, um dann am Morgen mit einem einzigen vollendeten Satz aufzustehen. »Und davon war er begeistert.«

Im zweiten Unijahr – seinem letzten überhaupt – bekam er von seiner Englischdozentin ein eigentümliches Hausarbeitsthema gestellt. Sie trug den Seminarteilnehmern nicht etwa auf, etwas Eigenes zu schreiben, sondern eine Collage aus möglichst vielen Beispielen »schöner Sprache« zu erstellen.

Irgendwann in den Siebzigern hatte mein Vater das Original Wimmer anvertraut, der es nun mir schickte. Die dünnen Schreibmaschinenblätter waren voller Kaffeekleckse und Brandlöcher und bekamen langsam Stockflecken; wo er mit den Seitenzahlen durcheinandergekommen war, hatte er mit dem Bleistift Entschuldigungen angemerkt: »Erster Murks: zweimal die 13«; »Nr. 15 übersprungen, tut mir leid«; »Noch ein Zahlenpatzer«. Als ich mir die Seiten ansah, fiel mir ein, dass mir mein Vater einmal im Auto von dieser Arbeit erzählt hatte, als ich etwa vierzehn war. Er verkündete voller Stolz, es sei eine der besten Sachen gewesen, die er jemals geschrieben habe, was mir auffiel (denn normalerweise entschuldigte er sich im Voraus, wenn er mir einen seiner Zeitungsartikel zeigte: »Eine Schelmerei, nichts weiter.«). Natürlich hatte er die Arbeit genau genommen nicht selbst geschrieben. Aber mir fiel beim Lesen ins Auge, dass all die Autoren dabei waren, deren Werke mein Vater sein Leben lang verehrte – Faulkner, Bellow, Twain, Agee, Merton, Thomas Wolfe, Dylan Thomas –, und er hatte den Text mit einundzwanzig zusammengetragen. Passagen, von denen ich ihn schwärmen hören hatte, wie der Augenblick, als Huckleberry Finn beschließt: »Na gut, dann komm ich eben in die Hölle«, oder die »Caddy roch wie Bäume«-Szene aus *Schall und Wahn*, oder die Stelle in *Die Abenteuer des Augie March*, als Augie sagt, dass er den Aschenbecher seines verstorbenen Vaters auslecken will – die waren alle schon da.

Auf ihre Weise ist die Collage – sie trägt den schlichten Titel »Schöne Sprache« – auch selbst ein Geniestreich: Ein mitgeschriebener Dialog aus *Die Faust im Nacken* steht einem Vers aus dem Lukas-Evangelium gegenüber. Ein Absatz von André Schwarz-Barts *Der Letzte der Gerechten* geht über in Verse von Dylan Thomas' »Fern Hill«:

> So muss es gewesen sein nach der Geburt des einfachen Lichts
> Am ersten wirbelnden Ort, als die verzauberten Pferde liefen,
> warm aus dem wiehernden grünen Stall
> Auf die Felder des Jubels.

Die Arbeit ist auf April 1966 datiert, das Jahr, als er die Uni schmiss; sie muss sein letzter akademischer Akt gewesen sein.

Hiernach widmete er sich noch fünf oder sechs Jahre lang ernsthaft seiner Lyrik. Von diesen Jahren bekam ich kaum jemals ein Wort zu hören. Chris Wimmer konnte einige meiner Lücken füllen, aber als Vorwort zu seinen Erinnerungen gab er zu bedenken: »Es ist zwar ein Klischee, aber es stimmt: Wer sich an die Sechziger erinnern kann, der war nicht dabei.« Überlebende erzählen einem, wenn man seinen Spaß haben und sich »anturnen« lassen wollte, fuhr man nach Haight-Ashbury, sollte es aber schräg werden (»eklig schräg«, wie Terry Southern einmal den Grad der Abgefahrenheit beschrieb, nach dem man nie mehr zurück zu Mama nach Hause kann), dann fuhr man nach Memphis. Robert Gordon schreibt in seiner Chronik der

Zeit von einem Abend im Electric Circus am St. Mark's Place in Manhattan. Allen Ginsberg und Timothy Leary stehen an eine Wand gelehnt da. Wimmer kommt mit Jimmy Crosthwait vorbei, einem Experimentalpuppenspieler, der wie Wimmer in den Fünfzigern in Memphis aufgewachsen war. Ginsberg sieht ihnen nach, dreht sich zu Leary um und sagt: »Pass auf mit den beiden. Die sind bekloppt.«

Wimmer erzählte mir, dass mein Vater auf mindestens zwei dieser Fahrten nach Manhattan dabei war. »Wir haben dann den 65er Rambler vollgepackt, deinen Dad auf die Rückbank gesetzt und sind los nach New York. Er hat in Hoboken bei Leuten von einer Band gepennt, die er aus Memphis kannte, Insect Trust hießen die.«

In dem Haus meiner Kindheit in New Albany gab es ein kleines Versteck unter dem Regal, auf dem meine Eltern die Stereoanlage stehen hatten. Als ich noch klein genug war, habe ich manchmal eine ihrer LPs aufgelegt, bin da reingekrabbelt und habe durch die Holzbretter zugehört: Es war, als wäre ich im Lautsprecher drinnen. Eine der Platten war von Insect Trust. Das Cover war schwarz mit einem hindu-inspirierten Design. Ich habe sie einmal abgespielt und dann nie wieder: Es klang, wie wenn eine chinesische Operntruppe bei einer Probe von Howlin' Wolf aufkreuzt, und war in meiner beengten Lage höchst unangenehm zu hören. Heute würde es mir wahrscheinlich gefallen. Der Blues-Historiker Robert Palmer war in der Band.

Und mein Vater hatte bei ihnen gewohnt. »Es war eine Art reisendes Gelage«, sagte Wimmer. »Wir hatten Wohnungen in Memphis und in New York. Alle waren immer hier und da und überall dabei.« Er erzählte mir, dass mein Vater auf seinen ersten Flitterwochen mitgekommen war, was ich schon wusste. Aber ich hätte mir nie träumen lassen, dass die Flitterwochen auf Acid stattgefunden hatten, denn der Insect Trust konnte gar nicht ohne gewesen sein. Wimmer antwortete mit: »Ach, weißte, damals ...«, als ich ihn nach den Drogengewohnheiten meines Vaters fragte, was ich irgendwie schon vermutet hatte, doch hörte all das auf, als er meine Mutter heiratete (hauptsächlich, weil sie darauf bestand). Ich erinnere mich an ein Bob-Dylan-Konzert mit meinem Vater auf den Flats in Cleveland.

Eine zierliche, dunkelhaarige Frau, die neben ihm saß, sagte, sie folge »Bob« schon seit Jahren, und sie sei sich sicher, dass sie heute Abend endlich ihre Lyriksammlung »Ages and Stages« in seine Garderobe schmuggeln könne. Bald war sie mit meinem Vater in ein Gespräch über das Genie Dylans vertieft. Auf einmal lehnte sie sich herüber und bot uns einen Joint an. Mein Vater und ich erstarrten, sahen einander an, und hörten förmlich das Gedankenecho des anderen: *Er – weiß – doch bestimmt – dass ich*, dann drehten wir uns in perfekter Synchronität um und sagten: »Nein, danke.« Als wir an dem Abend im Dunkeln heimfuhren, erinnerte ich ihn daran, wie ich ihn mit sechs oder sieben gefragt hatte, ob er jemals »Drogen geraucht« habe. Bierernst hatte er mir damals geantwortet: »Einmal habe ich es ausprobiert, Junge, aber mir ist davon ganz schlecht geworden.« Darüber musste er lachen. »Stimmt, mir ist schlecht geworden«, sagte er, »so beim zweitausendsten Mal.«

1969 verlor mein Vater in Louisville mehrere Jobs. Wegen seines kaputten Auges wurde er nicht eingezogen, aber er meldete sich freiwillig als Pfleger in einer psychiatrischen Anstalt des Kriegsveteranenministeriums, die voller junger Vietnam-Rückkehrer in schlimmer seelischer Verfassung war. Wenn Gäste zu Besuch kamen – Lokalpolitiker, hohe Offiziere und so weiter –, rannten immer ein paar Patienten raus und »wichsten ihnen zu«, wie mein Vater es ausdrückte. Es sei etwas unangenehm gewesen, sie wieder reinzuschleifen, sagte er. Ein paar Monate war er Lehrer in einer vierten Klasse, wurde aber gefeuert, als der Direktor herausfand, dass die Schülerinnen und Schüler die letzten zwei Wochen fast den ganzen Tag nur Mark-Twain-Lesungen von Hal Holbrook gehört hatten. Ich saß eines Abends mit meinem Vater in einem Restaurant, als bei ihm auf einmal die Erinnerung an einen seiner Schüler aufblitzte, einen leicht zurückgebliebenen Jungen, der in der Schule zwar nicht mithalten konnte, aber Wörter liebte. Wann immer mein Vater zum Beispiel fragte: »Wisst ihr, was ›Superlativ‹ heißt?«, reckte sich der Junge zur Decke, um unbedingt drangenommen zu werden. Er hatte ein gewaltiges Wörterbuch unter seinem Stuhl liegen, das er dann auf den Tisch wuchtete und durchblätterte – während der Rest der Klasse schweigend wartete –, bis er das Wort fand und die Definition vorlas. »Bald nachdem ich die Stelle los war, ist er ertrunken«, sagte mein Vater, und Tränen traten ihm in die Augen.

Eines Tages habe mein Vater mit einer jungen Frau namens Donna bei ihm vor der Tür gestanden, sagte Wimmer, seiner Nachbarin in Louisville. Sie seien durchgebrannt, um zu heiraten. »Wir sind also die Gelben Seiten durchgegangen, dein Dad und ich, und haben alle Kirchen der Stadt abgeklappert. Bei den Siebenten-Tags-Adventisten sagten sie: ›Klar trauen wir euch.‹ Also haben sie es da gemacht mit meiner Mutter und mir als Trauzeugen.« Die Ehe hielt gerade lange genug, um meine Halbschwestern Lisa und Michelle hervorzubringen. Ich habe meinen Vater nie gefragt, warum er und seine erste Frau heimlich geheiratet haben. Vielleicht waren ihre Eltern dagegen. Fotos von ihm aus der Zeit untermauern diese Theorie.

1971 war er erst Mitte zwanzig, geschieden und hatte zwei Kinder. Er hatte lange Haare, die ihm über den Rücken hingen, einen buschigen, dunkelroten Schnurrbart und immer dicke Brillengläser. Während einer Pause zwischen all den Abenteuern – das genaue Datum konnte ich nicht in Erfahrung bringen – hatte er angefangen, für die *Courier-Journal & Times* zu schreiben. Er hatte auf gut Glück eine Story über eine Hexe eingereicht, die bei Bardstown lebte. Sie war eine alte Frau, die sich als Hexe ausgab – und alle anderen nannten sie auch so. Mein Vater führte ein Interview mit ihr und schrieb ein Profil über sie, das die AP aufnahm und im ganzen Land abdruckte. Also rief ihn ein Redakteur herein und fragte: »Worüber kannst du schreiben?« Zwei Antworten hätte er geben können: schöne Sprache oder Sport. Er gab die, von der er sich einen Job versprach, und damit war seine Karriere für die nächsten dreißig Jahre besiegelt.

Ich nehme an, dass mein Vater etwa zu dieser Zeit seine literarischen Ambitionen aufgab. Er hat mir die Geschichte davon erzählt, wie er zu dem Entschluss kam, aber nicht erwähnt, wann es war. Unser Gespräch hat in Columbus stattgefunden, also war ich noch an der Highschool. Ich hatte ihm gerade gebeichtet, dass ich mir seine Texte angesehen hatte. Seine eigenen Sachen bewahrte er in Ledermappen auf, die es auf den Churchill Downs jedes Jahr vor dem Derby für die Sportreporter gab. Eines Abends ging meine Neugier mit mir durch und ich breitete den Inhalt der einen Mappe auf dem Boden aus. Ich traute mich überhaupt nur, ihm später davon zu erzählen, weil ich seine Gedichte ziemlich gut gefunden hatte, wenn auch nicht geschliffen (ich will nicht behaupten, dass ich das hätte beurteilen können, aber das war eben mein Eindruck), stellenweise wild surrealistisch und hier und da von seiner typisch bombastischen Wortwahl durchzogen, aber man musste nicht übermäßig wohlwollend suchen, um das Talent darin zu erkennen. Die Beschreibung eines Fahrradreifens, der »Pfützen aufreißt wie Reißverschlüsse«, fällt mir ein, und ein Gedicht, das folgendermaßen anfängt:

> Ecke 30th/Round, Westen, weiße shanty town
> rutscht in den Fluss auf eignem Staub
> trieb nach Indiana wie ein toter Clown,
> ließen die Züge nicht beben das Haus
> mit ihrem Grenzwächterdonner.

Das war auf jeden Fall besser als manche der Sachen, die man manchmal im Thurber House in Columbus zu hören bekam, wo wir gelegentlich gemeinsam zu Lyriklesungen gingen, und das habe ich ihm wahrscheinlich so gesagt. Oftmals schlafwandeln Söhne in die Niederlagen ihrer Väter.

Er erzählte mir von einer Zeit in seinen Zwanzigern – 1971 oder 1972 müsste es gewesen sein –, als er sich an einer Kurzgeschichte die Zähne ausbiss. Sie steckte seit einem Monat in der Schreibmaschine und ließ sich nie über die zweite Seite hinausschreiben. »Es war so eine Sache à la Faulkner«, sagte er. »Ich verschlang damals Faulkner – alles, was er geschrieben hatte, jedes Wort.« Eines Morgens sei er dann aufgewacht und habe *Ein Portrait des Künstlers als junger Mann* aus dem Regal gezogen. Und angefangen zu lesen. Stundenlang gelesen, ohne aufzuschauen. »Und dann kam ich bei einer bestimmten Seite an und habe das Buch abgelegt und mir gedacht, so etwas kriege ich nie, nie, *nie* hin. Und ich wurde *wahnsinnig* vor Neid. Wochenlang davon zerfressen. Ich konnte nichts mehr lesen. Las ich etwas, wurde ich wieder eifersüchtig. Und dann habe ich verstanden, dass ich es hinnehmen muss.«

Ich sagte: »Aber war Joyce nicht, eigentlich, der Beste? Aller Zeiten?« (Zu dem Zeitpunkt hatte ich von Joyce wahrscheinlich nur »Arabia« in einem Schulbuch gelesen.) »Wenn jetzt jeder, der nicht schreiben kann wie James Joyce ...«

»Ja, ich weiß«, erwiderte er, »aber ich konnte einfach nicht ...« Und dabei ließ er es bewenden. Er wusste, dass ich es nicht verstehen würde. Ich war noch in dem Alter, als ich glaubte, mein Geschreibsel *wäre* so gut wie Joyce, einfach aus dem weltbewegenden Grunde, dass es meinem Hirn entsprungen war. Da war mein Vater weiter. Er hatte in den Spiegel geschaut und sich gesagt: »Ich werde niemals der sein, für den ich mich gehalten habe.« Und in dem Moment – als er mir davon erzählte – wurde er in meinen Augen zu einer weit weniger traurigen Gestalt.

Der Grund, aus dem Neid und nicht etwa Frustration oder mangelndes Durchhaltevermögen meinen Vater zum Aufgeben brachte, lag darin, dass die Verehrung von Talent – dem Talent anderer – ein Kernbestandteil seines Charakters war. Meiner Meinung nach war er genau deshalb so ein guter Sportreporter, denn er war ebenfalls ein gescheiterter Sportler, und wenn man so viele Jahre anderen bei der Sache zuschaut, die man auch für seine eigene Bestimmung gehalten hatte, kann das zu viel des Masochismus sein. Für ihn aber war es eine Religion: die Religion der gut ausgeführten Sache. Oder vielleicht nicht »gut« – er war keiner, der stehenblieb, um eine saubere Tischlerarbeit zu bewundern oder auch nur das Bad zu putzen –, sondern hervorragend. Wenn er anrief, um mir einen Absatz aus einem Roman vorzulesen oder etwas zu schildern, was Chris Farley im Fernsehen gemacht hatte (Farley, den mein Vater als Dichter betrachtete, war für uns beide ein Held), oder wenn er mich zwang, bei einem Song im Auto genau hinzuhören, oder wenn er mir von dem Spielzug eines College-Spielers beim Basketball erzählte (»Es war, als würde er das Spiel drei Sekunden im Voraus spielen«), dann verlangte sein Ton nicht, dass ich seine Meinung über die Sache selbst teilte – deren Wert stand ohnehin außer Zweifel –, sondern dass ich diesen kurzen Moment einfach bei ihm war und mit ihm darüber staunte, *dass es solche Menschen überhaupt gab.* Verbitterter Neid hätte einem Mann wie ihm das Leben zur Hölle machen können, also hatte er sich abgewandt.

Die Entscheidung gab ihm die Freiheit, ein fanatischer Leser zu werden, und so stelle ich ihn mir am liebsten vor, so halte ich ihn in Gedenken. Wir sind im Norden Michigans am Strand, wo wir jeden Sommer ein paar Wochen verbrachten. Er kommt gerade aus dem Wasser, wo sein seltsam strampelnder Schwimmstil kleine Wasserexplosionen hat aufspritzen lassen, während er sich parallel zum Ufer bewegte. Jetzt sitzt er in seinem Liegestuhl, lässt die Füße wippen, die Zigarette baumeln, mit Clip-Sonnenbrille und Schnurrbart. Auf dem Bauch hat er eine Dose Tab stehen. Seine noch narbenlose Haut wird bedenklich rot.

Er strotzt vor angeborener Gesundheit. Und hat das Taschenbuch vor der Brust stehen. Immer mal wieder wirft er ohne Vorwarnung den Kopf in den Nacken und ruft: »*Mann!*« Und dann sagt er: »Hör dir das an ...«

EINE WOLKENSÄULE IN DER NACHT

Am nächsten Morgen, dem elften, stürzte in Keeneland ein Mann aus dem Büro der Rennbahnleitung und rief, New York werde von Terroristen angegriffen. Minuten später kam eine Stimme aus den Lautsprechern: Der Verkauf war bis auf Weiteres abgebrochen. Diese Ankündigung hatte die letzte Gebotsrunde abgewartet, und als der letzte Jährling mit dem Kopf schlagend weggeführt worden war, blieben die Türen geschlossen.

Die Menge wirkte unsicher, was zu tun war. Die meisten Leute standen herum und sprachen leise miteinander oder ins Handy. Einer der Scheichs (die Pferdepflegerin, mit der ich sprach, wusste nicht, welcher) ging mit dem Telefon am Ohr aus dem Stall und stieg in einen schwarzen Wagen, der mit quietschenden Reifen davonraste.

Bin Salman saß noch in seiner Suite beim Frühstück, als er von den Attentaten hörte. Sein Rennleiter Richard Mulhall sagte, der Prinz habe ihn sofort auf dem Handy angerufen und ganz verstört gefragt: »Wer um alles in der Welt macht denn so etwas? Wer ist denn so wahnsinnig?«

Noch am Nachmittag bevor bekannt wurde, dass fünfzehn der neunzehn Flugzeugentführer Saudis gewesen waren, tat der Prinz etwas Gerissenes. Er gab dem *Lexington Herald-Leader* ein Interview, in dem er seine Unterstützung für die Vereinigten Staaten auf eine Art und Weise ausdrückte, die man hier im Süden verstand. »Wir müssen die kriegen, und zwar richtig«, sagte er. »Und dann geht es wie bei uns in Arabien: Auge um Auge.«

Jeder Reporter in Keeneland verstand (vielleicht zynischerweise), dass sich hier gerade eine provinzielle Nebenstory entwickelte. Hier waren hochrangige Mitglieder mindestens zweier arabischer Herrscherfamilien in Folge des ersten großangelegten Angriffs des radikalen Islams auf die Vereinigten Staaten in Zentralkentucky gestrandet. Sie hatten sicher Angst; es gab zweifellos außerordentliche Sicherheitsbedenken. Garantiert wimmelte es nun auch hier vor FBI-Agenten mit knisterndem Knopf im Ohr. Aber an die Story war kein Herankommen. Jeder wusste, wo die Araber übernachteten – im Marriott Griffin Gate (für jemanden, der in einem Palast aufgewachsen ist, gibt es in Lexington nicht unbedingt eine große Auswahl »angemessener Unterkünfte«) –, aber die Southern Governors Association, vor der Dick Cheney noch am Vortag eine Rede gehalten hatte, war auch dort untergebracht. Cheney selbst hatte am zehnten kurzzeitig selbst eingecheckt, also glich das Hotel bereits einer Festung.

Am nächsten Morgen, dem zwölften, wurde der Verkauf fortgesetzt (man war von rund um den Globus angereist, also blieb nicht viel Raum für Pietät), und die Stimmung im Pavillon war merkwürdig unverändert. Es gab keine spürbare Schwankung der Atmosphäre, keine Anspannung, weder die Lautstärke noch die Geldströme hatten abgenommen. Das Bieten wurde genau da fortgesetzt, wo man es unterbrochen hatte, mit dem Prinzen an seinem Stammplatz und Baffert daneben, während die anderen reichen, ausdruckslosen Käufer ihn aus dem Augenwinkel beobachteten. Die Jährlinge gingen ihre Runde. Auch die winzige Kontraststory in den Nachrichten – mächtige Saudis in Kentucky am 11. September – war verschwunden.

Zumindest fast. Am 5. Oktober brachte der *Tampa Tribune* einen Artikel über einen Lear Jet, der am Nachmittag des 13. September in Tampa, Florida, mit Ziel Bluegrass Airport abgehoben war, als Privatflüge von der Luftfahrtbehörde verboten waren, und als die Verwendung von Charterflugzeugen wie besagtem Lear Jet streng kontrolliert war.

Der »Phantomflug«, wie er genannt wurde, war von den Raytheon Airport Services in Tampa, einer Tochtergesellschaft der Raytheon Corporation, die Waffen an Saudi-Arabien liefert und zu ihren Vorstandsmitgliedern den ehemaligen Direktor der C.I.A. John Deutch zählt, gechartert oder zumindest vermittelt worden. An Bord des Jets saßen zwei Personenschützer und drei junge Saudis, einer davon Prinz Salmans Neffe und Großneffe des saudischen Verteidigungsministers. Die drei Passagiere waren Freunde; sie studierten in Tampa Englisch, unweit des Ortes, wo man den Attentätern des

11. September das Fliegen, aber nicht das Starten und Landen beigebracht hatte, und vermutlich sorgte sich jemand Mächtiges um die Sicherheit der drei.

Der Flug läutete die mittlerweile berüchtigte Evakuation reicher Saudis, darunter vieler bin Ladens, durch die US-Regierung nach dem 11. September ein. Schon bald nach den Anschlägen verließ eine Reihe von Flügen die USA, für die sich (wie Craig Unger später in der *Vanity Fair* berichtete) der saudische Botschafter in den Vereinigten Staaten und persönliche Freund der Familie Bush, Prinz Bandar, eingesetzt hatte. Diese Auslandsflüge waren zwar nicht illegal, sie fanden allerdings zu einer Zeit statt, als die Luftfahrtbehörde von nichtkommerziellen Flügen noch abriet.

Doch der »Phantomflug« nach Lexington war anders. Er hätte gar nicht erst in der Luft sein dürfen,[13] und mehrere Personen mit hoher Sicherheitsstufe müssen sich einige Mühe gemacht haben, ihn auf den Weg zu bringen. Die FAA, das FBI, das Innenministerium und das Weiße Haus haben dementiert, dass er je stattgefunden hat, was sich allerdings mit wenigen Anrufen[14] belegen ließ – wie auch der vom *Tampa Tribune* genannte Tag und die Uhrzeit. Der Flieger sollte bin Salman abholen, der sich zu diesem Zeitpunkt unter unklaren Bedingungen im Marriott aufhielt,[15] während Baffert sich in Keeneland ums Bieten kümmerte. Skip Keyser, ein Zollbeamter am Bluegrass Airport, sagte, es habe Druck gegeben, die Saudis sofort aus der Stadt zu schaffen. »Ich bekam Anrufe von überall her«, erinnerte er sich. »Die Herrschaften sollten weg. Hier hatte jeder Angst, dass irgendwelche Spinner aus den Hügeln Ost-Kentuckys gekrochen kommen und anfangen, auf die Flugzeuge mit der arabischen Schrift draufzuballern und so weiter. Wir konnten sie einfach nicht verstecken.«

Es dauerte noch drei Tage, bis bin Salman aus Lexington rauskam. Ein Flughafenmitarbeiter mit Zugriff auf die Passagierlisten der Abflüge jener Woche berichtete mir, der Prinz sei am sechzehnten mit den drei jungen Saudis aus Tampa und seinem üblichen Gefolge an Bord eines anderen Charterjets nach London geflogen. Zwei Agenten einer der Behörden hätten auf dem Rollfeld gestanden und die Pässe überprüft.

Fast eine Woche verging, bis ich wieder zurück nach New York konnte. Als ich endlich in Newark aus dem Flieger stieg, brachte der vollgestopfte Shuttlebus mich und zwanzig andere in der Nacht über die George Washington Bridge. Die Rauchsäule stieg zu unserer Rechten auf, und als wir die Hälse reckten, um ihr in den Himmel nachzuschauen, verlor sie sich in der Dunkelheit.

An der spontanen Gedenkstätte, die auf dem Union Square aus dem Boden geschossen war, schrieb jemand PEACE zwischen die blinden Augen von George Washingtons Streitross und hängte dem General selbst eine weiße Fahne über den kriegswärts gereckten Arm.

EINE GEWISSE MYSTISCHE QUALITÄT

Friedrich der Erste von Preußen demonstrierte dem Duke of Marlborough einst die Kampfkraft des Pferdes – und staunte schließlich wohl ebenso sehr wie der Engländer. Er wählte eine kleine Arena aus, platzierte sich und seine Gäste in Sicherheit hinter den Eisengittern und ließ daraufhin die Tore zu mehreren Pferchen rund um die Arena gleichzeitig öffnen. Heraus stürmten ein Löwe, ein Bär, ein Stier, ein Tiger, ein Wolf – und ein Pferd. Das Pferd befand sich in merkwürdiger und scheinbar übermächtiger Gesellschaft. Der natürliche Zorn der anderen Tiere übersteigt den seinen um ein Vielfaches. Außerdem gilt es nicht zu vergessen, dass die Tiere bis auf eines alle Fleischfresser waren, die einander zum Mahle gereichen konnten, falls kein anderer Grund einen Angriff herausforderte. Wie dem auch sei, stürzten sich die fünf aufeinander und verbissen sich in einem aussichtslosen Kampf, zerrissen einander die Kehle, fauchten und hieben mit den Pranken. Das Pferd blieb derweil abseits stehen und schaute zu. Schließlich ging der Bär wund und wütend als Sieger aus dem Gemetzel hervor. Noch immer blieb das Pferd stehen und beobachtete ihn.

Der Höhepunkt aber kam, als der blutende, schnaubende Bär das Pferd entdeckte. Ohne Vorwarnung griff er es an. Doch die Hufe des Pferdes trafen ihn mit großer Kraft und schlugen ihn zurück. Wieder stürzte sich der Bär blindwütig auf das Pferd und erlitt einen donnernden Hufschlag ins Gesicht. Nun hing sein Maul schlaff offen, der Kiefer gebrochen und seine schrecklichen Zähne kraftlos. Der Kampf war vorüber. Und das Pferd stand noch immer da und betrachtete den Haufen blutüberströmter Tiere. Es hielt seinen Abstand.

– Arthur Vernon,
The History and Romance of the Horse, 1939

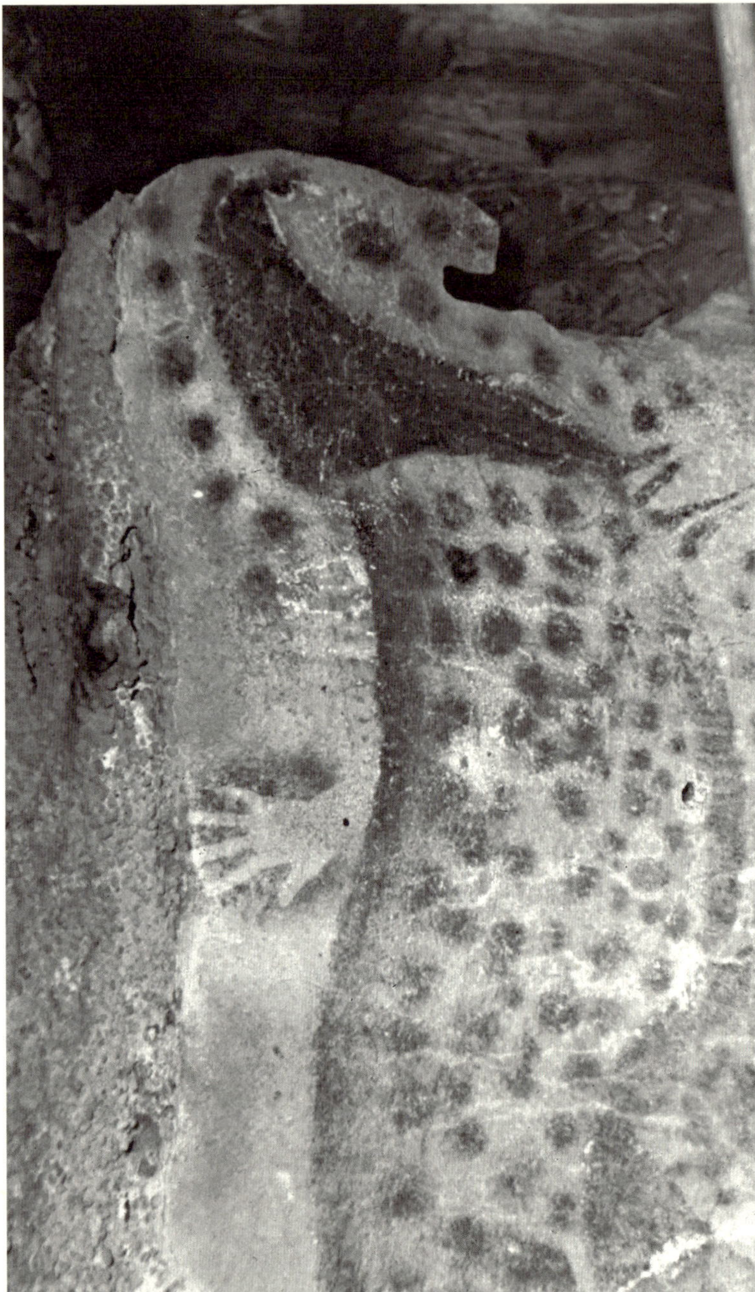

SINNBILD

Wir waren uns noch nie sicher, ob das Pferd für Frieden oder Krieg steht, für Tod oder Leben; es hängt von der Kultur ab, die man befragt, und durch die Zeitalter schwankt das Ergebnis wie eine Kompassnadel am Pol. Symbole werden mehrdeutiger, je vertrauter sie sind: Jade wird immer für Reinheit stehen, aber ein Apfel kann alles bedeuten. Und bis etwa 1913, als Ford begann, austauschbare Teile einzusetzen – oder in anderen Teilen des Planeten bis heute –, war uns nichts vertrauter als das Pferd. Es ist keine Übertreibung zu sagen, dass jemand, der heutzutage wirklich mit Pferden vertraut ist, mehr über das Menschsein in der Vergangenheit weiß als der renommierteste Historiker.

Vielerorts – eigentlich in allen Industrieländern – hat das Pferd unseren Alltag verlassen. Es ist Haustier oder Polizeipferd; bestenfalls trägt es einen unverbesserlichen Cowboy. Aber eine Symbiose über Jahrtausende hinterlässt ihre Spuren. Am deutlichsten zeigt sich diese tiefe Vertrautheit in der Sprache, in einer Vielzahl wunderbarer Ausdrücke. Es kann einen verrückt machen, wenn sie einem auf einmal alle auffallen. Außer den allgegenwärtigen Metaphern – all den Pferdeschwänzen und dem Vergaloppieren, den Pferde-Schwertbohnen, Pferdeegeln und dem Gewieher (niemand schafft es von Anfang bis Ende durch die Pferdestichworte in einem großen Wörterbuch), den Junkies, die sich Horse spritzen, und den Taschendieben, die auf dem Spanischen Pferd bestraft wurden –, über all das hinaus existiert noch die exquisiteste Terminologie, die Worte, die wir über lange Zeit für unser Leben in enger Verbindung mit diesem Tier entwickelt haben, um über sie und ihren Einsatz reden zu können: Rappschecke und Schwarzschimmel, Widerrist und Hufschmied, Schweif und Martingal. Nur mit Zeit und einem Wörterbuch ausgestattet könnte ein Marsmensch die Menschheitsgeschichte rekonstruieren, wenn er sich diese kleinen Ausbreitungspunkte ansieht, an denen die Sprache auf einmal explodiert, was auf lange Verbundenheit und Notwendigkeit hinweist. Und in einer so merkwürdigen wie passenden Ironie des Schicksals würde unser Marsmensch, wenn er beim Wort »Pferd« selbst ankommt, die weiße Fahne der Lexikographie vorfinden: »Ursprung unbekannt.«

Es gibt die Theorie, dass unsere ganze Sprache – unsere eigentliche Sprache, das Indoeuropäische – vor allem die Sprache der Reitervölker war. Sprachhistoriker knacken schon lange an der Frage, warum wir im Westen Derivative einer obskuren Sprache sprechen, die sich wahrscheinlich vor sechstausend Jahren in der zentralasiatischen Steppe entwickelt hat, und nicht eine der vielen Sprachen, die einst Eurasien dominierten und von denen das Baskische die einzige Überlebende ist. Der Archäologe David Anthony vom Institute of Ancient Equestrian Studies in New York verknüpfte dieses Rätsel mit der Tatsache, dass er und seine Kollegen bei Ausgrabungen auf eben diesen Steppen fünftausend Jahre alte Pferdeschädel mit den frühesten Anzeichen von Trensennutzung fanden, weshalb man den Beginn des Reitens ein ganzes Jahrtausend früher ansetzen musste als bisher gedacht.

Über die Jahrtausende hinweg wurde das Pferd zunächst unser Fleisch, dann unsere Milch und schließlich unsere Beine. Aber überhaupt bewusst wurden wir uns der Pferde sicher als Schauspiel, wenn sie auf ihren saisonalen Wanderungsbewegungen an uns vorüberdonnerten. Sandra L. Olsen schreibt in einem Essay namens »Horse Hunters of the Ice Age«, dass als Erste die Neandertaler Pferd aßen und wahrscheinlich Schädel von Kadavern mitnahmen, die die Herde zurückgelassen hatte (das übrige Fleisch hatten meist schon andere Tiere fortgetragen, doch nur die Neandertaler konnten den Schädel aufbrechen, um an die nahrhafte Hirnmasse zu kommen). Vermutlich zu Halsschmuck verarbeitete Pferdezähne tauchen zuerst in Siedlungen des Mittelpaläolithikums auf; auch die Schwänze nahm man mit in die Höhle, um daraus Fäden zu spinnen. Als Nächstes versuchten wir uns an der Pferdejagd, aber die Tiere sind zu schnell und klug und in der Wildnis durchaus gefährlich, weshalb die Eiszeitjäger der Herde mit Steinhaufen die Fluchtwege verbauten und sie in natürliche Engstellen trieben, wo sie die Pferde zuverlässig mit Speeren erlegen konnten (bei Ausgrabungen an einer dieser Jagdstätten am Roche de Solutré in der Bourgogne fand man eine einen Meter dicke Schicht Pferdeknochen von fast einem Hektar Fläche).

Die nächste Phase – die Domestizierung – ist die vielleicht mysteriöseste von allen. Als einzige plausible Theorie gibt es bisher die der Biologin J. Clutton-Brock, die davon ausgeht, dass irgendwann einer dieser Jäger ein Pferd als Haustier bei sich aufnahm. Wir können uns lebhaft vorstellen, wie dieser Steinzeitmensch dort in der Grotte Stuten und Hengste abschlachtete, wie es seine Vorfahren seit Jahrtausenden taten, als ihm plötzlich zu seinen Füßen ein vor Angst erstarrtes Fohlen auffällt. Er findet es irgendwie süß und nimmt es mit in die Höhle, wo er und der Rest des Clans herausfinden, dass diese furchterregenden Tiere eigentlich ganz sanft sind, wenn man sie früh genug einfängt. Von der nächsten Jagd bringt er oder einer seiner Freunde noch eins mit. Wieder vergehen tausend Jahre, und nun sind wir Pferdehirten, wir melken die Stuten, schlachten und essen die ausgewachsenen Tiere oder schnallen ihnen vielleicht schon unsere Habseligkeiten auf den Rücken, wenn der harte Winter uns gen Süden treibt; und lassen wir uns nieder, pferchen wir sie in der Nähe unserer Hütten ein. Die ältesten Anzeichen der erfolgreichen Domestizierung finden sich etwa vor siebentausend Jahren in der eurasischen Steppe.

David Anthonys Theorie, hier in einer vereinfachten Form wiedergegeben, die ihm nicht gefallen würde, besagt, dass an irgendeinem Nachmittag Menschen einer solchen Steppengesellschaft am Pferch standen, als einer von ihnen beschloss, auf eins der Pferde zu klettern. Anthony spekuliert, dass es möglicherweise ein Kind war – eine hübsche Symmetrie, da wir ja auch als Erstes ein Fohlen bei uns aufnahmen. Auf diese Idee kam man sonst nur bei wenigen anderen Tierarten der Alten Welt (nämlich bei Kamelen, Elefanten und möglicherweise Wasserbüffeln). Auch wenn die Gattung Equus bei Bedarf durchaus bedrohlich sein kann, ist sie unter den behuften Vierbeinern doch die einzige, die weder Hörner noch Geweih hat, die uns verletzen können, und ihr Rücken ist lang und kräftig genug, um uns zu tragen, eine biologische Affinität, die auch Darwin anmerkte, als er auf seinen *Naturwissenschaftlichen Reisen* schrieb: »Ein nackter Mann auf einem nackten Pferde gewährt ein schönes

Schauspiel; ich hatte nicht gedacht, daß die beiden Thiere so wohl zu einander passen.« Fast als hätten sie auf uns gewartet.

Für die beiden Spezies gab es kein Zurück mehr; ihre vormals unabhängigen Schicksale waren nun in einer Doppelhelix miteinander verflochten. Das Pferd wurde vor dem Aussterben bewahrt, auf das es langsam, aber sicher zugesteuert hatte, und die Menschen wurden Reiter. Diese Reiter mit ihrer groben protoindoeuropäischen Sprache, die nun auf die Tiere geklettert waren und gelernt hatten, sie zu lenken, während alle anderen sie weiterhin nur für Fleisch und Milch nutzten – oder sie von ferne bestaunten –, konnten ihre Kultur nicht nur in vormals unvorstellbarer Geschwindigkeit verbreiten, sondern dabei jeden in Angst und Schrecken versetzen, den sie trafen.

Bei unseren ersten bewussten Darstellungen unserer selbst in den Kalksteinhöhlen Spaniens und Frankreichs sind sie schon dabei, tänzeln, stürmen, und allem Anschein nach waren sie für uns schon damals mehr als nur Tiere. Bücher über die Kunst der Eiszeit erwähnen das Paradoxon, dass die Pferde auch in jenen Höhlen einen Großteil der dargestellten Tiere ausmachen, in denen kaum Knochen von ihnen zu finden sind, was die Interpretation »Jagdzauber« infrage stellt, und die Zoologiehistorikerinnen Pat Rice und Ann Paterson fanden heraus, dass bei einer Katalogisierung aller Malereien in allen prähistorischen Höhlen »die Anzahl der Pferde die jeder anderen Tiergruppe übersteigt«. In einer Höhle im südfranzösischen Département Landes gibt es sogar etwas, was einen fünfzehntausend Jahre alten Pferdealtar darstellen könnte, eine »kniende Sandsteinfigur« einer Stute zwischen Schädeln und Pferdekopfskulpturen. Unsere Ehrfurcht in ihrer Gegenwart – wer hat sie nicht schon selbst gespürt, wenn er ihnen am Zaun gegenüberstand? – ist mit das Älteste, was uns ausmacht.

In Nordamerika fing es mit ihnen an, auf den warmen Waldwiesen, wo heute die Great Plains sind. Die Dinosaurier waren verschwunden, und die Säugetiere – winzige Nager am Rande der Nahrungskette – krochen hervor und füllten die Leere, wo sie sich prächtig entwickelten. Vor siebenundfünfzig Millionen Jahren brachte ein unauffälliger Evolutionszweig Eohippus hervor, das »Pferd der Morgenröte«, das

so groß war wie ein kleiner Hund und an den Zehen Krallen hatte. Damals gab es eine Landbrücke – nicht die bekannte zwischen Alaska und Sibirien, sondern eine andere, die von Kanada bis Europa reichte. Eohippus (oder Hyracotherium – »dem Schliefer ähnliches Tier« –, wie die Wissenschaft es heute nennt) überquerte die Brücke und breitete sich über den gesamten Planeten aus. Doch irgendwann im Miozän, vor etwa fünfzehn Millionen Jahren – geschah in seiner alten nordamerikanischen Heimat etwas mit dem kleinen tapirähnlichen Wesen. Überall sonst auf der Welt tollte es vor allem im Wald herum, aber allen Anzeichen nach bevorzugte es in Nordamerika die offenen Ebenen, auf denen hohe Geschwindigkeiten Vorteile boten. Und die Gene zogen nach (wir betrachten hier natürlich Vorgänge, die sich über die Zeitalter abspielen). Seine zum Umherhuschen geschaffenen Stummelbeine wurden länger. Seine Krallen zogen sich zurück und wurden überflüssig, bis auf die eine in der Mitte, die nun aus demselben Grunde mehr und mehr Gewicht trug, aus dem auch ein Läufer hauptsächlich den Fußballen belastet und nicht die Ferse. Seine Kauflächen wurden rauer und komplexer, besser geeignet zum Mahlen von Samen als zum Abrupfen weicher Blätter.

Vor einer knappen Million Jahren gab es die alte Atlantik-Landbrücke nicht mehr, aber eine neue über die Beringstraße hatte sich gebildet, und dieses Tier, das wir mittlerweile erkennen würden, fand seinen Weg herüber – in der entgegengesetzten Richtung zu uns Menschen – und besiedelte Asien und Europa: Herden von Wildpferden, Alphahengste und ihr Harem, »Junggesellengruppen« subdominanter Hengste, die wie Windmuster über die Steppen und Ebenen ziehen. Sie waren Unpaarhufer geworden und schnell, schneller als alle anderen Landtiere außer den Katzen, die ihre Geschwindigkeit nur ein paar hundert Meter halten, während diese Tiere von früh bis spät laufen konnten. Das gesamte Genie der Evolution war in die Erschaffung von *asva* eingegangen, wie es auf Sanskrit hieß, dieses fleischgewordenen Verbs, dieses Wesens, dessen jeder Bestandteil laufen wollte, von den gigantischen Nüstern, die enorme Luftmengen in die voluminöse Lunge saugen konnten, bis zu den langen, kräftigen Hinterbeinen (eigentlich springt das Pferd, wenn es galoppiert, wie ein gewaltiger Hase).

Die Tiere entwickelten sich weiter, wurden größer und noch schneller. Sie bildeten die riesigen Augen, die einen immer zu sehen scheinen, ganz egal wo man steht, wie die Augen alter Familienportraits, sodass sie zugleich das Gras im Blick hatten, das sie fraßen, und die Raubtiere, die darin lauerten. Nach einigen weiteren Jahrtausenden und Anpassungen (hauptsächlich in der Größe) haben wir nun *Equus caballus*, das wir heute kennen und auf dem vor uns König Salomo und Kaiser Napoleon ritten.

Den Höhlenmalereien nach zu urteilen gibt es auch heute noch Pferde, die den Tieren gleichen, die unsere fernen Vorfahren verehrten und zähmten: die Przewalski-Pferde Russlands und der mittleren Mongolei, die klein und sandfarben sind, mit dickem Hals, steifer Mähne, dunklem Aalstrich auf dem Rücken und dem runden Bauch, der in Lascaux so deutlich zu sehen ist. Sie sind benannt nach Oberst Przewalski, dem russischen Entdecker, der 1881 das erste Exemplar mit nach Hause brachte. Die Mongolen kannten sie natürlich schon immer; sie nannten sie *taki* und verspeisten sie, wann immer sie sie fangen konnten. Auch die Europäer entdeckten und vergaßen sie im Laufe der Jahrhunderte immer wieder. John Bell, ein schottischer Arzt, der 1719 auf einer Handelsexpedition Peters des Großen von Sankt Petersburg nach Peking reiste, notierte zum Anblick dieser Pferde Folgendes:

> Weiterhin gibt es hier eine gewisse Zahl Wildpferde von kastanienbrauner Farbe; sie lassen sich nicht zähmen, doch man fängt sie als Fohlen ein. Diese Pferde unterscheiden sich in der Form nicht von der üblichen Sorte, doch sie sind die wachsamsten Kreaturen von allen. Eins von ihnen wartet stets auf einer Anhöhe, damit es die übrigen warnen kann; und läuft beim geringsten Anzeichen nahender Bedrohung zur Herde, wobei es so laut wiehert, wie es nur kann; daraufhin fliehen sie alle, als wären sie Rehe ... Diesem Scharfsinn zum Trotze werden sie zuweilen von den Kalmücken überrascht, die auf schnellen Pferden in ihre Mitte reiten und sie mit breiten Lanzen töten.

Aus der Wildnis verschwanden sie irgendwann in den 1970ern – das vermutet man zumindest, denn gesehen wurden sie zuletzt Ende der Sechziger, was natürlich nicht die Möglichkeit ausschließt, dass es noch irgendwo dort in den Weiten eine isolierte Herde der letzten wahren Wildpferde gibt. In der inneren Mongolei kann »verschwunden« auch schlichtweg »sehr lange nicht gesehen« heißen, und auch sonst ist das Buch möglicherweise prähistorischer Urzeitponys noch nicht abgeschlossen: Erst 1995 entdeckten französische Forscher in Tibet eine bisher unbekannte Unterart. Sie nannten sie das »Cheval de Riwoche« nach dem Tal des Fundes. Den Tibetern sind diese Pferde schon seit Anbeginn ihres kulturellen Gedächtnisses bekannt, und sie praktizierten mit ihnen eine eigentümliche Form des Fangens und Freilassens – sie schnappten sich die Tiere mit dem Lasso, nutzten sie als Lastentiere und ließen sie dann wieder ziehen. (Menschen aus dem Westen erscheint das Auffinden eines unbekannten Landtieres dieser Größe heutzutage kaum wahrscheinlicher als ein Fischer, der mit einer toten Nessie im Schlepptau in die biologische Fakultät von Saint Andrews gestapft kommt.)

In den Neunzigern entließ man in Zoos gezüchtete Przewalski-Pferde in die Steppe, wo sie sich anscheinend vermehren. Aber sie sind eigentlich nicht mehr »wild«, nicht vom Menschen losgelöst; und ebenso wenig sind es die »Wildpferde« Nordamerikas – weder die Mustangs des Westens noch die Ponys der Ostküsteninseln. Die sind nämlich verwildert, das ist etwas anderes. Man streitet sich darüber, wann genau sie ausgebrochen sind, und romantisch veranlagte Menschen behaupten gerne, die Mustangs gingen auf die Pferde zurück, die der schiffbrüchige spanische Entdecker Cabeza de Vaca 1530 nach Texas brachte, aber auf jeden Fall stammen sie von Nutztieren ab. Wahre Wildpferde gibt es in Amerika seit zehntausend Jahren nicht mehr. Niemand weiß mit Sicherheit, warum sie hier ausstarben, nachdem sie sich so lange durchgesetzt hatten. Sicher hatten die Menschen etwas damit zu tun – es passierte noch vor der Revolution auf der Steppe, und die Stämme, die auf diese Herden trafen, werden sich nur *Fleisch* gedacht haben, oder bestenfalls *Gott, Fleisch* –, aber auch Seuchen und Klimawandel können eine Rolle gespielt haben. Es gibt eine verschwindend geringe, aber betörende Chance, dass noch irgendwo auf einem Mammutstoßzahn oder einem herabgestürzten Höhlenfelsen eine Darstellung eines dieser indigenen nordamerikanischen Pferde erhalten ist. Gewiss ist, dass bei ihrer Wiedereinführung – durch Kolumbus (auf seiner zweiten Fahrt, bei der vierunddreißig Pferde an Bord waren), durch Cabeza de Vaca und Cortés, durch Pizarro und de Soto (dessen Pferd berühmterweise dem Inkaherrscher Atahualpa ins Gesicht schnaubte) – die indigenen Einwohner keine Ahnung hatten, was es für Tiere waren. Die Eroberung Amerikas war auch ein Aufeinanderprallen der pferdereichen mit der pferdelosen Hemisphäre. »Große Hunde«, sagten die Indianer, die Kolumbus am Ufer in Empfang nahmen; »geweihte Hunde«, sagten die Cherokee; »heilige Hunde«, sagten die Lakota; »große Elchhunde«, sagten die Blackfoot. Die Creek nannten sie »große Rehe«, und die Azteken sagten: »Ihre Rehe tragen sie auf dem Rücken.« Die Inka »hielten Pferd und Reiter für ein Wesen«, so der offizielle Historiker der Eroberung Bernal Diaz del Castillo, eine Verwirrung, die vielleicht Shakespeare im Sinn hatte, als er König Claudius über den normannischen Reiter sagen ließ:

> Der wuchs fest im Sattel
> Und trieb sein Pferd zu solchen Wunderdingen,
> Als wär er halb verwandt und ganz verwachsen
> Mit seinem braven Tier.

Diese Reaktion zeigte sich mit der Zeit immer wieder und vermittelt uns einen klaren Eindruck davon, wie sich die örtlichen Stämme gefühlt haben müssen, wenn sie die Steppenreiter über den Horizont kommen sahen. Darwin schildert folgende Anekdote von einer frühen Reise nach Tahiti:

> Als im Jahre 1817 ein Pferd für Pomare gelandet wurde, brach die Schlinge und es fiel in's Wasser. Augenblicklich sprangen die Eingeborenen über Bord und ertränkten fast das Thier durch ihr Geschrei und vergebliche Hülfeleistungen. Sobald es aber das Ufer erreichte, entfloh die ganze Bevölkerung und versuchte, sich vor dem menschentragenden Schwein zu retten, wie sie das Pferd nannten.

Dank del Castillo haben wir sogar eine Liste der sechzehn Pferde, die Cortés aus Kuba nach Mexiko mitnahm (die Namen und Beschreibungen der Männer an Bord wurden nicht so gewissenhaft aufgezeichnet). Es waren die ersten Pferde, die auf einem der amerikanischen Kontinente überlebten, denn Kolumbus' Tiere waren bald verspeist worden. Acht von Cortés' Pferden wurden bei seinem ersten Scharmützel in der Neuen Welt verwundet, aber man heilte sie »mit dem Fett der toten Indianer«. Unverletzt blieb El Arriero, »der Maultiertreiber«, ein »ausgezeichneter schwarzer Hengst«, del Castillo zufolge »eins der guten Pferde, die wir in der Flotte mitbrachten«. Diesen Hengst band Cortés an einen Baum und ließ eine Stute vor seinen Augen langsam auf und ab führen. El Arriero wurde wild. »Ihr und euer Volk habt die Pferde verärgert!«, ließ Cortés seine Dolmetscherin den Indianern zuschreien, die sich daraufhin furchtsam in den Staub warfen.

»Nach Gott«, so del Castillos berühmter Ausspruch, »verdankten wir unseren Sieg den Pferden.« Eine Passage aus einem von Cortés' *Berichten* an Karl V. zeigt, wie offen diese Schuld schon damals anerkannt wurde, nicht erst hinterher, und belegt die Bewunderung –

beinahe Verehrung – der Spanier für ihre Reittiere. Die Belagerung von Tenochtitlan hatte gerade begonnen:

> Und wir hatten an diesem Tage gar keinen Verlust gehabt, außer daß beim Herausprellen aus dem Hinterhalte zwei Reiter gegeneinander rannten und der eine von seiner Stute herunterfiel, die nun allein zwischen die Feinde lief, dort mit Pfeilschüssen empfangen wurde, arg verwundet und unwirsch über den schlimmen Empfang zu uns zurückkehrte und in der folgenden Nacht starb.
>
> Obgleich uns das nun leid tat – denn unser Leben hing von diesen Hengsten und Stuten ab – so waren wir doch weniger betrübt, als wenn sie in der Gewalt der Feinde umgekommen wäre …

Wohl eine der seltsamsten Geschichten der Conquista hat mit dem Pferd zu tun, das Cortés sich selbst aussuchte, El Morzillo (der Name war wohl zugleich eine Beschreibung, denn *morzillo* bedeutet schwarz mit leicht rötlichem Schimmer). El Morzillo verletzte sich im Jahre 1525 am Ufer des Petén-Itzá-Sees in Mexiko den Fuß. Cortés hatte das Tier liebgewonnen und bat den Häuptling eines verbündeten Stammes, es bis zu seiner Rückkehr zu versorgen. »Der Häuptling versprach, ihn zu kurieren«, schrieb Cortés, »aber ich weiß nicht, ob er Erfolg haben wird.«

Es ist nicht überliefert, was der Häuptling oder seine Leute mit dem Tier taten, als die Spanier weitergezogen waren. Andere Anekdoten der Conquista legen nahe, dass sie ohne weitere Anweisungen dem Pferd wahrscheinlich gaben, was sie selbst am liebsten aßen: Hühnchen und Obst und Fisch und Maisbier. Wahrscheinlich hatten sie eine Heidenangst vor ihm. Samuel Eliot Morrison schreibt, dass die Guarani, als Cabeza de Vaca 1541 zu ihnen kam, ihn anflehten, »die Pferde zu bitten, ihnen nicht böse zu sein«. Die meisten Stämme wähnten dieses Wesen unsterblich, da es ganz offensichtlich ein Gott war, und als ein aztekischer Trupp es doch bewerkstelligte, die Stute Pedro de Morons, eines Soldaten unter Cortés, zu töten, schnitten sie ihr den Kopf ab und ließen diesen von Dorf zu Dorf bringen, damit alle sahen, dass es doch möglich war.

Cortés holte El Morzillo nie ab, und es dauerte 150 Jahre, bis wieder ein Spanier an den Petén-Itzá-See kam. 1697 tauchte dort ein Franziskaner namens Ursua mit zweien seiner Mitbrüder auf. Sie wollten der dortigen Gruppe Indigener das Wort Gottes bringen, die »vom wahren Glauben nicht einmal wusste«, nachdem die Conquista den Ort zwar gestreift, aber dann in Ruhe gelassen hatte.

Als die drei Mönche und ihre Pferde sich der Insel Tayasal per Floß näherten, kam ein Indigener namens Isquin ans Ufer. Er blieb dort stehen und beobachtete sie. In der *Historia de la Conquista de la Provincia de El Itza* schreibt der franziskanische Chronist Juan de Villagutierre Soto-Mayor, als Isquin die Pferde gesehen habe,

> war er außer sich vor freudigem Staunen. Besonders bewunderte er das Aufbäumen und Springen der Pferde, woraufhin er sich auf alle viere niederließ und selbst umhersprang und wieherte. Als er von seiner ausgelassenen Darbietung ermüdet war, fragte er sie nach dem spanischen Namen dieser mysteriösen Tiere. Als er hörte, dass dieser *caballo* war, legte er sogleich seinen eigenen Namen ab, und von diesem Tag an ließ sich dieser alberne Ungläubige Caballito nennen. Als er später getauft wurde, nahm er den Namen Pedro an und hieß bis zu seinem Tode Don Pedro Caballito, denn er war der Sohn eines Häuptlings.

Anfangs machten sich die Spanier nicht viel aus diesem Verhalten – schließlich war er nur ein »alberner Ungläubiger«. Aber einige Wochen später kamen sie während ihrer Runden über die Inseln auf dem See – auf denen sie Götzen zertrümmerten und verbrannten und »die Inkarnation der ewigen Welt« predigten – an einen Tempel, in dem es »ein von den Indianern verehrtes Götzenbild« geben sollte, wie man ihnen gesagt hatte. Drinnen fanden sie auf einem zwei Meter hohen Holzpodest eine aus Stein gehauene Pferdestatue vor. Sie saß auf dem Hinterleib wie ein Mensch.

Die Mönche staunten so sehr, dass sie sich ausnahmsweise mal zu etwas Anthropologie hinreißen ließen. Als sie ihren Führer und die Inselbewohner befragten, erfuhren sie, dass »diese barbarischen Ungläubigen das abscheuliche, monströse Tier unter dem Namen Tziunchan, Gott des Donners und des Blitzes, anbeteten«. Die Indigenen erinnerten sich, dass ihnen vor langer Zeit – »in der Zeit ih-

rer Großväter« – ein Krieger dieses heilige Wesen überbracht hatte. Villagutierre vermutet, dass sie zunächst versuchten, El Morzillo am Leben zu halten, als sie aber scheiterten, einen Ersatz aus Stein hauten, damit Cortés nicht wütend würde, wenn er wiederkam. »Mit der Zeit wuchs ihre Verehrung«, schreibt er, »und das abscheuliche Bildnis wurde der höchste ihrer Götter.«

Nachdem er die Geschichte gehört hatte, griff sich einer der untergebenen Mönche einen Stein und zerschlug das Götzenbild. In *Horses of the Conquest* schreibt R. B. Cunninghame Graham: »So ward zerstört durch einen Ausbruch jenes unbändigen Eifers, den Talleyrand so verurteilte, eins der kuriosesten Kunstwerke der Neuen Welt und ein Denkmal der Conquista, das so sorgfältig hätte erhalten werden müssen, als hätte Praxiteles es mit eigenen Händen geschaffen.« Vierundachtzig Jahre später wurden die letzten Regungen des Widerstands gegen die spanische Eroberung auf den Plazas von Cuzco in Peru und von La Paz in Bolivien niedergeschlagen. In Peru hatte sich ein Indigener namens José Gabriel Condorcanqui, der Enkel des letzten Inka Túpac Amaru, nach seinem Großvater benannt und der spanischen Obrigkeit Ärger gemacht. Seinem Vorbild folgend nahm auch der bolivianische Revolutionär Julian Apasa den Namen

Tupaj Katari an – eine Transliteration von Túpac Amaru, »schimmernde Schlange« oder »stehende Schlange« in seinem Dialekt. Die Spanier ließen sie beide im Jahr 1781 zerstückeln und vierteilen. Man spannte jedem von ihnen vier Pferde an den Körper – eins an jede Gliedmaße – und trieb sie »in die vier Himmelsrichtungen«, während Tausende indigener Zeugen unter Wehklagen zusahen.

Das Pferd hat schon für so manche Kultur den Untergang bedeutet, wie die Völker bezeugen würden, die den Mongolen im Wege lagen, wenn sie es denn noch könnten. In den *Historien* Herodots gibt es die rätselhafte Zeile, in der Krösus, der König der Lyder, wissen will, was es zu bedeuten hat, dass alle Pferde in seinem Königreich auf einmal verrückt spielen, als hätten sie Angst. »Halte Ausschau nach einer Armee fremder Angreifer«, sprach das Orakel, denn das Pferd sei »Krieger und Fremder«. Und es behielt recht, weshalb die meisten von uns noch nie von den Lydern gehört haben. Die Verbindung mit dem Krieg geht fast wohin man schaut ganz bis zurück zum Anfang, von den Griechen mit ihrem Helmschmuck aus Rosshaar über die Assyrer mit ihren mörderischen Streitwagen bis zu Hiobs Schlachtross, das »sooft die Trompete erklingt, wiehert … ›Hui!‹«.

Das Judentum hatte eine wechselhafte Beziehung zum Pferd, das Adam *sus* nannte. Im fünften Buch Mose steht das Gebot, der König Israels solle nicht suchen, »die Zahl seiner Rosse zu mehren« (obwohl Salomo später genau dies tat und David selbst die Kavallerie kommandierte). Diese Abneigung erscheint seltsam, bis man in Betracht zieht, dass das altertümliche Schlachtross ganz und gar für Macht und Reichtum stand, die beide für gewöhnlich bei den Ägyptern, den Babyloniern, den Griechen und Römern – den Unterdrückern – lagen. In späteren Zeiten erinnern verstörende Szenen an diese alte Feindseligkeit: Zum Karneval im Rom des fünfzehnten Jahrhunderts gehörte der *palio degli ebrei*, ein Rennen, in dem nackte Juden mit christlichen Jockeys auf dem Rücken gegeneinander antreten mussten; die Aufseherin Hermine Braunsteiner im KZ Majdanek wurde »Kobyla« genannt, die Stute, weil sie allzu gern mit ihren eisenbeschlagenen Stiefeln auf Frauen und Kinder eintrat.

Das frühe Christentum erbte die jüdische Einschätzung des Pferdes als zu stolzer Kreatur, die, wie der Turm zu Babel, Gott zu nahekam. *Equus asinus*, der Esel, wird Jesu Reittier. Er bringt ihn in Sicherheit, als Herodes befiehlt, alle Knaben bis zum Alter von zwei Jahren zu töten, er steht bei Jesu Geburt im Stall und trägt ihn später nach Jerusalem. Wenn man darüber nachdenkt, impliziert das Neue Testament eine klare Anti-Pferd-Haltung. Saulus, der »mit Drohen und Morden gegen die Jünger des Herrn [schnaubte]«, fällt vom Pferd, als Jesus ihm auf der Straße nach Damaskus erscheint (der Text selbst erwähnt an dieser Stelle zwar kein Pferd, aber die Maler der Renaissance wussten, dass es so gemeint war). Jesus kommt »sanftmütig und reitet auf einem Esel«, wobei es ja eben darum geht, dass er *nicht* auf einem Pferd oder in einem Wagen sitzt; und auf den frühesten Darstellungen des Einzugs nach Jerusalem reitet er im Damensattel, wie es kein (Pferde-)Reiter jemals tun würde. Das ist keine bloß textuelle, hermeneutische Sache; die Leute verstanden die Symbolik von Anfang an. Das früheste bekannte Kruzifix, ein Graffito an einer römischen Mauer von etwa 200 nach Christus, zeigt Jesus mit einem Eselskopf. Auf ihn wartete nicht die Kavallerie, sondern der Kalvarienberg; die Zeit der Pferde soll erst zur Apokalypse kommen, wenn alles vollendet wurde, und dann bringen sie den Krieg.

All das war schön und gut, solange die neue Religion die Domäne kovertierter Juden blieb. Doch als sich das Christentum ausbreitete und in Berührung mit Kulturen kam, die neben der protoindoeuropäischen Sprache der Reitervölker auch deren formalisierte Verehrung des Pferdes geerbt hatten, mussten Zugeständnisse gemacht werden. Diese Verehrung zieht sich von einem viertausend Jahre alten Grab in Russland, in dem man die Gebeine eines enthaupteten Mannes fand, dessen Schädel man durch den eines Hengstes ersetzt hatte, bis zum indischen Rigveda mit seinen aufwendigen Pferdeopfern und ihrer düsteren Liturgie: »Durch dieses stirbst du nicht und nimmst keinen Schaden. Du gehst zu den Göttern auf angenehmen Pfaden.« Der walisische Historiker (oder Fabulist, wie manche sagen) Giraldus Cambrensis schrieb von seinen Reisen am anderen Ende der indoeuropäischen Welt, in Nordirland, das Folgende:

> Im nördlichen Teil von Ulster, nämlich in Kenelcunell (Tyrconnel), lebt ein Volk, das seinen König in einem gar absonderlichen und abscheulichen Ritual weiht. Wenn das Volk des Landes sich an einem Orte versammelt hat, führt man eine weiße Stute in die Mitte der Zusammenkunft. Der, der geweiht werden soll, nicht als Häuptling, sondern als Tier, nicht als König, sondern als Gesetzloser, umschlingt vor aller Augen das Pferd und erklärt sich selbst ebenfalls zum Tiere. Nun wird die Stute sogleich dahingeschlachtet, in Stücke geschnitten und in Wasser gekocht. Mit demselben Wasser bereitet man dem Manne ein Bad. Dann sitzt er in jenem umgeben von allen Leuten, und sie alle, sie und er essen von dem Fleische, das ihnen dargebracht wird. Er säuft und trinkt von der Brühe, in der man ihn badet, und nicht mit einem Becher oder auch nur mit seinen Händen, sondern indem er immerfort seinen Mund darin eintaucht.

Mit »umschlingt« meinte Giraldus übrigens genau das, was man als Leser vielleicht befürchtet.

Während das Christentum das Pferd als Symbol in sich aufnahm, gestand es ihm die Tugenden des Glaubens zu: Gnade, Leidensfähigkeit, Friedfertigkeit. Denn in dieser Hinsicht ist das Pferd das perfekte christliche Sinnbild, denn es stellt seine eigene Überlegenheit hintan, indem es uns dient (»Wüssten die Pferde von ihrer Kraft, würden wir nicht mehr reiten«, schrieb Mark Twain einmal in sein Notizbuch). Mit der Renaissance kommt eine ganze Reihe von Heiligen, die in Gemälden stets zu Pferd gezeigt werden, was nicht etwa Kraft bedeuten soll, sondern Beistand, Barmherzigkeit. Das Gesicht des Schimmels in El Grecos *Sankt Martin und der Bettler* ist offensichtlich der Fokuspunkt des Gemäldes: Wir schauen ihm in die Augen, bevor wir auch nur darauf kommen, uns den beiden Männern zuzuwenden. Und möchte man heutzutage dem Sekretariat der Vereinten Nationen einen Besuch abstatten, steht man an der Ecke First Avenue/Forty-second Street in Manhattan einer gewaltigen schwarzen Eisenstatue des heiligen Georg zu Pferd beim Töten des Drachen gegenüber, welcher in dieser Darstellung aus zwei in den Achtzigerjahren von den Sowjets gespendeten entschärften Atomraketen besteht.

Der heilige Georg und sein Pferd, das auf dem Bauch des Untiers steht, haben beide den gleichen Gesichtsausdruck: ungerührt, abgeklärt. Sie sind keine Krieger; sie besiegen den Krieg.

In Europa lebt die alte Pferdereligion fort. Der bedeutendste Pferderitus auf dem Kontinent und wahrscheinlich auch der mit der längsten Kontinuität und den tiefsten Wurzeln in der gesamten europäischen Kultur (außer vielleicht dem Essen) ist der Tanz der Steckenpferde, über den sich schon Augustinus im dritten Jahrhundert nach Christus beschwerte (»Höret ihr jemals von jemandem, der der schändlichen Gewohnheit frönet, sich als Pferd zu verkleiden ... den bestrafet auf das Strengste«) und dem man auch heute noch vielerorts in Europa beiwohnen kann. Es ist unmöglich zu sagen, wie weit er wirklich zurückgeht (auf jeden Fall weiter als jedes Schriftzeugnis), aber die beiden anonymen Steckenpferdtänzer, die im Jahre 1611 von den Puritanern wegen heidnischer Bräuche festgenommen wurden, hatten sicher den richtigen Riecher, als sie zu ihrer Verteidigung vorbrachten, »was sie gethan, ward gethan von Menschen seyt undenklichen Zeyten«.

Im *Hamlet* gibt es einen so berühmten wie undurchsichtigen Vers, offenbar eine Anspielung (möglicherweise auf ein Volkslied, denn derselbe Vers taucht auch in elf anderen elisabethanischen Stücken auf), die die Wissenschaftler bisher aber nicht einordnen konnten. Die oberflächliche Bedeutung ist glasklar. Der Prinz hat sich gerade von Ophelia einen Rüffel für seine allzu unvernünftige Trauer eingefangen:

> O Himmel! Vor zwei Monaten gestorben, und noch nicht vergessen! So ist Hoffnung da, daß das Andenken eines großen Mannes sein Leben ein halbes Jahr überleben kann. Aber, bei Unsrer Lieben Frauen! Kirchen muß er stiften, sonst denkt man nicht an ihn; es geht ihm wie dem Steckenpferde, dessen Grabschrift ist: Denn oh! denn oh! Vergessen ist das Steckenpferd.[16]

Gewöhnlich findet es am ersten Mai statt, aber mancherorts, zum Beispiel in St. Sumine im Tal der Loire, wartet man bis zum Pfingstsonntag – auf jeden Fall zu einem Fest des Frühlings, wenn die Feldfrüchte sprießen und die Menschen sich frisch fühlen. Einer Männergruppe des jeweiligen Ortes ist die Ausrichtung anvertraut: die Erhaltung der Kostüme, die Auswahl der Schauspieler, die Bereitstellung der Getränke. Die Kostüme, die oftmals selbst ein gewisses Alter haben, reichen vom »Vorhangpferd«, einem Pferdeschädel an einer Stange, um die ein langes Stück Stoff herabhängt, die den Träger verhüllt, bis hin zu konventionelleren Pferdeanzügen. In den Details unterscheiden sich die Bräuche, aber der Archetyp geht so: Der alte Hoss reitet in die Mitte der Menschenmenge. Er stolpert und strauchelt. Die Leute singen: »Armes ... altes ... müdes ...Pferd.« Er fällt zu Boden. Ein hübsches Mädchen kommt herbei. Es singt: »Ti hi, ti hi.« Der Hengst hört es. Er singt: »Wi hi, wi hi.« Das zieht sich eine Weile hin. Schließlich steht er wieder auf und läuft mit dem Mädchen fort. Als er wiederkommt, ist er frisch, wiedergeboren, und mit ihm das Jahr. Bei manchen Varianten läuft er dann ins Meer.

Mit Ausnahme der Puritaner tat das Christentum, was es immer tat, wenn es mit fest verwurzelten heidnischen Bräuchen konfrontiert wurde: Es räumte ihnen den nötigen Platz ein. Es gibt in der christlichen Ikonographie zumindest einen pferdeköpfigen Heiligen, nämlich den Saint Alar (wie die Bretonen den heiligen Eligius nennen) in der Chapelle Saint Sylvestre in Kergazuel. Und etwa alle fünfzig Jahre reißen Handwerker in Wales oder anderswo den Boden einer mittelalterlichen Kirche auf und finden dort ein sorgfältig platziertes Pferdeskelett. Altertümliche Gräber, in denen Menschen und Pferde gemeinsam beerdigt wurden, sind in Europa und Asien so häufig, dass sie den Archäologen kaum noch ein müdes Lächeln entlocken – viele prähistorische Kulturen sollen geglaubt haben, das Pferd führe die Seele ins Jenseits. Der Volkskundler M. Oldfield Howey erwähnt »die wohlbekannte Geschichte einer alten Irin, die das Pferd ihres verstorbenen Gatten tötete, und, als man es ihr vorwarf, erwiderte: ›Glauben Sie etwa, ich lasse meinen Mann zu Fuß ins nächste Leben wandern?‹«

Die Waliser haben einen Brauch, Mari Lwyd (die Graue Stute, ihr Steckenpferd), den sie nicht im Frühling, sondern an Weihnachten feiern. Hierbei zieht das Pferd von Haus zu Haus und erbittet sich Gastfreundschaft, üblicherweise in Form von Alkohol. Manchen Schilderungen zufolge geht dies auf die walisische Überlieferung zurück, dass an Christi Geburt eine graue Stute aus dem Stall getrieben wurde, um Platz für den Esel zu machen (manchmal sind solche Überlieferungen so sehr um Präzision bemüht), und seitdem streift sie auf Erden umher und sucht nach Obdach.

Auch nichteuropäische Kulturen hatten ihre Steckenpferde. Wahrscheinlich gab es überall dort eine Version des Tanzes, wo man das Pferd kannte. Wenn wir jung sind, ergibt er sich von selbst. Chinesische Kinder ritten auf »Laternenpferden«, Holzsteckenpferden mit angehängten Lampen – das muss im Dunkeln einen wunderbaren Anblick ergeben haben. Wer weiß, ob das Reiten auf dem Steckenpferd nicht dem echten Reiten voranging – möglicherweise übte David Anthonys hypothetisches Steppenkind auf einem Stock, bevor es auf die Idee kam, es mit dem Tier zu versuchen. In Doughtys *Offenbarung Arabiens* gibt es die wunderbare Beschreibung eines Beduinenspieles, das wahrscheinlich vom Anbeginn der Zeit stammte:

> An manchen Mondscheinabenden eilten die Kinder zu uns: Jungen und Mädchen laufen gemeinsam von den *Beyts* ihrer Mütter davon und springen über den Sand, wo sie Pferdchen spielen, bis sie einen Sandhügel oder Felsen zum Erklimmen finden. Ein Chor der älteren Mädchen versammelt sich und singt unter Klatschen wieder und wieder denselben Refrain eines einzigen Verses ... Jeder Pferdejunge hat sich eine Partnerin gesucht, seine *Fáras* oder Stute; sie rennen Hand in Hand umher und fort und fort, jedes Paar springt dem anderen nach und wird ebenso selbst gejagt in der mondlichternen Wildnis. Schon tritt er wieder an die Pferde heran, die ihnen hastig nachstellen, nur um wiehernd zu entfliehen. Und dieser Zeitvertreib der arabischen Kinder von reiner Rasse ist ohne Streit und Eifersucht, keine wuterhobene Stimme erklingt, noch fällt ein einziger Schlag zwischen ihnen.

DER ERSTE FREITAG IM MAI

Während ich durch die Berge West Virginias fahre und mich der Grenze Kentuckys nähere, kommen im Radio irgendwann Nachrichten aus meiner Heimat. Im Südosten gibt es Überschwemmungen, und Menschen sind mitgerissen worden. An der University of Kentucky sind zwei Studenten in den Tod gestürzt, nachdem sie auf ein offenes Wohnheimfenster zugerangelt waren: »Alkohol war im Spiel.« Die politische Lage ist ungewiss: In den östlichen Countys sind zwei Kandidaten für das Amt des Sheriffs ermordet worden (die *New York Times* berichtet später, dass »möglicherweise örtliche Spindoctors die Anschläge stellen wollten, um eine irrwitzige Nostalgie der Wähler anzusprechen«). Aber in Louisville ist das allen egal. Es ist »Derby«, wie man dieses Wochenende hier nennt, der stadteigenen Propaganda zufolge eine Mischung aus Weihnachten und Mardi Gras.

Während der acht Monate seit dem Jährlingsverkauf habe ich die Zweijährigen, mittlerweile Dreijährigen (das Alter, in dem Pferde

die Triple Crown laufen) im Auge behalten und gehofft, mit etwas Glück einen Sieganwärter beobachtet zu haben. Mit Wetten auf einen erhabenen schwarzen Hengst namens Mayakovsky habe ich Geld gewonnen, denn beim Hopeful in Saratoga kam er wie erhofft unter die ersten zwei, und diese Summe und mehr habe ich beim Breeders' Cup im Belmont Park verloren, als ich dem irischen Pferd Johannesburg beim Zielsprint zugesehen habe. Auch Bold Truth und Test of Time habe ich im Auge behalten, zwei Pferde, die John T. Ward mir im September als vielversprechend genannt hatte. Und ich habe versucht, mich im Pferderennsport fortzubilden, bin treuer Leser der *Daily Racing Form* geworden und weiß vom sonstigen Tagesgeschehen eigentlich nichts mehr, was nicht in den zwei kleinen Alibischlagzeilen steht, die darin jeden Tag unter »Kurznachrichten« laufen. Dort ergeben sich oft bedenkliche Gegenüberstellungen: SIRWINSITALL AUF AQUEDUCT RACETRACK AM SCHIENBEIN VERLETZT ... 13000 TOTE NACH ERDBEBEN IN TÜRKEI ... CRIST: »NICHT AUF CLASSY DAME VERLASSEN« Wenn also an irgendeinem Freitag mehr als zwei Kriege ausbrechen, hört man als Pferderennsportfan erst am Samstag vom dritten.

Der Ohio River liegt schwer in der Dunkelheit, als ich nach Louisville komme. Die Straßen sind leer: Es ist zwei Uhr morgens, und mittlerweile sind alle zum Kotzen hinten im Garten. Ich war dreizehn Jahre weg und verfahre mich natürlich sofort, zeichne mit dem Wagen blockige Achterschleifen, bis ich zufällig am Galt House vorbeikomme, dem alten Hotel, das wir immer auf dem Weg zum Büro meines Vaters gesehen haben.

Louisville hat einen sonderbaren Platz im Regionengefüge der Vereinigten Staaten. Wer noch nie hier war, hat wahrscheinlich kein Bild vor Augen. Eine »Flussstadt«, hört man oft, als könnte sie jeden Moment die Leinen losmachen und den Ohio runtertreiben. Eine Stadt, die man im Norden die nördlichste Stadt des Südens nennt und andersherum, jeder will sie dem anderen zuschieben, wie ein unliebsames Kind. Als Dickens herkam, bewunderte er sein Hotel (das Galt House), bemerkte ein paar Schweine und schrieb: »Da die Stadt nichts von ausreichendem Interesse bereithält, setzten wir die Weiterfahrt für den nächsten Tag an.« Optisch erinnert sie eher an Detroit als an Lexington, ihr fehlt auch Lexingtons Beharren auf seinem Recht, südlich zu sein. Die Leute hier sind ideell gesehen eigentlich keine richtigen Kentuckyer; sie sind Louisviller und anscheinend ganz zufrieden damit. Was den Charme der Stadt ausmacht. Sie hat ihren eigenen Stolz.

Trent Apple, mein einziger Jugendfreund, mit dem ich in engem Kontakt geblieben bin, wartet bei einer Derby-Party auf mich. Er ist jetzt verheiratet; er und seine Frau Laura, die ich gleich kennenlernen soll, sind beide Anwälte in Louisville. Als ich die Party finde, stellt sich heraus, dass hier alle Anwältinnen und Anwälte sind, und jeder bringt mir sofort eine unkomplizierte *Nettigkeit* entgegen, die zu den Dingen gehört, die ich anderswo vermisse. Die Gastgeberin reicht mir einen Teller Derby-Pie mit hausgemachter Schlagsahne obendrauf und verspricht mir ohne jeden Hauch wahrnehmbarer Ironie, dass ich danach »nie wieder Cool Whip anrühren« werde.

Diese »Anwälte vom Lande«, wie Trent sie mir vorstellt, spielen schon seit Stunden Saufspiele mit hartem Alkohol. Die meisten kommen morgen zum Rennen. Früher am Abend haben sie sich über ihre Wettstrategien ausgetauscht und gestritten und daran gefeilt, aber jetzt kann sich keiner mehr an die Einzelheiten erinnern. Ein interessanter und, wie ich finde, sympathischer Zug der Louisviller im Gegensatz zu den normalen Kentuckyern ist der, dass sie aufpassen, es mit dem Derby nicht übermäßig ernst zu nehmen. Hier ist das Derby eben ein Naturereignis. Da hat man anwesend zu sein und, wenn möglich, Ärger mit der Polizei zu vermeiden.

Als wir wieder bei Trent zu Hause sind, widmen wir uns dem Wein, und die Vergangenheit treibt an die Oberfläche. Trent war mein Golfpartner, als wir elf waren. Wir haben damals unsere Golftaschen zweieinhalb Kilometer zum Fuzzy-Zoeller-Par-drei-Neunloch-Platz nach New Albany geschleppt (Zoeller ist nach wie vor New Albanys einzige Berühmtheit). Meistens waren wir die einzigen Nüchternen auf dem Platz. Geleitet wurde er von einem großen, dürren Greis, der in khakifarbener Platzwartuniform mit dem einzigen Golfwagen der Anlage herumschnurrte und andauernd »Grassoden wieder einsetzen!« brüllte. Eines Tages kamen wir an und wurden von einem Schild abgewiesen, auf dem stand: »Wegen

Vandalismus geschlossen.« Ein Artikel im *New Albany Tribune* am nächsten Morgen berichtete, eine Jugendbande habe in mehrere Greens satanische Symbole geschnitten, und zwar »mit einer Kartoffelforke«, wie der Reporter zur besseren Anschaulichkeit ergänzte. Nachdem ich weggezogen war, habe New Albany es mit seinen jungen Satanisten sogar in die überregionale Presse geschafft, erklärte Trent. 1995 hatte eine Gruppe lesbischer Jugendlicher, darunter eine »teufelanbetende Schulabbrecherin«, eine ihrer Freundinnen ermordet, indem sie sie mit Benzin übergossen und anzündeten. Michael Quinlan, ein Reporter vom *Courier-Journal*, hatte einen Bestseller namens *Little Lost Angel* darüber geschrieben.

Ich sage Trent immer, so ehrlich wie melodramatisch, dass er mich damals auf der Schule gerettet hat. Wie so viele Kleinstädte war New Albany nicht immer freundlich zu denen, die »anders« waren, was einem jungen Menschen ein recht düsteres Schicksal bescheren kann. Aber Trent war einer von denen, die wahrscheinlich schon mit komplett ausgeformter Persönlichkeit zur Welt gekommen waren. Ich weiß noch, wie ich ihn während der dritten Klasse im Bus kennenlernte. Er trug Basketballschuhe von der Indiana University, und ein paar größere Jungs, Louisville-Fans, machten ihm Stress. Er war der Neue, er hätte eingeschüchtert sein sollen, aber er zuckte mit kosmischer Gleichgültigkeit die Schultern, als wollte er sagen: Echt, ihr steht auf Schuhe? Von da an schien ihm jeglicher Respekt völlig egal zu sein, und er reagierte mit dem gleichen Schulterzucken, als ich ihn in der sechsten Klasse fragte, warum er Gandhis Autobiographie lese. Unter seinem Einfluss wurde ich vom verwirrten, rambobegeisterten Brandstifter zum wohl jüngsten Kentuckyer aller Zeiten (wenn ich das in aller Bescheidenheit sagen darf), der jemals Mitglied der American Socialist Party wurde – Trent und ich haben am gleichen Nachmittag unsere Mitgliedsanträge abgeschickt.

Mein Vater fand ihn toll und stellte ihm gerne Suggestivfragen, weil er wusste, dass er von ihm eine knackige Antwort erwarten konnte. Einmal holte uns mein Vater von der Scribner Junior High ab, wo wir beide die siebte Klasse ableisteten, und sah einen riesigen Halbstarken in eins der anderen Autos steigen. Die Schule ging nur bis zur achten Klasse, aber der Kerl hätte sich innerhalb von zwölf Stunden einen Vollbart stehen lassen können. Also fragte mein Vater: »Hey, Trent, wie *alt* ist der da denn?« »Keine Ahnung«, erwiderte Trent, »zahlt bestimmt schon Steuern.« Mein Vater war glücklich. Und zitierte den Spruch später gerne.

Es tut gut, Trents Erinnerungen an meinen Vater zu hören. Er erzählt von dem Sommer, als er mit uns nach Nordmichigan fuhr und mein Vater beschloss, nur noch in Bob-Dylan-Texten zu kommunizieren. Er hatte einen ramschigen kleinen Panasonic-Kassettenrekorder, mit dem er auch manchmal Interviews aufnahm, und volle zwei Tage lang holte er den hervor, wann immer man ihm eine Frage stellte, und legte die passende Dylan-Kassette ein. Dann musste man ein paar Minuten warten, bis er die richtige Stelle hatte (wir spielten natürlich unter anderem deshalb mit, weil wir selbst sehen wollten, ob er es hinbekommen würde). Dann hielt er den Rekorder hoch und spielte stolz die Songzeile ab, die seiner Meinung nach die Frage beantwortete.

Um halb fünf Uhr morgens sind wir drei – Trent, Laura und ich – in der Bar des Brown Hotel, wo sonst keiner mehr ist, versuchen, Zigaretten zu kaufen, und pennen auf den Sofas ein. Mein Bewusstsein bäumt sich ein letztes Mal zu dem Gedanken auf, dass ich am nächsten Morgen noch so viel wie möglich aus dem *Courier* über das Derby erfahren muss.

Um neun Uhr sind meine Gastgeber wieder taufrisch und fordern mich auf, mir einen Schlips zu binden. Trents Familie kommt uns zum Derby abholen. Zumindest gehe ich davon aus, also strecke ich ihnen eine zittrige Hand mit meinem Parkausweis für die Churchill Downs entgegen, wie um zu sagen: Nehmt ihn, sonst habe ich nichts. Aber wie sich herausstellt, fahren wir nicht zu den Churchill Downs. Sondern zu einem alten Verschiebebahnhof im Nordwesten der Stadt. Trents Frau und seine Mutter tragen fantastische Hüte, die Letztere selbst kreiert hat. So große Hüte habe ich noch nie gesehen, sie sind so extravagant, dass sie jede Grellheit überwinden und einen verblüffenden Flair ausstrahlen (das soll keine Aussage über Geschmacksfragen sein, denn genau so will es die Tradition). Trents Vater trägt einen Boater Hat. Er sieht mich im Rückspiegel an, und ich merke, dass mir der Kiefer runterhängt. Trent sagt: »Alte Binsenweisheit: Je lauter am Derbyabend, desto leiser am Derbytag.«

Am Verschiebebahnhof steht eine Reihe aufbereiteter alter Waggons von der Southern Railroad auf einem Gleisrest. Mittlerweile bin ich vollends verwirrt. Steht mir hier gleich eine Überraschung bevor? Man kann mir wohl offen ansehen, dass ich eine Erläuterung unserer Reisestrecke sowieso nicht verstehen würde. Vielleicht hat das Ganze etwas mit der Firma von Trents Vater zu tun, vielleicht ist es eine Belohnungsveranstaltung für treue Mitarbeiter.

Wir steigen in den Zug, der klimatisiert ist, wie sich herausstellt. Dutzende Männer und Frauen stehen mit Cocktail in der Hand herum. Die Männer sind sportlich gekleidet mit pastellfarbenem Polohemd unter dem marineblauen Blazer; sie haben die seltsame Jungenhaftigkeit an sich, die so viele weiße Männer aus dem Süden sich ihr Leben lang erhalten. Ich versuche – setze an, scheitere, setze wieder an – mir eine Tasse Kaffee an den Mund zu führen, als schon verkündet wird, dass wir nun aus dem Zug in den Bus umsteigen, der daraufhin mit Polizeieskorte abfährt. Ich habe immer noch keinen Schimmer, was überhaupt los ist. Aber es steht außer Frage, dass wir nun Richtung Churchill Downs fahren. Vorne steht einer mit einem Mikrofon und liest die Wett-Tipps der Kolumnisten aus der *Daily Racing Form* vor. Wir fahren durch hübsche, alte Mittelklassegegenden, einen Teil Louisvilles, an den ich mich nicht erinnere. Sonnenschein. Kinder im Garten. Knapp zwei Kilometer von der Rennbahn halten sie schon Schilder hoch: »Parken. $ 2.«

Als der Bus mit einem Zischen auf dem Parkplatz hält, fragt mich Trents Vater, ob ich später auch wieder mit ihnen im Bus zurückfahren möchte. Ich verzichte und sage, ich wolle nach dem Rennen noch etwas bleiben und mir die Aufräumarbeiten ansehen, »ein paar Eindrücke sammeln, wissen Sie?« Das wird sich als folgenschwerer Fehler herausstellen.

Ich komme unbehelligt durch den Presseeingang und gehe direkt auf die Pressetribüne, weil ich weiß, dass ich mich da in Ruhe hinsetzen, Kaffee trinken und wenn nötig kotzen kann. Aber die frische Luft hier oben weckt mich auf, und während ich in der *Racing Form* blättere, mir die Rennbahn und das Infield anschaue, wo sich schon allmählich die Gäste versammeln, kommt mir typisches Sportreporter-Geplänkel zu Ohren:

»Gestern durfte ich ein Dinner mit zwei wunderschönen Frauen genießen.«

»Lass mich raten … deine Schwester und deine Mutter, ja?«

»Nein, meine Schwester und meine Ex, Krystal. Aus Nashville.«

»Ach ja, ich weiß noch. Die mit dem Mondgesicht!«

»Was?«

»Ach, du weißt schon.«

»Aber du hast es ausgesprochen. Das sagt man nicht.«

Ein anderer Schreiberling lässt verlauten: »Ganz ehrlich, die Pferde dieses Jahr sind doch verkackter Bockmist.«

Draußen stehen entlang der Dachkanten finstere Gesellen mit dunkler Weste und Sonnenbrille. Sie tragen Scharfschützengewehre. Die Sicherheitsvorkehrungen sollen dieses Jahr besonders hoch sein, was unter anderem an der Anwesenheit von Prinz Salman und den Maktums liegt, Vertretern der weltlichen arabischen Regierungen, die zu den wenigen Menschen auf der Welt gehören, die islamische Fundamentalisten noch mehr hassen als uns und die Israelis. Man musste alle Verpflegung und Getränke in durchsichtigem Kunststoff haben, wenn man durch die Kontrolle wollte. In den fünfundvierzig Sekunden, die ich mich dort aufhielt, sah ich, wie einer Frau ihre Chips abgenommen wurden und sich ein Mann von seiner Plastikfernglasattrappe trennen musste, die in Wirklichkeit ein Flachmann voll Bourbon war.

Zwei alte Freunde von mir aus Lexington, Chris und Becky Johnson, und Chris' Bruder haben Plätze knapp über Rennbahnhöhe direkt am Zieleinlauf. Als ich sie finde, lassen sie durchsichtige Plastikbeutel voller echt Kentuckyer Schinkenbrötchen herumgehen, mit denen sie auch mich versorgen. Am Himmel schwebt ein Werbezeppelin, und zwei Propellerflugzeuge ziehen Spruchbänder: »Merrill Lynch diskriminiert Frauen« und »Déjà Vu: Totally Nude Gentlemen's Club. SHOWGIRLS.«. Die Sonne wird heller. Ein Typ mit Panamahut raucht einen Joint neben einer Army-Soldatin in Tarnkluft, und sie lächelt. Man fotografiert die beiden.

Chris und seine Brüder John und Patrick führen gemeinsam eine

Blumenfirma, und sie erzählen eine Geschichte vom Vorjahresderby, als sie sich den traditionellen Derbykranz einmal genauer anschauen wollten, den man dem Siegerpferd umlegt. Als sie ihn fanden, wurde er von einer Frau bewacht.

»Hey, was sind das eigentlich für Rosen?«, fragte John.

»Oh, das sind ganz *besondere* Rosen«, antwortete die Frau, »hier bei uns aus Kentucky.«

»Blödsinn, die sind aus Ecuador.«

»Ja, okay«, erwiderte sie, »aber sagen Sie es nicht weiter, ja?«

Die »Undercard-Rennen«, die nicht im Fernsehen gezeigt werden, sind im Gange, bevor »das große« immer irgendwann gegen Tagesende kommt (wenn es denn ein großes gibt). Meine Freunde diskutieren über ihre Wetten, aber ich will mein Geld bis zum Derby bei mir behalten, weil es das einzige Rennen ist, bei dem ich das Starterfeld studiert habe. Über die letzten acht Monate habe ich auch an meinem persönlichen Wettsystem gefeilt, das besonders auf Rennen hochrangiger Jungpferde zugeschnitten ist, zu denen ich am häufigsten gehe. Und es geht *comme ça:* einen anständigen Betrag auf den ersten oder zweiten Platz, und das für jedes Pferd mit einer Quote zwischen zehn und zwanzig zu eins. Das Sullivan-System wurde größtenteils aus der Not heraus entwickelt – an der Rennbahn trabte ich die ganze Zeit mit meinem Notizblock herum, trat in Pferdeäpfel und versuchte ein Pferd vom anderen zu unterscheiden, also hatte ich keine Zeit, Statistiken und Hintergründe zu studieren –, aber ob per Zufall oder nicht, bisher liege ich damit vorne.

Unten am Sattelplatz, dem runden Bereich, in dem die Pferde auf das Rennen vorbereitet werden, drängen sich die Leute am Geländer, aber nicht etwa, weil sie die Pferde sehen wollten, sondern die Promis, die auch nicht wegen der Pferde hier sind, sondern wegen einander und weil sie der *USA Today* ihre Schokoladenseite hinhalten wollen. Sean »Puffy« Combs ist da, in einem weißen Anzug, außerdem Joey Fatone von 'N Sync, der mit dem Schuhcreme-Ziegenbärtchen; und auch Kevin Richardson von den Backstreet Boys, der schmalgesichtige mit dem Ziegenbärtchen aus dem Kostümladen. Richardson kommt aus Lexington: Ich habe ihn mal vor einem Spiel der Wildcats »The Star-Spangled Banner« singen hören, und er gab wirklich alles. Irgendjemand fragt: »Hey, ist das Britney Spears?« Aber nein, es ist Jessica Simpson, eine andere jugendliche Popsängerin. Auch Ivana Trump ist hier und trägt einen geschmackvollen Federhut.

Es ist noch nicht spät am Tag, aber zu meinen Füßen liegt bereits das ewige Sinnbild jugendlicher Schande: das barfüßige Mädchen, das sich nicht mehr auf den Beinen halten kann, in einer Lache ihres eigenen Bieres; das Kleid, das schon zu kurz war, als sie noch stand, gibt nun die Sicht frei auf ihren letzten verbleibenden Flecken nicht sonnenverbrannter Haut. Ihre Freundinnen stehen drei Meter weiter. Eine fragt die andere: »Sollen wir ihr helfen?« Keine regt sich.

Ein stämmiger Fratboy mit weißem T-Shirt und weißer Cap brüllt Ivana an, und die anderen verstummen tatsächlich, um ihn zu lassen. »Ivana!«, blökt er. Sie plaudert weiter mit jemandem. »IVANA! Wir lieben dich, Ivana!« Sie dreht ihm den Rücken zu, aber jetzt wissen alle, dass sie es absichtlich tut, was ein lustiger Anblick ist. Er hat den Schleier durchstoßen. Erkühnt brüllt er nun: »Ivana! Warum hast du nach der Scheidung den Nachnamen behalten, Ivana?«, was seltsam spezifisch und wenig brüllaffentypisch scheint. Vielleicht spürt er seinen Fauxpas und widmet sich nun lieber Puffy, der kürzlich den Namen zu P. Diddy gewechselt hat. »P. Daddy! P. Daddy!«, schreit er.

Ein paar Leute kommen auf die Stimmungskanone zu und wollen wissen, wie er so drauf ist. Stolz erzählt er ihnen allen, dass er aus Illinois kommt. Sonst weiß er offensichtlich nichts über sich zu sagen. Dann stellt sich eine Frau neben ihn, klopft ihm auf die Schulter und haut ihm herzhaft auf den Rücken, wenn er eine seiner Tiraden loslässt. Sie verhält sich geradezu mütterlich ihm gegenüber, denke ich mir. Dann höre ich, wie sie ihn im Gespräch mit einem Dritten »mein Sohn« nennt.

In Anbetracht des Verhaltens dieses Irren und seiner Erziehungsberechtigten stellt sich eine Frage bezüglich der Leute auf dem Sattelplatz selbst, nämlich: Was für ein Mensch lässt freiwillig so eine Freiluft-Cocktailparty ohne Häppchen, aber mit vielen Fremden unter sengender Sonne in einer Art Gefängnisinnenhof über sich ergehen, trägt dazu ein absonderliches Outfit und gibt sich lässig, während er von Hunderten, wenn nicht Tausenden besoffener Hinterwäldler begafft und beleidigt wird? Wieder kommt man zu der bedrücken-

den Einsicht, dass es im Pferderennsport nur um die Reichen geht, und die Reichen sind hässlich. Es gibt nichts, was sie nicht verderben könnten. Und wenn es noch eine andere Sache gibt, um die es im Pferderennen geht, dann um Leute, die kein Geld haben, erst recht keins zu verlieren,[17] und es dann doch tun.

Deshalb ist es ein schöner Moment, wenn die Pferde selbst auftreten, in ihrem majestätischen Unwissen, und einen inmitten all dieser Beschissenheit ihre Gegenwart spüren lassen. »Ach, Pferd, Pferd, Pferd«, schrieb D.H. Lawrence in einem Brief, »wenn du austrittst, zerschmetterst du jedes Mal einen Zwinger«, und endlich verstehe ich, was er meinte. Nur Menschen, denen der Ruhm die Seele gänzlich ausgehöhlt hat, drehen sich nicht nach den Dreijährigen um, die ihre langsame Runde um den Sattelplatz drehen. Und nach den Jockeys! Wie kann man denn einen Sport nicht lieben, der sein eigenes Bataillon kleiner Männer hat mit ihren grellbunten Anzügen, ihren jungen Gesichtern und ihrer ambivalenten Quasi-Kleinwüchsigkeit. Es sind perfekte kleine Menschen, mit dem Schrumpfstrahl beschossen und überraschend bemuskelt. Es ist, als hätte die Evolution eine spezielle Menschenart hervorbringen müssen, damit die Vollblutpferde ihre Reiter haben.

Der Werbezeppelin schwebt direkt über uns vorbei und verdunkelt kurzzeitig die Sonne, und ich entscheide mich, auch selbst den Sattelplatz zu betreten, nachdem ich mir schon all die Mühe gemacht habe, um einen Presseausweis zu bekommen. Aber es ist schon fast Zeit zum Derby. An dem ersten Sicherheitsmann komme ich noch vorbei, aber dann drückt mir ein anderer mit einer neueren Uniform die Hand auf die Brust und sagt: »Nur, wenn du zu NBC gehörst.« Während er mich wieder hinauseskortiert, sehe ich Bob Baffert, der mit der Rechten eine Hand schüttelt und mit der Linken ein Pferd tätschelt. Letzten Abend hatten er und bin Salman noch zwei Pferde im Derby, aber das eine, Danthebluegrassman, wurde diesen Morgen gestrichen, also bleibt ihnen nur noch eins, ein schwarzer Hengst mit einem weißen Stern zwischen den Augen, War Emblem, der nervös mit dem Kopf schlägt. Bis diesen Morgen hatte ich noch nie von ihm gehört. Baffert wirkt selbstsicher, obwohl die Presse ihn schon dafür niedergemacht hat, dass er Danthebluegrassman so spät angemeldet hatte, weshalb ein anderer Trainer, und zwar einer aus Kentucky, überhaupt nicht zum Rennen zugelassen werden konnte.

Irgendwo auf dem sagenumwobenen »Infield« (dem Rasen im Inneren der Rennbahn) habe ich eine Cousine, also gehe ich sie suchen und erhoffe mir dort so einige Anblicke. Doch auch hier werde ich enttäuscht. Die Leute auf dem Infield sind ausnehmend *brav* (darüber berichten am nächsten Morgen alle Zeitungen – so wenige Anzeigen wie nie zuvor). Die schwerbewaffnete Polizei und die Plastiktütenvorschrift zeigen Wirkung. Ich rechne mit wenigstens ein paar hergezeigten Möpsen und der einen oder anderen Messerstecherei, aber mehr als ein paar Gummirutschbahnen und Saufhandstände am Bierfass sind nicht zu sehen, Männer küssen Frauenbäuche, so was in der Art, wobei das Infield immer noch ein schöner Ort ist, um die Art typisch Kentuckyer Gesicht zu bewundern, die die moderne Zahnmedizin und Ernährungsrichtlinien anderswo haben aussterben lassen. Ein Südstaaten-Klischee, das ganz und gar nicht übertrieben ist, und das vielleicht auch die alte Binsenweisheit untermauert, die Appalachenbewohner hätten an einem Teil der kulturellen Erbschaft Englands festgehalten, den der Rest des Landes leichtfertig aufgegeben hat, ist bei vielen Kentuckyern der bestaunenswerte Zustand der Zähne, die allem Anschein nach stets in

Gruppen ausfallen oder ausgeschlagen werden, was so manchem Lächeln hier eine geradezu schockierende Wirkung verleiht.

Ich komme gerade rechtzeitig an den Platz, den mir meine Freunde frei gehalten haben, als die Pferde an den Start gebracht werden, deren Haarkleid in der perfekten Sonne schimmert wie lackiert, während auf ihnen die Jockeys schweben. Jedes Pferd wird von einem treuen »Führpony« begleitet, das weniger nervös ist als das Vollblutpferd, das instinktiv das Gesicht im Nacken des Ponys verbirgt, während es sich der Startbox nähert, als hätte es Angst vor den vielen Menschen. Eine Lautsprecherstimme verkündet, dass wir jetzt »My Old Kentucky Home« singen. Hier und dort wird ein Taschentuch gezückt, als ein Sohn oder eine Tochter Kentuckys feuchte Augen bekommt. In der Box direkt vor uns ist eine Gruppe Jungs aus gutem Hause Ende zwanzig, wie man sie überall im Süden sieht – scheinbar stets an der Schwelle zur Entdeckung der eigenen Homosexualität. Sie tragen einigermaßen aufeinander abgestimmte, maßgeschneiderte Popelin-Anzüge und Hemden von zartestem Pastell und halten einander im Arm. Jeder schaut den anderen ins Gesicht, während sie sich im Gesange wiegen, als wollten sie sich jeder versichern, dass sein Gegenüber dasselbe empfindet. Bei der zweiten Liedzeile – die erst 1972 im Programmheft von Stephen Fosters »'Tis summer, the darkies are gay« zu der geändert wurde, die ich in der Schule gelernt habe: »'Tis summer, the people are gay« – grinsen sich die Jungs breit an und grölen die alte Version.

Das Singen dieser Zeile ist ein aufgeladener Moment in der Geschichte des Derbys. Selbst zu jenem späten Termin kämpften die Weißen noch heftig gegen die Änderung an – man darf nicht vergessen, dass auf der Rennbahn noch bis tief in die Fünfziger strikte Rassentrennung herrschte: getrennte Eingänge, getrennte Tribünen, getrennte Toiletten, alles, und das bei einem Sport mit einer Geschichte nicht nur hingebungsvoller und tüchtiger schwarzer Pferdepfleger, die wohl noch ins alte, weiße Südstaatenbild von »ihrem Platz« passen, sondern auch von herausragenden schwarzen Jockeys. Zu dem Thema gibt es ein tolles Buch von Edward Hotaling, dem Journalisten, der dafür berühmt ist, dass er den Kommentar über schwarze Basketballspieler von Jimmy the Greek auf Band bekam, der dessen

Karriere beendete (dieser hatte gemutmaßt, schwarze Spieler seien die besseren, weil die Sklavenhalter damals »zur Vermehrung die großen Kerle mit den großen Frauen zusammengetan« hätten). In *The Great Black Jockeys* beschreibt Hotaling die grotesk grausamen Szenarien, die sich in den Kolonien oft entwickelten, wo den Plantagenbesitzern sowohl Pferd als auch Reiter gehörten: Sklaven, die im Rennen um ihre Freiheit antraten, Besitzer, die am gleichen Nachmittag Pferde und Jockeys kauften, Sklaven, deren Wettstreit entschied, ob andere Sklaven – teilweise ihre eigenen Verwandten – verkauft wurden. Zum großen Teil aufgrund dieser erzwungenen Erfahrung betrachtete man noch lange nach dem Bürgerkrieg Schwarze als die besten Jockeys. Beim ersten Derby im Jahre 1875 waren dreizehn der fünfzehn Jockeys schwarz, darunter der Sieger. (Aber fragt man uns Südstaatler heutzutage, warum die Dekojockeys auf dem Rasen immer schwarz sind, haben wir in der Regel keine Ahnung.) Bei diesem Derby habe ich bisher nur wenige schwarze Gesichter gesehen, und zwar bei ein paar reichen Rappern auf dem Sattelplatz.

Der Text von Fosters berühmtem Lied »My Old Kentucky Home« ist eine vollständige Betrachtung wert. Er geht anders, als man es wohl erwarten würde. Die »darkies« sind eigentlich gar nicht »gay«, also fröhlich – nicht einmal in dem Lied selbst –, Foster zieht hier alle Register, weil er sehen will, ob er einen dazu bringen kann, zum Taschentuch zu greifen. Komponiert hat er das Lied auf einer Party, einem »gay ball« in einem alten Südstaatenanwesen, zwischen tanzenden Südstaatenpärchen. Wir können ihn uns vorstellen, wie er den letzten Vers auf die Rückseite seiner Notenblätter kritzelt, während er so tut, als würde er dem besoffenen Sohn eines Großgrundbesitzers dabei zuhören, wie er davon faselt, dass die Sklaven *seiner* Familie sich nie beklagen:

The head must bow and the back will have to bend,
Wherever the darkey may go:
A few more days, and the trouble all will end

In the field where the sugar-canes grow,
A few more days for to tote the weary load.
No matter 'twill never be light,
A few more days till we totter on the road.
Then my old Kentucky Home, good-night!

»No matter 'twill never be light.« Dem kommen nur wenige Liedtexte an schierer Hoffnungslosigkeit nahe, bis auf den frühen Blues und vielleicht britischen Heavy Metal. Die Derbyleitung sollte das ganze Lied singen lassen, nicht nur die eine Strophe mit dem verharmlosten Vers.

Mehrere von Fosters Liedern waren zu seinen Lebzeiten Hits, und er konnte einen lukrativen Tantiemenvertrag mit einem New Yorker Musikverlag abschließen. Aber er war ein Alkoholiker von seit John Robert Shaws Tagen nur noch selten gesehenen Ausmaßen und soff sich chronische Schulden an, derentwegen er begann, seine Stücke für Dollarbeträge zu verkaufen, die er sogleich wieder für Bier ausgab.

Er starb 1864, während der Bürgerkrieg tobte, in einem Hotel an der Bowery. Vorher hatte er einige Tage bettlägerig mit dem Fieber gekämpft; seine Frau und sein Kind hatten ihn schon lange zuvor verlassen. Er stand mitten in der Nacht auf und wollte ein Zimmer-

mädchen um Hilfe rufen, aber er verlor das Bewusstsein und stürzte, wobei er sich den Kopf an einem Waschbecken anschlug. Stunden später wurde er von George Cooper gefunden, einem seiner letzten verbleibenden Freunde. Cooper beschrieb die Szene so:

> Steve trug niemals Nachtkleider, und er lag dort nackt auf dem Boden und litt fürchterlich. Er hatte wunderbar große, braune Augen und sah mich mit einem Flehen an, das ich nie vergessen werde. Er flüsterte: »Um mich ist's geschehen«, und bat um einen Drink ... Wir zogen ihn an und brachten ihn ins Krankenhaus.

Foster starb drei Tage später. Die Geschichtsschreibung listet seine Habseligkeiten zum Zeitpunkt des Todes auf: In seiner verschlissenen Ledertasche lagen achtunddreißig Cent und ein Zettel, auf den er mit Bleistift geschrieben hatte: »Liebe Freunde und sanfte Seelen.«

AUF DER ZIELGERADEN

Das Erlebnis eines Pferderennens ist stark von der Platzwahl eingefärbt. Hier unten am Ziel bekomme ich das Feld zweimal zu sehen – einmal beim Start und einmal ganz am Ende – vom Rest des Rennens sehe ich nichts. Ich habe nicht mal einen der Riesenbildschirme an den Kurven im Blick. Von der Pressetribüne (dem anderen Extrem) könnte ich mit dem Fernglas den ganzen Ablauf beobachten, die Bewegungen, das Ringen um jeden Platz, wer wann die Peitsche einsetzt. Aber womöglich bin ich zum letzten Mal beim Kentucky Derby, ich will den Hufschlag der Tiere schmecken und ihnen in die Augen sehen.

Als die Türen aufklappen, rauschen die Tiere über die Bahn wie ein Sturm, ihre Beine ziehen eine Staubwolke hinter sich her, die Farben der Jockeys flackern kaleidoskopisch im Sonnenlicht. Ich erschrecke mich vor dem Donnern der Hufe. Es überwältigt sogar das Publikum. Ich staune so sehr über den Anblick der Pferde, dass sie schon um die Kurve verschwunden sind, bis ich mich wieder gesammelt habe. Wir, die wir so nah am Ziel sitzen, lauschen den Worten des Rennbahnsprechers und warten darauf, dass sie wieder auftauchen.

Während sich das Rennen mit den scharfen, metallischen Worten des Sprechers entwickelt, fällt mir auf, dass mir unbekannte Namen dominieren, vor allem einer, nämlich War Emblem, der von Anfang an führt. Wir kneifen die Augen vor der Sonne zusammen, damit wir das Feld aus der letzten Kurve kommen sehen, und als es kommt, liegt War Emblem immer noch vorne. Er kommt über die Ziellinie, ohne auch nur einmal die Führung verloren zu haben, das Grün und Weiß der Thoroughbred Corporation – oder der Flagge Saudi-Arabiens – flattert auf dem Rücken des Jockeys.

Das Publikum ist seltsam leise. Es wird eher geklatscht als gejubelt. Von diesem Pferd hat man vorher kaum etwas gehört, und der Großteil der Wetter setzt nach dem, was man hört, weshalb Rennbahnen Geld abwerfen.

In den Interviews nach dem Rennen sind Baffert und bin Salman ernsthaft begeistert. »Die letzten hundert Meter«, sagt Baffert, »die hätten meinetwegen ewig so weitergehen können.« Die Reporter gehen verständlicherweise behutsam mit der Tatsache um, dass der Prinz ausgerechnet in diesem Jahr zum ersten arabischen Derbysieger überhaupt wird, und nicht nur irgendein Araber ist, sondern ein Saudi mit einem »bin« im Namen. Der Prinz kommt selbst darauf zu sprechen und sagt, er habe nicht für sich gewonnen, sondern »für die Saudis, die großen Freunde der Amerikaner«, aber als ein wackerer Reporter etwas sagt in Richtung: »Finden Sie das nicht ein bisschen schräg?«, tut bin Salman die Sache ab. »Ich bin Geschäftsmann, kein Politiker«, sagt er – eine seltsame Anmerkung von einem Prinzen, aber in diesem Fall eine wahre. »Solche Fragen überlasse ich unseren und Ihren Politikern.«

Für die Presse interessanter ist die Frage, ob bin Salman und Baffert »das Rennen gekauft haben«. Die Geschichte, wie sie zu War Emblem kamen, ist ganz und gar unromantisch und zutiefst amerikanisch. Drei Wochen vor dem Derby fiel ihnen auf, dass sie keinen Sieganwärter hatten. Das konnte Bob Baffert nicht hinnehmen, der das Rennen schon zweimal gewonnen hatte. Dann schaute sich der Prinz eines Tages zu Hause in Riad das Illinois Derby im Satellitenfernsehen an, und ihm gefiel das Gewinnerpferd, das von Anfang an in Führung gelegen hatte. Also rief er Baffert an, der prompt den jungen Hengst seinem bisherigen Besitzer, einem Chicagoer Stahlmagnaten namens Russell Reineman, für 900 000 Dollar abkaufte (über die Verkaufsentscheidung ließ Reineman später verlauten: »Das Stahlgeschäft läuft in der letzten Zeit sehr schlecht.«). Baffert mochte War Emblem, auch wenn der Hengst es ein bisschen mit den Nerven hatte (bevor er im September 2001 sein erstes Rennen hätte laufen sollen, warf War Emblem seinen Jockey ab und rannte vom Sattelplatz hinaus auf den Parkplatz), also bereitete der Trainer ihn von da an nur noch auf die Triple Crown vor. Alles in allem könnte die Geschichte nicht weniger zu dem passen, was Pferderennfans und die Leute, die für sie schreiben, gerne hören, am liebsten nämlich etwa: »Vom Jährling an haben wir diesen Hengst auf unserer wunderschönen Farm im Bluegrass aufgezogen, weil wir sein Potential sahen, an ihn glaubten, und deshalb stehen wir heute hier.« (Eine Woche nach dem Derby fasste John T. Ward die allgemeine Verachtung der Welt des Pferderennsports für Bafferts Vorgehen zusammen: »Wie kann ich es diplomatisch ausdrücken?«, sagte er bei einer Konferenzschaltung mit mehreren Reportern. »Am Tag des Derbys fiel das Echo etwas gedämpfter aus als sonst.« Und John Clay, ein Sportkolumnist beim *Lexington Herald-Leader*, schrieb später: »Es war, als wäre die Triple Crown an den höchsten Bieter gegangen.«)

Bin Salman entscheidet sich nicht für die meiner Meinung nach offensichtliche Antwort hierauf, die lauten würde, dass Reineman und sein Trainer Frank Springer War Emblem überhaupt nicht für das Derby hatten anmelden wollen (das Pferd hat Gelenkchips und andere »Belastbarkeitsproblematiken«), was bedeutet, dass niemand von uns in den Genuss gekommen wäre, War Emblem laufen zu sehen. Stattdessen gibt bin Salman eine direktere und wohl auch wahrere Antwort. Ich finde seine Worte erfrischend: »Jeder kauft das Derby, schließlich muss man ein Pferd kaufen oder ausbilden, wenn man gewinnen will ... Wenn Sie mir [nächstes Jahr] vorher sagen können, wer gewinnt, dann kaufe ich auch den.«

Als die Interviews vorbei sind, trete ich vorne an den Rand der Pressetribüne und lasse den Blick über die Rennbahn schweifen. Hier saß mein Vater vor neunundzwanzig Jahren – links ist die Kurve, aus der er Secretariat hat davonziehen sehen. Ich hätte nach seinen alten Kollegen Ausschau halten, mich vorstellen sollen, aber alles ging so schnell. Jetzt steht die Sonne tief. Das letzte Rennen des Tages ist gelaufen, und die Leute fliehen – ja, das ist der richtige Ausdruck. Über dem Infield kreisen Hubschrauber. Jegliche Energie, die mir meine drei Stunden Schlaf verschafft haben, ist mittlerweile verbraucht, und ich beschließe, doch mit dem Bus mitzufahren, wie es mir Trents Vater angeboten hatte.

Ich drängle mich durch die Menschenmengen, stapfe durch Bierbecher und wie von einem Tornado mitgerissene Mengen an Papiermüll, vorbei an einem Typen mit blauem Satinjackett, der am Fuße einer Stahlsäule kauert und in die Hände schluchzt. Draußen auf dem Parkplatz schieben sich schon die verdunkelten Limousinen mit P. Diddy, Ivana und Konsorten durch die Massen Richtung Governor's Ball. Ich rufe Trent auf dem Handy an, aber er sagt mir, der Bus sei schon abgefahren. Ich muss mir ein Taxi rufen, was ja nicht so schwierig sein kann. Ich gehe die Straße entlang, die auch alle anderen entlanggehen, und komme an einem kleinen schwarzen Jungen in einem Vorgarten vorbei, der ein Schild hochhält mit der Aufschrift: »Wenn du berühmt bist, bitte winken!« Weiter vorne ist der Taylor Boulevard, auf dem dichter Verkehr herrscht. Da winke ich mir ein Taxi heran oder rufe an, dass mich eins abholen soll.

Drei Stunden später sitze ich vor einem Rally's-Restaurant am Taylor Boulevard an einem Plastiktisch, in dem wacklig ein Sonnenschirm steckt, und mir wird langsam kalt. Es ist dunkel. In der Zwischenzeit haben mir vier Taxifirmen versprochen, dass mich in zwanzig Minuten ein Wagen abholt. Vierzehn Taxis sind an meinem ausgestreckten Arm vorbeigefahren (ich habe nichts Besseres zu tun, als all das aufzuschreiben). Vor lauter Langeweile und um nicht wie ein Penner auszusehen, habe ich mir drei verschiedene Essen bestellt, die sich nun gegen meine Eingeweide verbünden. Trent will ich nicht anrufen, weil er weit draußen wohnt und der Verkehr schlimm ist.

Wenn man die andere Seite des Derbys sehen will, alles, was übrig bleibt, wenn der Typ von 'N Sync und der von den Backstreet Boys weggefahren wurden, dann kann ich den Platz an einem Außentisch bei Rally's am Taylor Boulevard nur empfehlen, wenn gegenüber hinter Edward's Olde Taylor Bar die Sonne untergeht. Die Anblicke geben einem zu denken. Die Leute, die hier vorbeikommen, sind so besoffen, dass sie anscheinend kaum noch etwas sehen, sie stolpern in Hauseingänge hinein und wieder heraus (denn überall ist Party), als vermuteten sie in jedem ihr Zuhause, sie krabbeln auf allen vieren, sie kotzen und brüllen. Jede Frau, die vor Edward's vorbeigeht, wird belästigt, ihr wird nicht bloß nachgepfiffen, sondern es wird richtig gruselig. Die Magie der Churchill Downs ist nur ein paar Hundert Meter entfernt.

Nach einer langen Zeit bin ich mit meinen Ideen durch (anrufen, wie ich mit dem Bus nach Hause komme – hier fahren keine; zwei Polizisten fragen, ob sie mich mitnehmen – keine Chance), also stehe ich auf und vertrete mir die Beine. Ich gehe den Taylor Boulevard entlang in Richtung der Straße, die wieder zu den Churchill Downs führt. Zwei Männer stolpern aus einem Haus, und obwohl sie mich gerade erst gesehen haben, gehen sie gleich auf mich los. Der vordere, der wie etwa fünfzig aussieht und einen alten Blaumann mit passender Truckermütze trägt, hält mit mir Schritt und sagt: »Hey, Kollege, schicker Anzug.«

Ich schaue zu Boden. Zum Glück habe ich den Schlips schon abgenommen und in die Tasche gesteckt, aber ich trage immer noch einen marineblauen Blazer, wie so ein Nobelinternatsschüler. In meinem Kopf sprechen sich vier Worte laut aus: *Jetzt bist du dran.*

»Danke«, erwidere ich.

»Ich bin hart wie ’ne Schrotkugel«, sagt er. Die Formulierung habe ich noch nie gehört, aber das sind eben seine Worte.

»Kann ich mir vorstellen«, sage ich.

»Solltest du auch«, sagt er.

»Mache ich auch.«

Wir sind stehen geblieben. Es gibt eine unangenehme Pause. Aus der Nähe sehe ich, dass sein Gesicht nussbraun ist, was von Jahren voller Öl und Sonne und Tabaksrauch kommt. Unter der Mütze schauen silbrige Locken hervor. Aber seine Augen funkeln. »Ich bin Ire«, sagt er ohne großen Zusammenhang, außer dass er mir gleich eins auf die Fresse geben will.

»Ich auch!«, sage ich und wittere einen Ausweg.

Aber er bellt zurück: »Leck mich!«

»Nein, echt jetzt«, erwidere ich und sage meinen Namen.

Wieder: »Leck mich!«

»Ich bin aus New Jersey«, sagt er.

»Echt?«, sage ich, hoffentlich ohne dass sich meine Stimme überschlägt. »Ich bin aus New York.«

»LECK MICH!«

In dem Moment holt sein Freund uns ein und geht begründetermaßen davon aus, dass wir einander drangsalieren. Er trägt das gleiche Outfit, ist aber kleiner und sieht noch ein bisschen fieser aus. Er sieht wie Popeye aus, bis hin zu den zusammengekniffenen Augen. Er stürmt direkt auf mich zu und hält mir die bebende Faust so dicht unter die Nase, dass ich den Alkohol rieche, den er drübergekippt hat.

»Du verpisst dich hier lieber ganz schnell mal«, brüllt er. »Zurück zu deinen *Freunden.*« Das letzte Wort sagt er so, als wären *Freunde* so ziemlich das Widerwärtigste, was ein Mensch haben kann. Ich sehe mich nach dem Haus um. Leute von der Party kommen raus auf die Veranda und schauen, ob sie jemanden verprügeln helfen können. Es kann nur noch schlimmer werden.

»Ich habe keine Freunde«, sage ich und weiß schon während diese ungewollt erbärmliche Worte meinen Mund verlassen, wie die Antwort lauten wird.

»*LECK MICH!*«

»Nein, im Ernst. Ich will bloß noch weg hier.«

Nun passiert etwas Unerwartetes. Der erste Mann verändert sich auf einmal. Seine Fratze wird weich. Er wendet sich ab und blickt die Straße entlang Richtung Edward's. »Mann«, sagt er mit flehentlichem Ton, »kannst du mir mein Auto suchen helfen? Ich kann mein Scheißauto nicht mehr finden.« Sein Freund scheint verwirrt von dieser spontanen Abkehr von dem unausgesprochenen, aber absolut eindeutigen Auf-die-Fresse-Plan.

»Ich glaube nicht, dass ich Ihnen helfen kann«, sage ich. »Ich sitze hier selber fest. Ich warte schon seit Stunden.«

»Hör zu«, sagt er. »Wenn du mein Auto findest, fahren wir dich hin, wo du willst. Musst uns nur am Casino absetzen.«

Das Casino befindet sich auf einem Schiff im Ohio River. Ich habe im *Courier* davon gelesen. Es gräbt den Churchill Downs das Wasser ab, ein Dorn im Auge der Rennbahn. Ich sehe über die komplizierte Logik dieses neuen Planes hinweg und sage: »Tut mir leid. Ich glaube wirklich nicht, dass ich Ihnen da helfen kann. Ich muss echt weg hier.«

Mittlerweile hat meine Angst so weit nachgelassen, dass ich genervt bin, und mir kommt der Gedanke, dass die Männer, ihren Baumstammarmen zum Trotze, so hackenstramm sind, dass ich ihnen beiden einen anständigen Schlag verpassen und schon zehn Meter weiter sein könnte, bevor sie reagieren. Aber der Erste, der Wortführer, überrascht mich erneut. Er nimmt mein Bedauern zur Kenntnis und versucht es mit einer anderen Tonart. »Kannst du uns denn *wenigstens* die Tittenbar finden helfen?«, quengelt er.

9692

»Der's da hinten!«, bellt sein Freund ihn an und zeigt zurück Richtung Rally's, genervt, dass er irgend so einen Blazerträger um Hilfe fragt.

»Nein, isser nich!«, brüllt der Erste.

Ich spüre, dass die Stimmung jeden Moment wieder ins Aggressive umschlagen kann, also will ich helfen und schaue die Straße rauf und runter. Dann kapiere ich, dass wir die ganze Zeit schon auf dem Parkplatz des Stripclubs stehen. Das grellgelbe Schild weist ihn klar und deutlich aus als: »Déjà Vu: Totally Nude Gentlemen's Club.« Die Männer glotzen mich an und ich zeige auf das Schild.

Sie sind so glücklich, dass ich ihre Tittenbar gefunden habe, dass sie sich anscheinend nicht mal dumm vorkommen, aber dankbar sind sie auch nicht. Der Kleine schubst mich so heftig, dass ich einen Ausfallschritt machen muss, und sagt: »Und jetzt verpisst du dich hier lieber mal. Geh zurück zu deinen *Freunden*.« Nun legen sie den Arm umeinander und hopsen geradezu durch den Eingang.

Nun, da meine neuen Bekanntschaften weg sind, gebe ich auf. Ich zücke mein hochmodernes Handy – könnte ich noch dämlicher aussehen? –, rufe Trent an und bettle ihn an, dass er mich abholt. Als ich einsteige, sagt er als Erstes: »Mann, ich kann's gar nicht fassen, dass du drei Stunden auf dem Taylor Boulevard überlebt hast.«

Am nächsten Morgen bringt der Zeitungsjunge das *Courier-Journal* – die Nach-dem-Derby-Ausgabe. Wehmütig muss ich hinnehmen, dass keiner meiner schönen Junghengste des vergangenen Jahres sich auch nur eine Erwähnung verdient hat. Die meisten von ihnen haben es nicht mal zum Rennen geschafft, weder Mayakovsky (früh gestrichen) noch Buddha (spät gestrichen), auch nicht Officer, den ich bin Salman beim Jährlingsverkauf als den besten Zweijährigen habe beschreiben hören, den er jemals gesehen habe, »ob persönlich oder im Fernsehen«. Den Jungs vom *Courier* ist das alles gleich, und sie drücken es historisch aus – in großen, fetten Lettern steht die Schlagzeile: ES IST WAR EMBLEM.

KRIEG

Hin und wieder liest man in einem militärgeschichtlichen Buch die Beschreibung irgendeiner Schlacht und zuckt zusammen, wenn man die Anzahl der getöteten Pferde sieht. Soweit ich weiß, hat noch nie jemand diese Schilderungen gesammelt und ein Buch über das Leid des Schlachtrosses durch die Zeitalter herausgebracht. Das wäre auch schwer zu lesen. Sie sind so gehorsam – das ist ihr Problem. Wir können sie auf so einen Grad der Unterordnung drillen, dass sie sich Anblicken und Geräuschen stellen, bei denen der Durchschnittsmensch die Kontrolle über seinen Darm verliert. Jahrhundert um Jahrhundert haben wir unsere wahnwitzigen Konflikte von ihrem Rücken ausgefochten, uns auf ihrem kräftigen Hals ausgeruht, wenn wir müde wurden, ihr Fleisch verspeist, wenn wir hungerten, sie aufgeschlitzt und in ihrem Inneren Unterschlupf gesucht, wenn wir froren. Kaum ein Feldtagebuch aus dem neunzehnten Jahrhundert ist ohne eine Szene wie die im *Journal* von Captain A. C. Mercer, Royal Horse Artillery, Waterloo: »Ein armes Tier löste schmerzhaftes Interesse aus – es hatte wohl beide Hinterbeine verloren; also saß es dort die lange Nacht hindurch auf seinem Schwanze, sah sich um, als erwartete es baldige Hilfe, und gab hin und wieder ein langgezogenes, melancholisches Wiehern von sich.«

Seltsamerweise sind die zwei wohl tragischsten Kapitel im Schicksal des Pferdes der Erste und der Zweite Weltkrieg, die bereits tief in der Dämmerung unserer langen Geschichte des Rittes in die Schlacht liegen. Es gibt ein ausgezeichnetes Buch mit dem schlichten Titel *Cavalry* von einem britischen Historiker namens John Ellis, das die Kultur der berittenen Kriegführung bis ins zwanzigste Jahrhundert begleitet. »Bockigkeit« nennt Ellis die haarsträubende Weigerung der europäischen Aristokratie, im modernen Krieg das Pferd als wirksames Werkzeug aufzugeben, um weiter einer »Fantasiewelt« der Lanzenreiter und Husaren anzuhängen (schließlich war der gesellschaftliche Rang der Aristokratie lange Zeit an das Pferd gekoppelt). Ellis beschreibt eine Metzelszene aus dem Ersten Weltkrieg nach der anderen, wenn irgendein hochwohlgeborener französischer oder englischer Offizier, ein nostalgisches Überbleibsel des neunzehnten Jahrhunderts, ein Kavallerieregiment ins Kampfgetümmel schickt. Und stets gehorcht man, »nur um von den deutschen Maschinengewehren niedergemäht zu werden«.

Der schlimmste Verfechter dieser tödlichen Fantasien – man könnte ihm wahrscheinlich Kriegsverbrechen gegen seine eigenen Männer vorwerfen – war der britische Field Marshal Douglas Haig, der schon 1908 dafür kämpfte, die Kavallerie vor der Bedeutungslosigkeit zu retten. »Nicht die getragene Waffe hat den größten Einfluss auf Nerven und Zielvermögen des Schützen«, sagte er, »sondern der Moralfaktor einer scheinbar unaufhaltsamen Macht, die dem Gewehrfeuer zum Trotze mit höchster Geschwindigkeit herannaht.« Im Juli 1916 stellte er dieses »mystische Gewäsch«, wie Ellis es nennt, auf die Probe, als er Schwadrone der Twentieth Deccan Horse und der Seventh Dragoon Guards gegen tief verschanzte deutsche Infanterie vorschickte. »Als sie vor dem Wald aus den Maisfeldern kamen, eröffnete ein deutsches MG das Feuer«, schreibt Ellis. Das Ergebnis: »Schwere Verluste.«

In seiner Beschreibung einer besonders grotesken Niederlage während der Schlacht von Arras 1917 zitiert Ellis einen Offizier der Highland Light Infantry:

> Begeisterte Rufe kündigten an, dass nun unsere Kavallerie komme. Und tatsächlich ritt nun hinter uns in weiter Formation eine Reihe nach der anderen zu Pferd den Hang herab und reichte über die ganze Breite der Anhöhe, so weit das Auge sah … Es hätte wohl ein schöner Anblick sein können, doch wurde es nun eine sündhafte Verschwendung von Menschen- und Pferdeleben, denn der Feind ließ sogleich einen Sturm jedweden Geschosses auf sie los … Spreng- und Splittergeschosse, Feldartillerie und dichten Kugelhagel … Am meisten litten die Pferde, und eine Weile jagten wir Kugeln in die armen Tiere, die ziellos auf drei Beinen umherirrten oder in qualvollem Wahn auf- und abrasten; eins sah ich, dem war die ganze Schnauze fortgeblasen worden.

Ellis fasst all das mit kalter Eloquenz zusammen: »Das Pferd gehörte nicht ins Niemandsland.«

So viele Pferde starben im Ersten Weltkrieg, dass manch einer Sorgen um die Pferdepopulation der Welt äußerte: Die Zahlen waren so tief gesunken, dass eine einzige Epidemie die Spezies an den Rand des Aussterbens hätte treiben können. Field Marshal Haig war immer noch nicht überzeugt, nachdem er Zehntausende Männer in den Tod hatte reiten sehen; er argumentierte noch 1926 für den »Wert« der Pferde im Krieg, und er schrieb, »mit der Zeit wird man sehen, dass das Pferd – das wohlgezüchtete Pferd – noch immer einen ebenso großen Nutzen hat, wie es in der Vergangenheit der Fall war«, aber als der Zweite Weltkrieg ausbrach, hatten selbst die alten Haudegen hingenommen, dass Panzer, Flugzeuge und Maschinengewehre jegliche Kavallerietaktik unhaltbar machten. Die offizielle Linie sowohl der Alliierten als auch der Achsenmächte war, dass die Zeiten des Krieges zu Pferd vorüber waren. Nur Polen erhielt sich seine Kavallerie, denn dort hing man dem romantischen Ideal des vorpreschenden Lanzenreiters nach und verließ sich andererseits weiterhin auf Pferde als Transportmittel (aufgrund der relativ geringen industriellen Kapazitäten des Landes waren die polnischen Panzerverbände bei Kriegsbeginn um den Faktor drei unterlegen). Polnische Adlige züchteten schon Araber für den Kriegsdienst, seit sie diese Jahrhunderte zuvor von den Türken übernommen hatten. Es gibt einen so schönen wie fragwürdigen polnischen Film namens *Lotna*, der von einer berühmten Schlacht der »Schwerter gegen Panzer« handelt. Ellis verfolgt diese Legende zurück zu einem Zwischenfall früh im Krieg im Südosten Polens, als eine Kavalleriebrigade auf einmal allein den vorrückenden deutschen Panzern gegenüberstand. Da ihm keine andere Möglichkeit blieb, gab der Kommandeur den Befehl zum Sturm. Ellis: »Keiner von ihnen kam auch nur in die Nähe der Panzer.«

Allem Anschein nach war es Zeit, das Schwert an den Nagel zu hängen und das Schlachtross sein Gnadenbrot fristen zu lassen. Doch die Geschichte schlug wieder einen Haken. Deutschland griff Russland an, und wegen des Geländes einerseits und andererseits der Kosaken, die ihre Tiere nicht aufgegeben hatten (»Proletarier auf die

Pferde!«, hatte Trotzki 1919 geschrieben, um sie anzuheizen), beschlossen die Deutschen, dass sie doch wieder Kavallerieeinheiten brauchten.

Es folgte eine dunkle Phase der Geschichte unserer »längsten archaischen Kameradschaft« mit dem Pferd, wie Edwin Muir schrieb, denn es kam zu Tod und Leid der Tiere in albtraumhaften Ausmaßen. Der Menschenrechtler und Historiker Boria Sax beschreibt in einem Buch namens *Animals in the Third Reich*, was am 4. Mai 1944 auf der Krim geschah, als die deutsche Armee auf dem Rückzug verstand, dass sie die Pferde dort zurücklassen musste, wo sie dem Feind in die Hände fallen würden. Also beschloss man, sie stattdessen zu »liquidieren«. Dreißigtausend Pferde wurden an eine Klippe über der Bucht von Sewernaja geführt. Eins nach dem anderen schossen die Tierärzte der Siebzehnten Armee den Pferden in den Kopf und stießen sie hinunter in die Bucht, die sich nach und nach mit Kadavern füllte. Irgendwann merkten die noch zu tötenden Tiere, was passierte, und bekamen Angst. Also beschloss man, die Maschinengewehre auf sie zu richten. So trieb man sie von der Klippe wie mit einem Wasserschlauch, bis keins mehr übrig war. Dreißigtausend. »Das Vorgehen ähnelt den Massenhinrichtungen von Juden oder Partisanen«, schreibt Sax, »die man ebenfalls so tötete, dass sie direkt in ein Massengrab fielen.«

Der polnische Historiker Janusz Piekalkiewicz beschreibt in *Pferd und Reiter im Zweiten Weltkrieg* eine Szene in einer Sprache, die sich nicht paraphrasieren lässt. Der Schauplatz ist der Ladogasee im Oktober 1941:

> Zwei Tage nach Erreichen des Seeufers sind die russischen Truppen nicht nur von den Finnen umzingelt: Der Urwald brennt. ...
> Die Finnen sperren sämtliche Fluchtwege ab und schießen mit allem, was sie haben, in die Feuerwand. Abertausende von wildgewordenen Pferden rennen der sich durch starken Nordwind schnell verbreitenden Feuersbrunst entgegen, auf die MG-Serien nicht achtend. Mit herzzerreißendem Geschrei, in Flammen gehüllt, durch Schmerzen wahnsinnig geworden, rasen sie – riesigen Fackeln gleich – im Galopp hin

und her, bis sie bei lebendigem Leibe verbrennen. Wiederum einige Tausend von ihnen, durch den wütenden Brand erschreckt, preschen in Richtung See.
Eine Flut von Pferdeleibern ergießt sich aus dem Urwald und stürzt in den Ladoga-See. Augenblicke später wimmelt es in der seichten, schmalen Bucht von zu Tode erschrockenen Tieren, die in dem eiskalten Wasser zwischen dem in Flammen stehenden Ufer und den Untiefen des Sees Rettung suchen. Über den zusammengepferchten Tiermassen schwebt bald eine Dunstwolke, die bei dem schnell eintretenden Abendfrost die vor Todesangst bebenden Tiere mit einer Eiskruste bedeckt.

Als sich am nächsten Morgen die ersten finnischen Späher durch die verbrannte Gegend wagen und an das Ufer der Bucht gelangen, sind sie wie erstarrt. »Der See war wie eine unendliche weiße Marmorplatte, auf die man Hunderte und Aberhunderte von Pferdeköpfen gestellt hatte. Sie sahen aus wie durch den scharfen Schnitt einer Henkerklinge abgetrennt.« Nichts als die Köpfe schaute aus der Eiskruste hervor, alle dem Ufer zugewandt. In den weit geöffneten Augen stand noch das Entsetzen.

NOCH EINMAL STÜRMT, NOCH EINMAL

PAUL WOLFOWITZ [Vize-Verteidigungsminister]: Wenn Sie erlauben, ich habe bei mir eine Nachricht von einem unserer Special-Forces-Männer, der gerade buchstäblich zu Pferd und mit einem Schwert mit der Nordallianz reitet.

BOB SCHIEFFER [Nachrichtensprecher CBS]: Mit einem Schwert?

WOLFOWITZ: Mit einem Schwert, mit einer Abteilung der Nordallianz von mehreren Hundert Leuten, die nichts als Pferde und Gewehre haben. Und er hat gesagt: »Ich berate einen Kämpfer ... wie man leichte Infanterie und Kavallerie

am besten im Kampf gegen Panzer, Mörser, Artillerie und Maschinengewehre der Taliban einsetzt«, eine Taktik, von der ich geglaubt hatte, sie sei mit Erfindung der Gatling-Gun überholt gewesen ... In gewisser Weise sehen wir hier die Rückkehr der Kavallerie, könnte man sagen, bloß konnte bisher keine Kavallerie der Geschichte Luftschläge durch Langstreckenbomber anfordern.

SCHIEFFER: Können diese Leute – wissen die Soldaten der Special Forces, wie man reitet? Ich meine, nur weil man auf ein Pferd springt und sich festhält, kann man noch lange nicht reiten. Sind diese Soldaten als Reiter ausgebildet?

WOLFOWITZ: Das kann ich jetzt im Allgemeinen nicht beantworten, aber bei diesen Männern war es offensichtlich der Fall. Sie sind in einer außerordentlichen Bandbreite von Überlebenstechniken und örtlichen Sitten und Sprachen ausgebildet, es ist wirklich eine ganz erstaunliche Gruppe.

– *Face the Nation*, 18. November 2001

FRIEDEN

Im Sommer 1650 geschah in Nürnberg etwas Wunderschönes. Der kontinentweite Dreißigjährige Krieg – der bis heute nicht nur einer der blutigsten, sondern auch einer der am schwersten zu erklärenden Kriege der Menschheitsgeschichte bleibt, unter anderem, weil seine Ursachen so ein verworrener Zopf aus Religion, nationalem Eigeninteresse, missgünstiger Kleinstaaterei und der Gier zahlloser Söldner waren – war zwei Jahre zuvor mit dem Westfälischen Frieden offiziell beendet worden. Doch die Umsetzung des Friedens und die Demobilisierung der europäischen Armeen mussten noch ausgearbeitet werden. Zwischen Deutschland, Frankreich, Spanien, Schweden und Dänemark hätte jeden Moment wieder der Konflikt losbrechen können. Also bat man im Jahre 1649 Gesandte aller Kriegsparteien zu einem Friedenskongress nach Nürnberg, auf dem die weiteren Bedingungen geklärt werden sollten. Vorsitzender war Octavio Piccolomini, der Herzog von Amalfi und General der kaiserlichen Armeen; er hatte in jedem der dreißig Kriegsjahre Schlachten geschlagen. Der Nachwelt ist er hauptsächlich als Schüler und späterer Mörder des großen Söldnergenerals Wallenstein bekannt. Piccolomini war einer der wenigen kaiserlichen Offiziere, die 1620 die Schlacht am Weißen Berg bei Prag überlebt hatten, und auch die Tötung seines einzigen Sohnes durch die Schweden 1645 hatte er erleben müssen. Sein ganzes Leben über hatte er an der Selbstzerstörung Europas mitgewirkt, und nun war er nach Nürnberg gekommen, in eine Stadt, die den Krieg relativ unversehrt überstanden hatte (obwohl bei einer Belagerung zehntausend ihrer Bewohner verhungert waren), eine Stadt, die sich als wahre Hauptstadt des Heiligen Römischen Reichs betrachtete, um das Ende des Gemetzels durchzusetzen.

Mehrmals sah es so aus, als würden die Verhandlungen scheitern und die Parteien wieder in den Krieg ziehen. Aber schließlich verkündete Ferdinand III. am 27. Juni in einem offenen Brief die einstimmige Ratifikation eines verbindlichen Vertrages. Der Dreißigjährige Krieg war vorüber. In Europa brachen wochenlange Feierlichkeiten mit Feuerwerk, Banketten und Theater an. All das wurde – bis hin zur Sitzordnung – in einem seltsamen und wunderbaren Buch, einem der seltsamsten aller Zeiten, niedergeschrieben, dem *Theatrum Europaeum* des Schweizer Kupferstechers Matthäus Merian, das auf Hochdeutsch verfasst wurde und in einundzwanzig Bänden zwischen 1637 und 1738 erschien. In englischen Texten wird es kaum erwähnt. Im Grunde ist es eine Tageschronik der Ereignisse in Westeuropa über hundert Jahre, und geht damit weit über Merians eigenes Leben hinaus, das 1650 endete. Es ist schwer vorzustellen, für wen und warum überhaupt es veröffentlicht wurde.

Ich suchte es mir in der New York Public Library heraus, weil ich eine Schilderung bestätigen wollte, die ich in einem Buch namens *The Rocking Horse: A History of Moving Toy Horses* von der britischen Liebhaberin Patricia Mullins gefunden hatte. Ich interessierte mich für Kaspar Hausers Pferde und ihre Herkunft, und in Mullins' Buch gibt es einen Abschnitt zu Deutschland, in dem sie die »Holzschnitzerquartiere rund um Nürnberg, … das Zentrum der wachsenden deutschen Spielzeugbranche« erwähnt. In diesem Kontext führt Mullins auch eine Anekdote vom Nürnberger Friedenskongress an. Als Quelle wird das *Theatrum Europaeum* genannt.

Am nächsten Samstag wuchtete ich den sechsten Band einer frühen Ausgabe von Merians Werk an einen Tisch im Lesesaal, öffnete die Kordel des gewaltigen Pappumschlags und blätterte die enormen Seiten um, bis ich schließlich zum Stich eines Feuerwerks mit der Bildunterschrift »Nürnberg 1650« kam. Ich suchte nach einem einzigen Wort, *Steckenreutter*. Auf Seite 432 stand es endlich. Der Absatz bestätigte Mullins' Schilderung bis ins Detail.

Gegen Ende der ausgedehnten Feierlichkeiten nach der Unterzeichnung des Vertrages versammelten sich die Jungen der Stadt, die davon weitgehend ausgeschlossen geblieben waren, draußen vor den Mauern. Es waren über tausend, und jeder von ihnen ritt auf einem Steckenpferd, wie wir es auch auf Bruegels *Die Kinderspiele* sehen (ein Junge mit Gnubbelknien steht am unteren Rand des Gemäldes mit dem Rücken zu uns, trägt einen schwarzen Mantel und einen schwarzen Schlapphut, der sein Gesicht verbirgt, während er in der

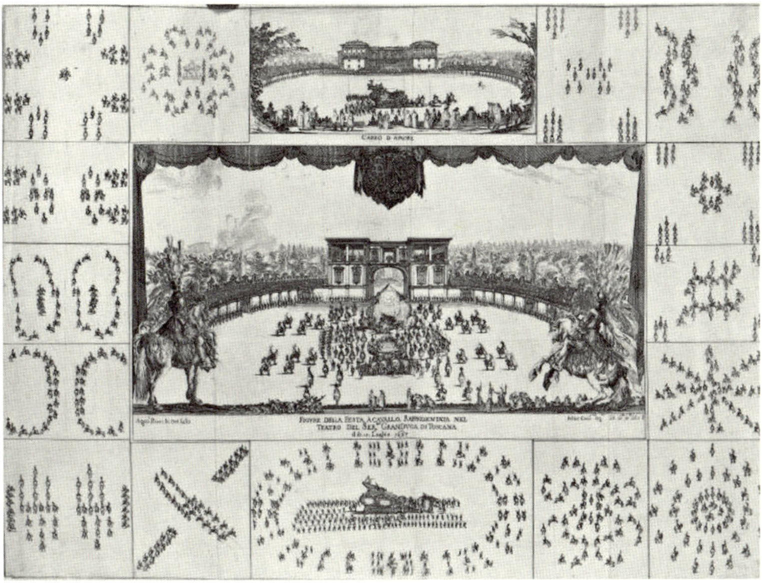

linken Hand einen Zweig hält, seine Gerte). Zur verabredeten Stunde ritten die Jungen in die Stadt ein, eine Armee zu Steckenpferd, galoppierten umher und winkten mit der hoch erhobenen freien Hand. Sie waren die Armee vom Ende des Dreißigjährigen Krieges. Sie ritten direkt zur Residenz seiner Durchlaucht Octavio Piccolomini, der sie freudig in Empfang nahm. Als er sie fragte, was sie begehrten, sagten sie, sie wollten ein Andenken an den Frieden. Piccolomini überlegte eine Weile und hieß sie dann, sich am nächsten Sonntag wieder zu versammeln und vor ihn zu reiten, wie sie es getan hatten, dann würde er ihnen geben, was sie suchten.

Am nächsten Tag befahl er, tausend Silbertaler prägen zu lassen. Die eine Seite trug den Reichsadler und darunter die Worte VIVAT FERDINANDUS III. ROM: IMP. VIVAT. Auf der anderen Seite war ein Junge auf einem Steckenpferd und mit einer Gerte in der Hand abgebildet, umgeben von den Worten FRIEDEN-GEDÄCHTNUS IN NURNB.

Am Sonntag erwartete Piccolomini die Steckenpferd-Reiter wie versprochen. Ihr Anführer blies eine Trompete, als er um die Ecke kam, und dem *Theatrum Europaeum* zufolge habe es ausgesehen »wie eyne wogende See«, als alle Jungen in der Stadt waren. Piccolomini verteilte die Taler selbst und legte höchstpersönlich einen in jede schmutzige Hand. Als es vorbei war, sah er ihnen nach, wie sie davonritten, die Münzen stolz erhoben, dass sie in der Sonne funkelten.

Die *Encyclopaedia Britannica* von 1911 besagt: »Piccolomini verstarb am 11. August 1656. Er hinterließ keine Kinder ... und seine Titel und Ländereien gingen auf den Sohn seines Bruders über. Mit dem Tode des Neffen des Letzteren, Octavio Aeneas Josef, im Jahre 1757 starb die Linie aus.«

HÖRT ES EUCH AN

Inge Müller war eine sozialistische Dichterin der Nachkriegszeit und Frau des Dramatikers Heiner Müller. Sie war zwanzig, als 1945 russische Truppen Berlin einnahmen, und ihre beiden Eltern waren bei alliierten Luftangriffen umgekommen. Die Erinnerungen an das, was sie gesehen hatte, trieben sie 1966 zum Suizid. Drei Jahre zuvor hatte sie das folgende Gedicht über einen erlebten Vorfall geschrieben. Es ist Teil ihres Gedichtbandes *Wenn ich schon sterben muß*:

FALLADA 45

Ein Pferd zog einen Wagen
Durch aufgerißne Straßen
Der Kutscher auf dem Bock war tot
Der Wagen brannte lichterloh
Da lief das Pferd und die Leute schrien: Ho!
Da läuft ein Pferd, haltet das Pferd!

Sie krochen aus Kellerlöchern
Mit Beilen und mit Messern
Das Schießen war noch nicht aus
Umfiel das Pferd und sie schrien im Rauch
Da liegt das Pferd! Her mit dem Pferd!
Hungrige schnitten in seinen Bauch
Und es lebte noch das Pferd.

Sie mußten überm Essen
Das Pferdeschreien vergessen
Sie wußten aus ist aus.
Die letzte Granate zerriß noch drei
Und das halbe Pferd nahmen mit zwei
Nach Haus und da war kein Haus.

Und einer berichtete: Der Krieg ist aus.

Hippophagie: Ptolemäus' Ausdruck für das Verspeisen von Pferdefleisch. In Deutschland war es seit über 1000 Jahren verboten, als der Zweite Weltkrieg ausbrach (doch die Truppenküchen der Ostfront lernten bald, das Fleisch zuzubereiten, als alle anderen Vorräte zur Neige gegangen waren). Als Bonifatius im Jahre 731 von Papst Gregor III. zum Apostel der Deutschen ernannt wurde, fiel es ihm unerwartet schwer, die örtlichen Heiden zu bekehren. Vor allem gefiel es ihnen nicht, dass sie im Christentum nicht mehr ihrem Pferdegott huldigen konnten, indem sie bei einer alljährlichen Zeremonie eins der Tiere opferten und sein Fleisch verzehrten. Hinterher nagelten sie stets den Pferdeschädel an eine Esche in einem heiligen Wald, wo dieser ihnen »als Orakel diente«. Der Papst wies Bonifatius an, diese Menschen davon zu überzeugen, dass das Fleisch unrein sei, und er schrieb:

> Du sagst, manche essen vom wilden und sehr viele vom zahmen Pferde. Dies, heiliger Bruder, darfst du niemals erlauben, und es mit Gottes Hilfe verhindern und eine angemessene Buße auferlegen; denn es ist schmutzig und verwerflich.

Zur Jahrtausendwende war die Gewohnheit in fast ganz Europa abgeschafft. Als der heilige Olaf die Skandinavier bekehrte, »tötete oder verstümmelte er all jene, die weiter von der Heidenspeise aßen«, und Voltaire erwähnt, dass man in der Bourgogne noch 1629 Menschen wegen des Verzehrs von Pferdefleisch hinrichtete. Mitte des achtzehnten Jahrhunderts führten Sozialreformer in England und Frankreich eine Bewegung an, diese Sitte wieder salonfähig zu machen, und organisierten in Paris und London große »Pferdedinner«, bei denen sie Hunderten argloser Gäste »chevaline« servierten, aber vielerorts, wie in Deutschland, hielt sich das Tabu – wenn auch nicht als Verbrechen, so doch als gesellschaftliche Norm. Müllers verstörte, hungernde Berliner tun etwas, was ihre Mitmenschen zwar möglicherweise verstanden, aber auf jeden Fall als Bruch traditioneller Regeln erkannt hätten. Wieder andere hätten womöglich einen Widerhall von etwas noch Älterem erkannt.

In dieser (und anderer) Hinsicht erinnert Müllers Pferd an das Picassos in *Guernica*, der Körper gekrümmt unter den Qualen des Krieges, das Maul offen und die Zähne gebleckt, sodass man es geradezu schreien hören kann. Steht es für das Leiden der Menschheit? Oder könnte man besser sagen, dass die Verwendung des Pferdesymbols allein schon Menschheit bedeutet und Zehntausende von Jahren zurückgeht bis zu den Kalksteinwänden von Chauvet (wir wissen, dass Picasso schon früh die prähistorischen Malereien von Altamira studierte und bekanntermaßen sagte, nachdem er sie bei Kerzenlicht betrachtet hatte: »Wir haben nichts gelernt«)? Sagt *Guernica* uns: »Seht, was sie getan haben«, oder sagt es: »Das tun wir«? Wahrscheinlich beides, und nur das Pferd kann so eine metaphorische Last tragen. Es verkörpert den westlichen Fortschritt seit Jahrtausenden; und als diese Zivilisation brach, verkörperte es auch das. Das Motiv seines Leidens, durch unsere Hand, sprach von einem schrecklichen Fehler – von einer »gescheiterten Zivilisation«.

Will man wissen, was mit dem Pferd in der modernen Literatur und Kunst geschieht, muss man aufmerksam nach Transpondenzen lauschen (ein Wort, das es nicht gibt, abgeleitet von einem anderen, »Transponder«, das es vor 1945 auch nicht gab, als die U.S. Army es als Bezeichnung für eine neue Erfindung prägte, ein Gerät, das ein Funksignal empfängt und automatisch eine neu kodierte Version dieses Signals weitersendet). Die berühmteste dieser Übertragungen fängt mit dem düsteren, rätselhaften Traum des Mörders Raskolnikow in *Verbrechen und Strafe* an. Im Traum ist er ein Kind und geht mit seinem Vater über den Marktplatz seiner Heimatstadt. Sie kommen zu einem zusammengebrochenen, beinahe zu Tode geschundenen Zugpferd. Eine sadistische Menge hat sich um die Stute versammelt (Anklänge der Passion Christi, der auf dem Weg zur Kreuzigung unter dem Gewicht des Kreuzes strauchelt). »Nehmt doch eine Axt!«, ruft einer. »Macht rascher ein Ende!« Was sie auch tun.

> Der arme Knabe ist ganz außer sich. Er bahnt sich schreiend den Weg zu der Stute, er umarmt ihren toten, blutigen Kopf, küßt ihre Augen und Nüstern ... Dann springt er auf und stürzt sich, seine schwachen Hände zu Fäusten ballend, auf Mikolka. Aber in diesem Augenblick erwischt ihn endlich der Vater, er nimmt ihn auf die Arme und trägt ihn fort.

Die Szene greift vor auf Friedrich Nietzsches Nervenzusammenbruch auf der Piazza Carignano in Turin, wo er einem alten Droschkenpferd zu Hilfe eilt, das von seinem Kutscher zu Tode geprügelt wird. Nietzsche lief dem Tier zur Seite, schlang die Arme um seinen Kopf und flüsterte ihm einer Überlieferung zufolge ins Ohr: »Mein Bruder.« Die Ähnlichkeit zwischen den beiden Szenen ist wahrscheinlich kein Zufall. Nietzsche hatte Dostojewski ausgiebig gelesen – »ich habe meinen wertvollsten psychologischen Stoff von ihm«, schrieb er einmal. Es ist fast, als hätte der russische Autor ihm einen Weg in den Wahnsinn gezeigt. Dreißig Jahre später wurde das Signal wieder empfangen, diesmal auf einer improvisierten Bühne in Sankt Moritz (ob zufällig oder nicht ausgerechnet dem Ort, an dem Nietzsches Verstand zum ersten Mal ausfiel). Der große russische Tänzer Waslaw Nijinsky stand vor einem Publikum müßiger Aristokraten und sagte zu ihnen: »Nun tanze ich den Krieg; den Krieg, den ihr nicht aufgehalten habt und für den ihr die Verantwortung tragt.« Er tanzte »schreckliche Sachen«, wie er es selbst beschrieb. Als er fertig war, legte er sich die Hände aufs Herz und sprach seine letzten zusammenhängenden Worte: »Das Pferdchen ist müde.« In seinem Tagebuch, das er an dem Tag zu schreiben begann, erkennen wir, dass er auf seine Art und Weise über Nietzsche nachdenkt – den er mehr als einmal erwähnt, wenn er ihrer beider Umnachtungen vergleicht –, und dass ihn eine spezielle Kindheitserinnerung heimsucht:

> Der Fuhrknecht trieb das Pferd eine Steigung hinauf und peitschte es mit der Knute. Das Pferd stürzte, und aus seinem Hinterteil quoll das ganze Gedärm. Ich sah dieses Pferd und schluchzte tiefinnerlich. Ich wollte laut schluchzen, begriff aber, daß die Leute mich für einen weinerlichen Kerl halten würden, deshalb weinte ich für mich. Das Pferd lag auf der Seite und schrie vor Schmerz. Sein Schrei war leise, es weinte. Ich fühlte.

In seiner Beschreibung der Laufbahn des Pferdes als Symbol postuliert der Lexingtoner Autor Guy Davenport: »Jede Kunst ist ein Tanz der Bedeutung von Form zu Form.« Inge Müllers Gedicht ist durchzogen von einem Netz der Anspielungen, die zeigen, wie lang das Pferd schon im Mittelpunkt dieses Tanzes steht und wie komplex die Muster werden können. Betrachten wir den Titel »Fallada 45«.

Hans Fallada war ein Zeitgenosse Müllers. Im Jahre 1938 vollendete er ein Buch mit dem Titel *Der eiserne Gustav*, die fiktionalisierte Schilderung des Lebens von Gustav Hartmann, »dem letzten Berliner Droschkenkutscher«, der in den Worten von Falladas Biographin Jenny Williams »berühmt wurde, als er 1928 mit seiner Droschke nach Paris und zurück fuhr«.

Goebbels gefiel das Buch nicht, und er wies Fallada an, die Geschichte bis 1933 zu strecken, sodass sie im Kontext von Hitlers »Reformen« stand. Als Fallada aus der Sache herauskommen wollte und behauptete, dass er sich nicht genug mit Politik auskenne, um den verlangten Stoff authentisch wiederzugeben, hielt Goebbels nicht nur sein *nihil obstat* zurück, sondern forderte, dass Fallada das Projekt unter den neuen Auflagen vollende. Zum fortwährenden Schaden seines guten Rufes gehorchte der Autor. Als *Der Eiserne Gustav* in Deutschland erschien, endete die Geschichte mit einem alten Droschkenkutscher, der seine Bewunderung für den Nationalsozialismus ausdrückt. Fallada, der den Krieg überlebt hatte, starb 1947 an einer Überdosis Morphium.

Möglicherweise ist der Kutscher in Inge Müllers Gedicht der Eiserne Gustav selbst, der Geist des alten Berlin, »tot auf dem Bock«. Sein berühmter Wagen wird ziellos durch die Trümmer gezogen und sein treues Pferd getötet von jenen, die tun, was sie tun müssen, um zu überleben, so tief der Verrat auch sein mag.

Dreht man allerdings ein wenig am Transponder, empfängt man ein anderes, verrauschteres Signal. Hans Fallada wurde nicht mit diesem Namen geboren. Sondern als Rudolf Ditzen. Den Künstlernamen lieh er sich von einem Märchen der Gebrüder Grimm, »Die Gänsemagd«. Die Prinzessin ist einem fremden Prinzen versprochen. Ihre Mutter schickt sie mit einer Magd und einem magischen sprechenden Pferd namens Falada fort, die beide für sie sorgen sollen. Doch die Magd verrät sie und nimmt ihre Identität an. Sie heiratet den Prinzen und lässt die wahre Prinzessin Gänse hüten. Da sie fürchtet, das Pferd könnte sie verraten, bittet sie den Prinzen um einen Gefallen: »Nun, so laßt den Schinder rufen und da dem Pferde, worauf ich hergeritten bin, den Hals abhauen.« Und so geschah es.

Nun folgt einer der unerklärlichen Abschnitte, die den Märchen der Gebrüder Grimm ihre verschrobene Wirkmacht verleihen. Als die wahre Prinzessin hört, dass Falada geköpft wurde, gibt sie dem Schinder ein Goldstück und bittet ihn, den Kopf über das Tor zu hängen, durch das sie jeden Tag zum Gänsehüten gehen muss. Sodann spricht sie jeden Tag mit dem Kopf. »O du Falada, da du hangest«, und Falada antwortet jedes Mal gleich:

O du Jungfer Königin, da du gangest,
wenn das deine Mutter wüßte,
ihr Herz tät ihr zerspringen.

Eines Tages beobachtet der weise alte König dieses kleine Gespräch und vermutet, dass die Gänsemagd nicht ist, wer sie zu sein scheint. Er kitzelt die Wahrheit aus ihr heraus und in klassischer Grimm-Manier wird die Ordnung wiederhergestellt: Die falsche Prinzessin muss »splitternackt ausgezogen und in ein Faß gesteckt [werden], das inwendig mit spitzen Nägeln beschlagen ist; und zwei weiße Pferde müssen vorgespannt werden, die sie Gasse auf Gasse ab zu Tode schleifen«, und der Prinz und die wahre Prinzessin beherrschen ihre Reiche »in Frieden und Seligkeit«.

Müllers Pferd ist der ruhelose Geist von Falada, doch die Grausamkeit, welche die Prinzessin erfuhr, ist nun allgegenwärtig, Gerechtigkeit ist nicht zu erwarten, und die Magie der Märchenwelt ist reduziert auf den Verschwindezauber des vorletzten Verses: »Nach Haus und da war kein Haus.« Aus Faladas Prophezeiung – »wenn das deine Mutter wüßte / ihr Herz tät ihr zerspringen« – wird »das Pferdeschreien«.

WIEDER AUF DER BAHN

Nach dem Kentucky Derby werde ich Teil einer großen Gruppe von Anhängern der Theorie, dass War Emblem – und/oder sein Jockey Victor Espinoza – das Rennen »gestohlen« hat. Man sagt, dass ein Pferd ein Rennen »stiehlt«, wenn es sich am Anfang an die Spitze setzt und ein falsches Tempo vorgibt. Die anderen, stärkeren Pferde setzen sich dahinter, denn sie glauben, dass das erste am Limit seiner Fähigkeiten läuft, also warten sie darauf, dass es schlappmacht. Aber in Wahrheit spart es sich noch etwas auf. Und wenn die Verfolger zum Überholen ansetzen, lässt es seine Reserven los und zieht weg zum Sieg, da es ohnehin schon vorne lag. Das ist eine legitime Taktik, die ihren abschätzigen Namen eigentlich zu Unrecht trägt, aber es ist eine Finte, wegen der es manchmal schwer zu sagen ist, welches Pferd wirklich das schnellste im Feld ist. Es ist meine Meinung, wie auch die vieler anderer, dass War Emblem in Preakness und bei den Belmont Stakes – den beiden verbleibenden Rennen der Triple Crown – nicht unter die ersten drei kommen wird, weil die anderen Jockeys seine Masche jetzt kennen und ihn ans Ende seiner Kräfte hetzen werden, bevor es auf die Zielgerade geht.

Ich schaffe es nicht zu den Preakness Stakes, also gehe ich sie mir mit meiner Freundin Mariana in einem Wettbüro in Chinatown abseits der Bowery ansehen (zufälligerweise nur wenige Blocks von dem Hotel entfernt, wo Stephen Foster sein Ende fand). Jedes Wettbüro hat seine eigene, in sich abgeschlossene Kultur, ein Yin und Yang behutsamer Hoffnung und stoischer Depression, das in jedem Kopf strudelt und auch durch den ganzen Raum kreist. Die Stimmung ist ernst (ich war sonst kaum jemals mit einer Frau irgendwo unterwegs, wo kein einziger Mann sie sich angesehen hat). Man bekommt das Gefühl, dass viele der Männer hier sind, seit der Laden aufgemacht hat, und bis zum Abend bleiben, wenn er schließt, und dass sie das schon seit Jahren jeden Tag so machen. Die Männer (denn außer Mariana sind keine Frauen hier) sind hauptsächlich Chinesen und Hispanics. Keinerlei Festlichkeit liegt in der Luft. Jeder konzentriert sich nur auf sein Quotenblatt, auf einen der Fernseher oder einen der Automaten, an denen man seine Wetten abschließen kann. Hier und da sieht man einen »Bückling«, einen, der nicht das Geld hat oder zu geizig ist, um selbst zu wetten, und stattdessen herumläuft und weggeworfene Wettscheine aufsammelt, weil er hofft, dass irgendein Greenhorn nicht kapiert hat, dass er zum Beispiel auch mit Platz eins und zwei gewinnt, wenn er auf die ersten drei gesetzt hat.

An der Rennbahn kann man meistens den Vollblutspieler vom Pferdenarren unterscheiden, weil der eine beim Rennen den Namen des Pferdes brüllt und der andere die Zahl. Hier hört man nur »Sechs! Sechs! Sechs!«, und auf manchen Quotenblättern stehen noch nicht mal die Namen dabei, wie mir auffällt. Die Männer hier rechnen immer wieder im Kopf komplizierte Gleichungen durch, weil sie aus ihrem Gehalt ein bisschen mehr machen wollen. Die meisten Wetten sind eher klein. Wenn ein Rennen vorbei ist, hört man nur selten lautes Ächzen oder Jubeln. Dann wenden sie sich ab und stellen sich wieder an den Tresen.

Wir gehen an einen der Automaten und schauen in unserer *Daily Racing Form* nach den Zahlen. Ein chinesischer Mann mit sehr dicken Brillengläsern steht die ganze Zeit hinter uns und sagt: »Okay, Sir. Bitte, Sir. Okay, Sir.« Gleich geht ein Rennen los, auf das er noch setzen will. Endlich durchschauen wir den Automaten, und mit einem Sirren und Wummern spuckt er unsere Wettscheine aus.

Augenblicke später beginnt das Rennen. Den Kommentar können wir im Stimmengewirr nicht hören, aber wir sehen deutlich, was passiert. Ungewöhnlicherweise setzt War Emblem sich nicht gleich an die Spitze. Stattdessen gehen zwei nebeneinander in Führung, nämlich ein Pferd namens Menacing Dennis und eines von John T. Wards Tieren, Booklet. Auf Letzteres habe ich gesetzt. Aber bis zur ersten Kurve ist Booklet zurückgefallen, und jetzt liegt War Emblem neben Menacing Dennis vorne. Dann führt War Emblem allein, und ich schüttle den Kopf. Während sie die Gerade entlangdonnern (die Preakness Stakes sind das kürzeste der Triple-Crown-Rennen – es geht alles lächerlich schnell, wenn man überlegt, wie viele Erwartungen

alle vorher hineinstecken), sehe ich Proud Citizen, der von dem kalifornischen Trainer D. Wayne Lukas trainiert wurde, auf eine Länge an War Emblem herankommen. Und ich denke mir, jetzt ist es vorbei, sie wissen, dass er blufft. Aber dann kommt es anders. Espinoza gibt seinem Pferd die Peitsche, und dann passiert nicht etwa nichts, wie alle dachten, sondern War Emblem gibt Stoff. Er kann es wirklich, verdammt noch mal. Er zieht vor Proud Citizen davon. Auf den letzten Metern wird er noch einmal herausgefordert, diesmal von einem Pferd namens Magic Weisner. Und er wird immer schneller und zieht auch diesem davon. Dann hat er gewonnen. Auf einmal hat er sich für die erste Triple Crown seit vierundzwanzig Jahren positioniert. Und diesmal kann von »gestohlen« keine Rede sein. Sie haben ihn alle gejagt, aber er war zu gut.

Im Wettbüro interessiert das niemanden. Die Männer suchen schon die Quotenblätter nach dem nächsten Rennen ab und stellen sich vor den Automaten an. Andererseits muss ich mir eingestehen: Genau darum geht es bei alledem ja. Um diese Männer. Die erhobenen, stolzen, einsamen Gesichter dieser Männer, Kathodenschimmerpferde in den Augen, Zahlentanz im Kopf. Wir zerknüllen unsere Wettscheine und werfen sie beim Gehen in den Mülleimer.

Die Nachsicht, mit der die amerikanische Sportpresse Prinz Salman nach dem Derby begegnete (schließlich hatte er gerade das Größte erreicht, was ein Vollblutpferdebesitzer nur erreichen kann), verflog in den folgenden Wochen und war nach den Preakness Stakes ganz und gar verschwunden. Dass ein Saudi das Derby gewonnen hatte, war in Anbetracht unserer »neuen Realität« nach dem 11. September schon schwer zu schlucken, aber dass er nun womöglich die erste Triple Crown seit einem knappen Vierteljahrhundert gewinnen würde – das ging zu weit.

Die meisten Artikel über den Besitzer von War Emblem bemühten sich einigermaßen um Höflichkeit. Reporter riefen den Council on Foreign Relations an und ließen sich sagen, dass die Familie bin Salman im politischen Kontext Saudi-Arabiens relativ aufgeklärt sei (d.h. sie sind dafür, dass Frauen Auto fahren dürfen). Wer etwas tiefer nachbohren wollte, beschränkte sich auf das Medienunternehmen des Prinzen. Die Saudi Research & Marketing Group veröffentlicht achtzehn verschiedene Zeitungen, darunter einige, die in London gedruckt und dann im Nahen Osten vertrieben werden, wodurch sie sich im Rahmen der Mediengesetze Saudi-Arabiens etwas mehr Spielraum verschaffen. Inhaltlich sind sie durchwachsen. Die *Baltimore Sun* berichtete, dass *Asharq Al-Awsat*, die bedeutendste der Zeitungen, Thomas Friedmans Kolumnen aus der *New York Times* abdruckt und in Berichten über Israel von »Selbstmordattentätern« und nicht von »Märtyrern« spricht, weshalb sie einen liberalen Ruf hat. Die *Arab News* dagegen brachten eine Kolumne des ehemaligen Ku-Klux-Klan-Chefs David Duke, in der er behauptete, die Juden steckten hinter dem 11. September.

Einige der Artikel, die in den Vereinigten Staaten über bin Salman erschienen, schreckten auch vor offenem Rassismus nicht zurück. Der *New York Newsday*, der sich einer bedeutenden Leserschaft unter den Pferderennfans erfreut (William Nack fing dort seine Karriere an), preschte mit einer lächerlich unbegründeten, unbelegten, ungeprüften Andeutung über den Prinzen vor: »Wie es jemand ausdrückte: ›Man fragt sich doch, was sich unter dem Teppich versteckt.‹«

Das *Courier-Journal* in Louisville interviewte derweil Sandy Macleod, einen Sicherheitsmann am Belmont Park. »Ich habe den Arabern nie so recht getraut«, so Macleod, »aber jetzt ... Ich weiß nicht, ob es so gut für den Sport wäre, die Triple Crown nach Saudi-Arabien zu schicken« (und das, obwohl das Pferd des Prinzen gerade massive Aufmerksamkeit auf einen Sport lenkte, der sie bitter nötig hatte – nur wenige Amerikaner interessieren sich für oder bemerken überhaupt den Pferderennsport, wenn nicht gerade ein Dreijähriger erst das Derby und dann Preakness gewonnen hat). Aber am tiefsten sank Jimmy Breslin vom *Newsday*. Breslin kam persönlich zum Derby und erfreute die örtlichen Hinterwäldler widerwillig mit Terrorgeschichten. »Waren Sie nah bei den Feuerwehrmännern?«, fragte ihn eine Frau. »Einmal hätte ich ihnen fast helfen müssen«, erwiderte er. *(Fast!)* Breslins wohlüberlegter Meinung nach sei es »ganz offensichtlich, dass diese Saudis nicht den Anstand einer Ziege haben. Hätte dieser bin Salman den nämlich, würde er [dem Belmont Park] fernbleiben und sein Pferd aus Pietät nicht antreten lassen.«[18]

Und bin Salman blieb den Belmont Stakes wirklich fern. Verschiedene Gründe wurden angegeben: familiäre Verpflichtungen, Geschäftsangelegenheiten. Vielleicht wollte er die Presse meiden, die seit dem Derby sicher ihre Hausaufgaben gemacht hatte und nun wusste, dass bin Salmans Vater, Prinz Salman bin Abdul Aziz, der Gouverneur von Riad, ein prominenter finanzieller Unterstützer diverser islamischer Wohltätigkeitsorganisationen war, die, ob wissentlich oder nicht, Terroristen finanziert hatten (man ging schon lange davon aus, dass die Saudis eine Art Blutgeld an Al Qaida zahlen, um die Gewalt vom Königreich selbst fernzuhalten, und 1996 hatte Mary Anne Weaver in *The Atlantic Monthly* geschrieben, dass Prinz Salman – der Vater – eng mit Osama selbst zusammengearbeitet habe, als der noch ein bloßer *Dschihadi* war). Die meisten Reporter gingen davon aus, dass bin Salmans Fernbleiben in Wahrheit mit Todesdrohungen zu tun hatte, was man bei NBC am Tag der Belmont

Stakes auch aussprach. Aber Richard Mullhall, der Präsident der Thoroughbred Corporation, erzählte mir einige Monate später, dass die Wahrheit weniger spannend war: Der Prinz war im Krankenhaus und unterzog sich einer routinemäßigen Magenoperation. Er hatte seine Leute gebeten, dies geheim zu halten, um dem Pferd nicht die Aufmerksamkeit zu stehlen. (Traurigerweise war es die letzte Gelegenheit für den Prinzen, War Emblem laufen zu sehen. Am 22. Juli stirbt er in Saudi-Arabien, weil sich nach der Operation in seinem Bein ein Blutgerinnsel bildet, das sich schließlich löst und ins Herz wandert.)[19]

Am Tag der Belmont Stakes sind 103 222 Personen an der Rennbahn, ein Rekord mit einem Abstand von Tausenden, und das zu einer Zeit, in der die Amerikaner eigentlich Angst vor Großveranstaltungen haben müssten. Es besteht die Möglichkeit, ein Pferd die Triple Crown gewinnen zu sehen, davon kann man noch seinen Enkelkindern erzählen, und da will jeder dabei sein, selbst wenn das Pferd einem Araber gehört.

Ich nehme einen frühen Zug an der Penn Station, aber die Tribüne ist schon rappelvoll, als ich ankomme. Tausende picknicken hinten auf dem Rasen. Wieder perfektes Wetter. Die Atmosphäre ist direkt aus dem neunzehnten Jahrhundert – es ist, als könnte jeden Moment ein vierstündiges Programm religiöser Vorträge beginnen.

Mit als Erstes sehe ich Kevin Richardson von den Backstreet Boys, der einen weißen Anzug trägt, sein Ziegenbärtchen sieht sogar noch wächserner und falscher aus, wie die Haare aus Eisenspänen bei einem Magnetspielzeug. Nach dem Derby habe ich ein bisschen zu ihm recherchiert, also weiß ich jetzt, dass seine Spitznamen lauten: Mr. Body Beautiful, Kev, Boo, Kevi und Train. Er ist in Lexington »auf Pferden und Motocrossmaschinen« aufgewachsen – Letztere vermitteln mir ein Gefühl von Authentizität. Er ist mein Bruder.

Ich frage acht verschiedene Rennbahnmitarbeiter, wo ich meinen Presseausweis abholen kann. Einer schickt mich zum »Ausweisbüro«, wo mir ein korpulenter, träger Polizist mit blauschwarzen Ringen unter den Augen sagt, dass ich an der richtigen Stelle bin, nur der, der dafür zuständig ist, ist gerade etwas trinken gegangen. Während ich auf ihn warte, sehe ich mir die unzähligen Rennbahnausweise an den Wänden an, hauptsächlich ehemalige Mitarbeiter. Zwischen den gestrengen Sind-wir-hier-bald-fertig-Gesichtern fällt ein einsames Lächeln auf: das von Osama. Sie haben ihm seine eigene Karte gedruckt. Unter dem Bild steht sein Titel: »Misttester.«

WETTFIEBER

Wenn die Leute ein starkes Pferd und ein schwaches Pferd sehen, dann mögen sie von Natur aus das starke Pferd lieber.
– Osama bin Laden, Videotranskript, 13. Dezember 2001

MARGARET WARNER [Nachrichtensprecherin, PBS]: Judith Miller, Ihr letzter Kommentar hierzu?

JUDITH MILLER [Korrespondentin der *New York Times*]: Ich stimme da ganz [dem ehemaligen CIA Officer] Larry Johnson zu. Meiner Meinung nach hat es einen großen Unterschied gemacht, den Sumpf trockenzulegen, wie die Regierung Clinton es ausdrückte. Und was die Stimmung auf den arabischen Straßen und die Grundursachen angeht, muss ich hier wohl Osama bin Laden selbst zitieren: »Den Leuten ist ein starkes Pferd lieber.« Und die Vereinigten Staaten stellen sich als das starke Pferd heraus.

LARRY JOHNSON: Gut gesagt.
– *NewsHour with Jim Lehrer*, 27. Dezember 2001

DER REITER IST VERLOREN

Heute dürfen nur Reporter auf die Pressetribüne, die für Tageszeitungen schreiben, also leihe ich mir einen Platz auf der normalen Tribüne so weit oben aus, dass ich mit dem Fernglas die ganze Rennbahn überblicke. Die Tore öffnen sich zum vierten Rennen, aber nach etwa zwanzig Sekunden, als das Feld gerade auf die erste Kurve zukommt, stürzt ein Pferd und dann noch eins. Ein Ächzen geht durch die Menge. Sofort wird der Unfall auf den riesigen Videotafeln wiederholt, und jedes Mal kommt das Ächzen etwas leiser aus der Menge. Ein Pferd namens Imadeed strauchelt – es sieht aus, als ob die Beine der Stute einfach wegknicken – und ein anderes Pferd, Pleasant County, stolpert über sie. Wieder und wieder zeigen sie den Sturz in grausamer Zeitlupe. Man kann sehen, dass Pleasant County schon tot ist. Sie stürzt auf den Kopf, und als ihr mächtiger Körper auf der Bahn zum Ruhen kommt, sind die Beine schon steif. Imadeed steht mühselig auf und humpelt umher. Die Jockeys tun es ihnen seltsam gleich – der eine springt auf, aber der von Pleasant County bleibt liegen. Der andere läuft zu ihm und hilft ihm auf die Beine. Ein Pferdekrankenwagen hält, und zwei Männer breiten den grauen Sichtschutz aus, der bedeutet: *Totes Pferd* (der Sichtschutz wird vor allem dann gebraucht, wenn ein Pferd noch auf der Bahn eingeschläfert werden muss – nichts verdirbt den Leuten die Wettlaune wie der Anblick eines Tieres, das eine Megadosis Barbiturat in den Hals gespritzt bekommt). Imadeed wird humpelnd, aber lebendig in einen anderen Krankenwagen geführt, und beide Fahrzeuge rasen los.

In *The Horse: The Most Abused Domestic Animal* schreibt Greta Bunting über den finsteren Handel mit Pferdefleisch, der in diesem Land immer noch floriert: von den Schlachthöfen, die Fleisch nach Belgien, Kanada, Japan und Island exportieren; von den gefürchteten »Schlachtkäufern«, die die ländlichen Auktionen heimsuchen, weil sie billige, kaputte Klepper wollen, die sie für ihr Fleisch weiterverkaufen können. Selbst Champions können auf dem Schlachthof enden. 1982 waren die Rennsportfans schockiert, als berichtet wurde, dass Exceller, der '78 zwei Triple-Crown-Gewinner besiegte – Seattle Slew und Affirmed –, von seinem schwedischen Besitzer zur Schlachtung verkauft worden war. Als man ihn fragte, warum, gab dieser an, er habe sich den Unterhalt des Pferdes einfach nicht mehr leisten können (obwohl er natürlich Millionen bezahlt hatte, um es überhaupt zu bekommen). Das gleiche Schicksal ereilte auch den Sieger des Kentucky Derby 1986, Ferdinand, dessen sich sein japanischer Besitzer auf dieselbe Weise entledigte. Und wenn es selbst Champions treffen kann, passiert es mit weniger erlauchten Vollblutpferden natürlich täglich. Viele unterschätzen die laufenden Kosten, die so ein Tier mit sich bringt, und wenn man kein Prinz oder Scheich oder anderweitiger Milliardär ist, wird man von einem der oft romantisierten »kleinen Leute«, die sich einen günstigen Jährling kaufen, schnell zu jemandem, der einfach nur eine schlechte Investition an der Backe hat. Vollblutpferde sind empfindlich und neigen zu allerlei medizinischen Komplikationen, und die hohen Behandlungskosten bedeuten, dass sie oft beim geringsten Anlass eingeschläfert werden, wenn es keinen finanziellen Anreiz mehr gibt, sie am Leben zu erhalten. Allerdings gibt es dann gleich noch ein Problem, denn es kostet auch eine ganze Menge, ein Tier zu begraben, das über eine Tonne wiegt, also ruft man dann lieber den Abdecker, der einem den Kadaver gerne abnimmt.

Zusammenbrüche auf der Rennbahn sind ein eigenes Thema. Eine von der Tierrechtsorganisation Equine Advocates in Auftrag gegebene Studie hat ergeben, dass ein Drittel aller Pferde, die in den USA jedes Jahr zur Abdeckerei gebracht werden, direkt von einer Pferderennbahn kommen. So ziemlich jeder, der mit Vollblutpferden arbeitet oder Verbindungen zur Branche hat, teilt die Meinung, dass die Widerstandsfähigkeit – die Belastbarkeit des Pferdes unter den Zwängen des Rennsports – ein ernstes Problem geworden ist. Im Jahr 1993 schrieb William Nack für die *Sports Illustrated* einen aufschlussreichen Artikel namens »Breakdowns«, mit dem er viele im Rennzirkus stinksauer machte, weil er zu dem Schluss kam, dass viele Trainer ihre Pferde mehr oder weniger zu Tode reiten, »sie mit gefährlichen Leiden auf die Rennbahn schicken, welche sie notdürftig mit Betäubungs- und Schmerzmitteln kaschieren«. In den Siebzigerjahren wurde eine bestimmte Gruppe leistungssteigernder Medikamente zugelassen, wodurch alle anderen illegal wurden, doch die Rennbahntierärzte können nicht alles nachweisen, und wie ich im Gluck Center in Lexington erfuhr, sind Trainer, die dopen wollen, den Tierärzten fast immer einen Schritt voraus. Nack zitierte eine Studie aus dem Jahr 1992 von Julie Wilson an der University of Minnesota. Wilson fand heraus, dass es bei einem von zweiundneunzig Rennen auf amerikanischen Bahnen einen Pferdetodesfall gibt – und zweiundneunzig entspricht auch etwa der Anzahl an täglich durchgeführten Rennen – und dass sich bei einem von zweiundzwanzig Rennen ein Pferd so schwer verletzt, dass es das Rennen nicht beenden kann. Viele dieser Pferde werden natürlich kurz darauf eingeschläfert. »Und das schließt noch nicht die Anzahl der Pferde ein, die bei der Morgenarbeit tödlich verletzt werden.«

Jeder Experte, den man zur Widerstandsfähigkeit der Pferde befragt, gibt einem eine andere Antwort. Es gibt zu viel Inzucht; die Tiere werden zu groß (über die letzten 250 Jahre ist ihr durchschnittliches Stockmaß um zwei »hands« – oder zwanzig Zentimeter – gewachsen, weil sie auf Größe gezüchtet wurden, was zu schmaleren Beinen führte, die sich diese Tiere einfach nicht leisten können: Ihre Fußgelenke, die aus zweiundzwanzig delikaten Knochen bestehen, sind bereits stellenweise dünner als Menschenknöchel); sie dürfen nicht mehr mit anderen Pferden auf der Weide umhertollen, was sie mancher Einschätzung nach früher abhärtete; die Trainer sind immer höherem Druck ausgesetzt, sie zum Rennen antreten zu lassen, selbst wenn es ernste Zweifel gibt, ob sie dafür in der richtigen Verfassung sind; sie treten zu früh an (Man o' War lief nicht beim Derby, weil sein Trainer überzeugt war, dass Pferde noch nicht so früh im Jahr ihrer Dreijährigkeit antreten sollten).

Die überzeugendste Antwort, die ich finden konnte, steht im guten alten *Race Horse Training* von R.W. Collins. Collins gibt die Schuld einer Neuerung seiner Zeit (er schrieb 1937): den Winterrennen, die 1931 im Hialeah Park in Florida anfingen und bald auch auf mehreren Bahnen in Kalifornien gelaufen wurden. Vorher, so Collins,

> war es die allgemeine Sitte im Pferderennsport, dass man all seine guten Pferde entweder auf die Weide oder zum Überwintern an eine der Rennbahnen in Kentucky, Maryland oder gar New York schickte ... Man betrachtete es als unmöglich oder zumindest sehr unklug, das Pferd das ganze Jahr über ohne Ruhephasen zu trainieren. Zum Herbst hin sah man seine Rennpferde oft recht dünn werden, und die müden Beine und Verletzungen forderten Erholung ... Nach der winterlichen Genesung oder dem aufmunternden Einfluss der Farm auf ein gesundes Pferd oder auch nur der relativen Ruhe eines müßigen Winters an der Rennbahn kamen die Pferde im Frühjahr wohlgenährt, schon beinahe in Form und größtenteils robust wieder hervor.

Diese Theorie hört man an der Rennbahn *nie*, und ich habe sie auch in keinem der unzähligen Artikel über das Widerstandsfähigkeitsproblem der letzten zehn Jahre erwähnt gesehen. Der Grund dafür ist wohl offensichtlich: Sie könnte die Einkommen nicht nur der einflussreichen Persönlichkeiten hinter den Winterrennbahnen bedrohen, sondern auch der Konzerne, die die Live-Wetten kontrollieren. Da geht es um Hunderte von Millionen, und es ist undenkbar, dass das Vollblutpferderennen wieder ein Saisonsport wird wie Basketball und Football. Doch wer jemals versucht hat, sich auf Grundlage der Leistungen der Zweijährigen die Chancen für das Derby auszurechnen, weiß, dass es aussichtslos ist: Man kann sich mehr oder weniger darauf verlassen, dass mindestens die Hälfte der allgemein anerkannten Sieganwärter es im Mai nicht zum Rennen schaffen, und die Ursache ist immer die gleiche: Winterverletzungen. »Diese *ununterbrochenen Rennen*«, schrieb Collins damals, »sind auch die Antwort auf die Frage, die man Pferdeleuten so oft stellt: Warum gibt es heutzutage so viele schlechte Pferde, so viele Krüppel und fast täglich tote Tiere auf den Rennbahnen Amerikas?«

Man sagt, dass die Abdecker auch direkt zur Rennbahn kommen, wenn man sie ruft. Meine makabre Neugier ist geweckt, ich muss wissen, ob es stimmt, also stehe ich auf und mache mich auf den Weg zu den Stallungen, durch den langen, schummrigen Tunnel, der nach Heu und Pferdeäpfeln riecht (gesunder Pferdekot riecht recht gut – mulchig-holzig –, und löst keinen Würgereiz aus). Am Ende des Tunnels trete ich ins Licht und sehe entlang der Alleen Reihe um Reihe der hölzernen Ställe. Hier hinten ist es so ruhig, so idyllisch. Ich höre zwar noch den Lautsprecher von der Rennbahn, aber er scheint schon zu einer anderen Welt zu gehören.

Die Wachmänner am Informationsstand, alle in ihren Vierzigern oder Fünfzigern und bereits geschafft von ihrem anstrengendsten Tag des Jahres, wollen nichts von einem toten Pferd wissen. Sie starren meinen glänzend blau-orangefarbenen Presseausweis an und schütteln gestreng die Köpfe. »Ich will doch nur wissen, was mit ihr passiert ist«, sage ich durch das Fenster. »Könnten Sie mir sagen, in welchem Stall ihr Trainer ist?«

Einer lehnt sich auf seinem Bürosessel weit zurück und fragt den Kollegen in der hinteren Ecke: »Weißt du, wer das tote Pferd trainiert hat?«

»Die ist schon weg«, sagt der andere.

»Im Ernst?«, frage ich. »Die haben sie schon abgeholt?« Ich hätte direkt zum Rennbahntierarzt laufen sollen, aber selbst dann wäre ich wohl nicht rechtzeitig da gewesen.

»Das andere Pferd können Sie sich ansehen«, sagt er, also das, das überlebt hat. »Das ist in Steve Youngs Stall. Nummer 23.«

Steve Young ist der Trainer von Imadeed. Die Pferdepfleger in Stall 23 schauen mich misstrauisch an, was ich verstehe – ihr Chef kann keine schlechte Presse darüber gebrauchen, dass sein sündhaft teures Pferd gestürzt ist und den Tod des sündhaft teuren Pferdes eines anderen verursacht hat. Ich will ihnen versichern, dass ich bloß neugierig bin. Könnte ich richtig Spanisch, würde ich sagen: »Ach, ich bin doch bloß ein Hobbyschreiber!« Stattdessen frage ich mit fragwürdiger Grammatik nach *»el caballo que se calle«*. Sie nicken in Richtung des Tieres, das sie gerade füttern. *»¿Es ella?«*

»Wer sind Sie?«, fragt mich der eine demonstrativ auf Englisch.

»Ein Journalist«, sage ich. *»Por una revista.«*

»Hable con Mr Young«, sagt er und schickt mich ans andere Ende des Stalls.

Young ist in seinem Büro. Er hat sich in seinem Sessel zurückgelehnt, die Fernbedienung in der Hand, und schaut Fernsehen – die

Live-Übertragung von der Rennbahn. Als er mich sieht, springt er auf; er sieht jünger aus als erwartet. Seine dunklen Haare sind zerzaust, die Augen rot und die Stimme erstickt – er hat entweder getrunken oder geweint. Ich vermute Letzteres.

Bevor ich ihm eine Frage stelle, sagt er als Allererstes: »Wir wissen es noch nicht.«

»Wie schlimm ist es?«

»So schlimm, wie es eben geht.«

Ich deute in Richtung des Pferdes, das die Pfleger mir gezeigt haben. »Ist sie das?«

»Ja.«

»Sie sieht doch gut aus.«

»Es geht ihr nicht schlecht. Aber sie hat eine Prellung. Wir machen uns Sorgen, dass sie sich entzündet.«

Young wirkt völlig aufgelöst. Ich sage, dass es mir leidtut, und er schweigt. Dann, als ich schon gehe, murmelt er: »Danke.« (Am nächsten Tag berichtet die *Daily Racing Form*, dass Imadeed vielleicht als Zuchtstute gerettet werden kann, aber in ihrem rechten Bein kehrt die Durchblutung nie mehr richtig zurück, und sie wird am 20. Juni zu Hause in Kentucky eingeschläfert.)

Ich spaziere tiefer in den Stallbereich, weg von der Rennbahn, und es wird immer idyllischer. Hähne, Stallkatzen, Tauben sitzen auf Heuballen. Und die Pferde stehen in ihren schattigen Boxen, haben ihr Rennen schon hinter sich oder warten noch darauf, hin und wieder blickt eins vom Fressen auf, wenn man vorbeikommt, dann betrachten einen die gelangweilten Augen etwas und lassen einen dann weitergehen.

GRÖSSER

Auf dem Weg zu Bafferts Stall – War Emblems Stall – gehe ich einen kleinen Umweg und bleibe eine Weile vor Stall Nr. 5 stehen, in dem einst Secretariat weilte. Jetzt ist hier wenig los, aber '73 war hier jeder, der es an der Security vorbeigeschafft hatte, und wollte ihn sehen. Aus diesem Stall, aus Box Nr. 7, wurde er zu dem wohl bemerkenswertesten Pferderennen aller Zeiten geführt. »Vollkommene Leistungen«, so schrieb Kafka in »Die Aeroplane in Brescia«, »können nicht gewürdigt werden.« Diese schon.

Sham führte das Feld an, als es in die erste Kurve kam. Er flog – jeder Zuschauer wusste, dass er zu schnell lief. Für Secretariat oder für jedes andere Pferd wäre die gängige Strategie gewesen, abzuwarten, dass Sham sich auspowert, aber Ronnie Turcotte wollte ihn beim Tempo herausfordern. Das war allem Anschein nach ein irrwitziger Versuch. William Nack schreibt, dass oben auf der Pressetribüne die Reporter brüllten: »Die sind zu schnell!« Aus dem Publikum soll man jemanden »Das ist Selbstmord!« haben rufen hören.

Secretariat zog kurz nach der ersten Kurve mit ihm gleich, und die erste Hälfte des Rennens war ein Duell der beiden Rivalen. Dann, irgendwo in der sechsten Achtelmeile, machte Sham schlapp. Er war zu hart angetrieben worden, und Laffitt Pincay ließ von ihm ab. Er war fertig. Secretariat war allein auf weiter Flur, und Turcotte hatte die ganze Zeit kaum mehr getan als mit der Zunge geschnalzt.

Da geschah es, das Große, das Unglaubliche. Secretariat wurde noch schneller. Bei der ersten Meile stellte er einen neuen Rekord für die Belmont Stakes auf, und bei 1 1/8 Meilen zog er mit dem Weltrekord gleich (man darf nicht vergessen, dass er erst drei Jahre alt war; Pferde werden mit dem Alter noch schneller, bis die meisten mit vier oder fünf ihren Zenit erreichen). Alle – im Publikum, auf der Pressetribüne, in der Box, wo der Besitzer und der Trainer saßen –, alle warteten darauf, dass etwas schieflief, denn das hier war blanker Wahnsinn. Und doch baute er einen immer größeren Abstand zu den nächsten Pferden auf, zu Twice a Prince und My Gallant. Nack, der Meister, schreibt:

> Er läuft locker. Auch in der Form lässt er nicht nach. Der Pendelschlag der Vorderbeine erhält sich ebenso wie der Vortrieb der Hinterbeine, das Pumpen von Schultern und Hals, das Heben und Senken des Kopfes. Er verleiht all den mystischen Blutriten Sinn, aus denen er als Destillat, als Höhepunkt hervorgegangen ist …

Als Turcotte sich umdrehte, konnte er den Rest der Feldes kaum noch sehen. Bei 1 3/8 Meilen hatte Secretariat Man o' Wars Weltrekord gebrochen. In dem Augenblick war er ziemlich sicher der schnellste Dreijährige, den es je gegeben hat. Und immer noch weitete er den Vorsprung aus. Neunundzwanzig, dreißig Längen. Mein Vater erzählte, überrundet habe er die anderen zwar nicht, aber bei der Geschwindigkeit hätte es nicht mehr lange gedauert.

Einunddreißig Längen vor Twice a Prince kam er ins Ziel. Seine Zeit war 2:24. Er hatte einen Weltrekord für die 1 ½ Meilen aufgestellt – für alle Altersklassen – und den alten Rekord um 2 3/5 Sekunden geschlagen. So etwas hatte es noch nie gegeben. Es war nicht zu fassen. Die Leute heulten vor Glück. Die Reporter wollten wissen, was Turcotte gemacht hatte, warum er dem Pferd noch solchen Druck gemacht hatte, als das Rennen doch offensichtlich schon gelaufen war? Aber Turcotte hatte seine Peitsche kein einziges Mal auch nur gezeigt. Er hatte das Pferd kaum angerührt.

Im *Lexington Herald-Leader* fand ich eine Story über die Belmont Stakes '73. Jack Nicklaus, der Golfer, sah sich das Rennen zu Hause im Fernsehen an. Als Secretariat vor Sham davonzog, ging Nicklaus vor dem Fernseher auf alle viere, schaute ungläubig auf, schlug mit den Fäusten auf den Fußboden ein und schluchzte, womit er seine Gäste ziemlich aus der Fassung brachte.

Als Nicklaus später dem Sportkommentator Heywood Hale Broun davon erzählte, sagte er: »Ich weiß selbst nicht, warum ich das gemacht habe.«

»Sie haben Ihr ganzes Leben nach Perfektion gesucht«, erwiderte Broun, »und da haben Sie sie endlich gesehen.«

In der Aufzeichnung gibt es eine Stelle, die mir erst beim zehnten

Mal aufgefallen ist. Gegen Ende des Rennens. Der Kameramann hat an Secretariat herangezoomt, sodass nur das Pferd und ein kleines Stück Bahn davor und dahinter zu sehen sind. Dann, vielleicht hundert Meter vor dem Ziel (das ist schwer zu sagen), bleibt die Kamera aus irgendeinem Grund stehen. Secretariat rauscht aus dem Bild und man hat nur noch leere Bahn vor sich. Ich habe diese Leere mit der Uhr gestoppt – die Zeit, ab der Secretariat aus dem Bild ist, bis zu dem Moment, als Twice a Prince hereinkommt. Es sind sieben Sekunden. Und irgendwie sagt jede dieser sieben Sekunden mehr über Secretariats Größe aus, als es jede Aufnahme von ihm in Bewegung könnte. In der Geschichte bedeutsamer Abwesenheiten – die Lücken in Sapphos Fragmenten, Christi Grab, die schwarzen Flächen in Rothkos Kapelle – gehört diese zu den schönsten.

Auch nach den Belmont Stakes lief Secretariat noch einige Rennen und gewann alle bis auf eines. Dann war er für seine Besitzer als Deckhengst zu wertvoll, als dass sie eine Verletzung auf der Rennbahn hätten riskieren können, also ging er in den Ruhestand auf die Claiborne Farm in Lexington. Dort stand er viele Jahre und zeugte unzählige Nachkommen, bis er 1989 Hufrehe bekam, eine schmerzhafte Krankheit, und eingeschläfert werden musste. William Nack erhielt die Nachricht, wenn er seinen Champion noch einmal sehen wolle, müsse er sich beeilen. Nack kam und schrieb über den Besuch einen Artikel für die *Sports Illustrated*. Während er da war, interviewte er Dr. Thomas Swerczex, den Tierarzt, der die Autopsie durchführte. Swerczex berichtete ihm Folgendes:

> Ich hatte schon Tausende von Pferdeautopsien durchgeführt, und nichts, was ich bisher gesehen hatte, kam dieser nahe. Ein durchschnittliches Pferdeherz wiegt vier Kilogramm. Dieses war beinahe doppelt so groß wie der Durchschnitt und ein Drittel größer als jedes, das ich je gesehen hatte. Aber es war nicht pathologisch vergrößert. Die Kammern und Klappen waren alle normal. Es war einfach nur größer.

DAS LETZTE RENNEN

Vor Prinz bin Salmans Stall gibt es einen kleinen Auflauf – hauptsächlich Pferdesportjournalisten. Das Rennen rückt bedrohlich näher, und wenige Meter neben mir spricht ein Reporter in die laufende Kamera: »Baffert sagt, er hat es ÜBERHAUPT nicht eilig. Er wird pünktlich da sein.« Baffert selbst steht im Stalleingang, die Arme um die Schultern seines kleinen Sohnes gelegt, und sieht uns mit seiner dunklen Sonnenbrille an.

Direkt gegenüber, hinter uns, ist der Stall von D. Wayne Lukas, einem von Bafferts Rivalen. Das Verhältnis der beiden ist noch angespannter als sonst, weil Lukas der *New York Times* erzählt hat, dass sein Pferd, Proud Citizen, vor und nach dem Rennen eine Decke mit der Aufschrift »FDNY« (Fire Department of New York) tragen wird (ein Wink mit dem Zaunpfahl, dass es bei *ihm* keinen arabischen Besitzer gibt!). Anscheinend will keiner der beiden sein Pferd zuerst hinausführen.

Bob Costas surrt mit einem Golfwagen heran und redet sofort mit Baffert. Ich wusste gar nicht, wie klein er ist – fast klein genug für einen Jockey –, ein seltsam perfektes Mannspüppchen, so ähnlich wie George Stephanopolous. Ich schleiche mich näher heran, weil ich hören will, was Baffert ihm sagt, aber Costas redet hauptsächlich mit seinen Technikern im Studio, eins dieser einseitig mitgehörten Gespräche geht: »Ich ... Danke. Du bist ... Du bist immer weg ... *Sag* ich doch!«

Auf einmal gibt Lukas nach und beschließt, als Erster loszugehen. Wir drehen uns alle um, als Proud Citizen auf den Tunnel Richtung Sattelplatz zugeführt wird, während seine Entourage um ihn herumfließt. Fast sofort bricht auch Baffert auf, da er sich nun durchgesetzt hat. Er hat War Emblem am Zaumzeug, gibt den Führstrick dann aber an einen Pfleger ab. Es ist wirklich ein wunderschönes Pferd – nicht so schwarz, wie Mayakovsky es war, nicht pechschwarz, sondern ein sehr dunkles Braun, mit einem langen, stolzen Gesicht und dem weißen Stern.

Wir kommen im Gleichschritt mit wie eine bunt zusammengewürfelte Armee und halten alle unseren Abstand zum Pferd. Es ist seltsam still. Nur der Kies knirscht leise. Schwer liegt die Geschichte in der Luft und drückt wie das eigene Blut in den Ohren. Jeder von uns fragt sich, ob wir gerade einer Triple Crown beiwohnen. War Emblem sieht sich um, was der Aufruhr soll. Sein ganzes Leben, seit er als Jährling verkauft wurde, geht es so, die ganze Zeit starren ihn Fremde an. Was wollen sie von ihm?

Es ist schon etwas Besonderes, hinter ihm durch den Tunnel zu gehen, seinen dunklen Kopf so gut wie möglich im Blick zu behalten, während er in den Schatten verschwindet und dann unerwartet wieder auftaucht, kurz vor dem Sattelplatz den Staub im Sonnenlicht kreisen zu sehen und draußen die Menge jubeln zu hören. Die Gesichter zu sehen, als er hervorkommt und ins Licht tänzelt. Auch hierum geht es, müssen wir fairerweise zugeben. Um den Ruhm.

Ich hatte nicht damit gerechnet, dass ich so lange bei den Stallungen bin, und ich muss noch meine Wette abgeben, denn dafür habe ich heute Morgen mein Konto geplündert. Ich eile vom Sattelplatz und zurück in den zweiten Stock, wo ich dem Sullivan-System treu bleibe, gutes Geld auf jedes Pferd mit Quoten zwischen zehn und zwanzig zu eins, für den ersten oder zweiten Platz (falls ihr es schon vergessen habt). Als ich an meinen Platz komme, habe ich schon das komplizierte Gedenkritual für den 11. September verpasst, bei dem (wie ich später erfuhr) Proud Citizen zwei Feuerwehrmänner gebissen hat.

Die Stimmung bei dem Rennen ist anders als bei jedem anderen, das ich mir das letzte Jahr über angesehen habe. Im Publikum geht etwas um – ich möchte es Wohlwollen nennen. Wir alle erwarten etwas Schönes, etwas, was fast nie passiert, was fast nie möglich ist, heute aber schon. In allen Gesprächen, die ich seit heute Morgen geführt und mitgehört habe, hat niemand auch nur die geringsten Bedenken geäußert, weil War Emblems Besitzer Saudi ist. Es ist allen egal. Sie wissen es besser. Sie wissen, dass ein Pferd nun mal irgendwem gehören muss. NBC erwähnt es, aber sonst niemand. Es ist wie bei den Clinton-Skandalen. Diese absolute Gleichgültig-

keit gegenüber der falschen Realität, die all die Kolumnisten, TV-Experten und Kommentarschreiber uns eintrichtern wollen, erscheint mir sehr amerikanisch, und in diesem Augenblick liebe ich mein Land.

Die Leute feuern schon an, bevor das Rennen beginnt. Aber War Emblem strauchelt bereits kurz nach dem Start (später, als ich mir auf der Neben-Pressetribüne die Wiederholung anschaue, sehe ich, dass er fast zu Boden geht), und auch wenn er sich fängt, kommt er nicht mehr in Führung. Das Rennen gewinnt ein anderes Pferd, von dem noch nie jemand gehört hat, dabei ist der Name so schön: Sarava. Ein Hengst namens Medaglia d'Oro wird Zweiter mit einer Quote von sechzehn zu eins.

Wie beim Derby ist das Publikum nach dem Rennen seltsam still. Erst hat War Emblem allen die Sprache verschlagen, jetzt hat er sie vor Enttäuschung verstummen lassen.

Komisch. Ich hätte nicht gedacht, dass ich mir den Sieg dieses Pferdes so sehr gewünscht habe. Seine Geschichte war so vulgär. Aber als ich schließlich das Fernglas senke, stehen mir die Tränen in den Augen. Ich brauche ein paar Sekunden, bis ich kapiere, dass ich gerade auf Medaglia d'Oro fünfhundert Dollar gewonnen habe.

REITER, SCHAU KALT[20]

Zu Hause in Manhattan ist es Morgen, und die Sonne schwebt zwischen den Gebäuden wie eine Blase aus geschmolzenem Stahl, obwohl hier im Greenwich Village nicht mehr als ein Schimmer ankommt, ein Hellerwerden hinter den Jalousien, das unsicher scheint wie ein falsches Morgengrauen, als könnte es sich das Licht jeden Moment anders überlegen und der Flut gleich zurück in den Ozean sinken, sodass wieder alles Dunkelheit und Warten wäre. Es ist die einzige stille Stunde, wenn der letzte Kokser ungevögelt aus der Bar geworfen wurde und sich ausgebrüllt hat, und die Rollläden der Geschäfte noch nicht mit Poltergähnen hoch und außer Sicht gezogen wurden. Es ist furchtsam ruhig.

Wieder setze ich meinen Kopfhörer auf, klicke auf die popligen kleinen Clips und höre den Kommentar. Wieder schließe ich die Augen und sehe ihn laufen: das Derby, Preakness, Belmont, 1973. Ich höre Chick Anderson zu, der sich bemüht und scheitert, mit menschlichen Mitteln Perfektion zu beschreiben, zu schildern, was noch nie jemand gesehen hat und was keiner der Anwesenden jemals wieder sehen wird.

Und dennoch hängt immer noch die alte Frage über allem: Warum? Warum ist er so gelaufen, obwohl ihn niemand zwang, obwohl ihn niemand auch nur antrieb, obwohl nichts und niemand mehr zu besiegen war, obwohl ihn keine Strafe erwartete, falls er langsamer wurde? Zumindest an diesem Morgen ist die Antwort endlich klar. Sie braucht keinen Glauben. Er ist so gelaufen, das weiß ich, weil er es konnte und wir nicht. Wenn man Schönheit ist, muss man selbst nicht wissen, was Schönheit heißt.

In einem Regal vor meinem Tisch steht auf Augenhöhe ein Familienfoto von meiner College-Abschlussfeier. Mein Vater steht neben mir im Maisonnenschein und erhebt einen durchsichtigen Plastikbecher mit Champagner. Wir haben beide eine Brille auf, und die Spiegelungen verbergen unsere Augen, aber ich weiß, dass sein Lächeln echt ist. Seine Haare, die ihm der Wind aus der Stirn bläst, sind knochenweiß geworden, aber der Schnurrbart hat noch einen rötlichen Schimmer. Sein Gesicht ist eine dickere, ältere Version von meinem, bis hin zum hervorstehenden Kinn. Früher war mir das unangenehm. Ich weiß nicht, warum.

Er ist jetzt seit drei Jahren tot. Wenn ich von ihm träume – das kommt etwa einmal im Monat vor –, dann liegt er immer im Sterben, es geht ihm nie gut. Aber er lebt noch. Er ist alleine in einem kleinen Zimmer, die Tür offen, sodass wir ihn sehen können, und wir anderen sitzen auf Sofas und reiben uns die Hände. Er wird jünger, während er immer ausgemergelter wird und dem Tod näherkommt. Er ist in diesen Träumen nie wütend oder ängstlich, nur unglücklich und vielleicht etwas besorgt, und er hat ein wehmütiges Lächeln im Gesicht.

Was ihn schließlich umbrachte, war absonderlicherweise etwas, was auch einen dreißigjährigen Freizeitjogger hätte umbringen können. Während er sich von der zweiten Hernienoperation erholte (der er so nah nach dem Bypass niemals hätte zustimmen sollen, nach allem, was sein Körper durchgemacht hatte), bildete sich in seinem Bein ein Blutgerinnsel, das sich löste und in seine Lunge wanderte. Zwölf Stunden lang kämpften sie um ihn. Der Chirurg habe geweint, sagte man mir.

Am Tag der Operation, die nach Plan verlief, war ich unterwegs. Ich rief ihn abends an, aber wegen der Betäubungsmittel verstand er mich kaum. Er murmelte unzusammenhängendes Zeug. Ich weiß noch, dass ich in dem Bed-and-Breakfast in Ost-Tennessee in der Küche saß und »Hab dich lieb!« in den Hörer brüllte, weil ich nicht wusste, ob er mich verstand. Schließlich hörte ich, wie die Krankenschwester für ihn auflegte. Ich werde nie erfahren, ob die letzten Worte, die ich zu ihm sagte, auch die letzten waren, die er hörte.

Zwei Tage später, als ich wieder in New York war, weckte mich ein Anruf vom Riverside Hospital. Eine Frau fragte mich, ob ich John Sullivan sei, und als ich bejahte, erklärte sie mir, dass es einen Zwischenfall gegeben habe. Früher am Morgen seien die Schwestern zu ihm ins Zimmer gekommen und hätten ihn umgedreht, um nach seinen Verbänden zu sehen, und auf einmal habe er keine Luft mehr bekommen. Dann habe er einen Herzstillstand erlitten. Mittlerweile hätten sie ihn wieder »stabil«, sagte sie, aber ich solle trotzdem sofort zum Krankenhaus kommen.

Der Abflugbildschirm am LaGuardia Airport informierte mich, dass mein zwei Stunden vorher gebuchter Flug abgesagt war. Ich drängelte mich durch zum Schalter und erklärte meine Lage, aber sie konnten mich nur auf einen Flug später am Nachmittag buchen. Also stellte ich mich ans Münztelefon und rief immer wieder an. Sie versuchten immer noch, ihn zu retten. Eine Stunde verging. Ich rief wieder an, und meine Tante Kathy, seine jüngere Schwester, sagte, wir hätten ihn verloren. Ich legte auf. Die Leute um mich herum hatten von den verschiedenen Gesprächen genug mitbekommen, um sich meine Geschichte zusammenzureimen. Sie starrten mich an und wandten dann die Blicke ab.

Als ich spät abends am Riverside Hospital ankam, hatten sich schon alle ausgeweint. Der ganze Wartebereich stand unter Schock. Mein Bruder war noch von Chicago aus unterwegs, und meine drei Schwestern hatten auf mich gewartet, um hineinzugehen und ihn sich anzuschauen, also gingen wir zusammen und hielten einander unsicher an den Händen. Er lag auf dem Tisch, sein armer, geschundener Körper unter einem Laken, mein Vater. In dem harschen Licht war er eine jenseitige Gegenwart. In dem Raum war nichts mehr übrig, was ich erkannte. Ich küsste ihn auf die Stirn und schreckte vor der Kälte zurück wie vor einem Stromschlag. Sein seltsames, hippokratisches Gesicht.

Noch später am Abend saß ich mit meiner Mutter und meinen Schwestern schweigend in seiner Junggesellenwohnung. Man hatte schon lange damit gerechnet, dass so etwas passieren würde – und nun, als es wirklich passiert war, schien es unwirklich, wie im Traum. Ich ging durch die kleinen Teppichbodenräume und berührte seine Sachen. Sonst hatte die Wohnung mich immer deprimiert, aber jetzt wollte ich hier sein, hier bleiben. Der Zigarettenrauch hing noch in den Möbeln und Wänden. In seinem Bücherregal stand ein Schwarz-Weiß-Foto von uns beiden in Irland. Ein alter Mann hatte es von uns gemacht, auf unserer Fahrt in den Westen des County Cork, wo die Großeltern meines Vaters auf einem Pachthof in einer

Gemeinde namens Kilcomogue geboren worden waren. Wir sitzen nebeneinander auf einer niedrigen Steinmauer, und hinter uns glitzert das Meer wie Alufolie. Am Morgen waren wir auf Cape Clear Island gewesen und hatten die drei Kilometer vom Hafen zur alten Burg wandern wollen. Aber mein Vater blieb stehen, als sie in Sichtweite kam. Er schnaufte und sagte, wir sollten den Plan lieber vergessen – selbst wenn er es zur Burg schaffe, würden wir niemals rechtzeitig wieder am Boot sein. Ich hatte noch nie gesehen, wie ihm sein Körper so den Dienst versagte. Auf dem Rückweg musste ich alle paar Meter auf ihn warten, worüber ich dramatisch seufzte, weil ich ein kleines Arschloch war.

Das Gefühl, das mich in der Wohnung ergriff, war so banal, so erwartbar. Ich hatte mir immer gesagt, dass ich es auf keinen Fall empfinden würde, wenn er starb, aber jetzt erwischte es mich heftig und pur: die Schuld. Ich war ein schlechter Sohn gewesen. Wie hatte ich ihn hier hausen lassen können, in einem Wohnkomplex für Studenten, die Zimmer wollten, die sie folgenlos zertrümmern konnten, für Einwandererfamilien, die nie länger als ein paar Monate blieben. Als er einzog, war es eine Notlösung gewesen. Er wollte meine Mutter mit ihrem Leben weitermachen lassen. Wir gingen davon aus, dass er vielleicht ein Jahr bleiben würde, bis er ein Haus für sich fand. Aber nach drei Jahren war es allmählich klar, dass das wahrscheinlich seine letzte Adresse bleiben würde, und ich machte mir Sorgen, dass er hier alleine sterben würde. Aber anscheinend machte die Bude ihm nie etwas aus. Als wir 1987 mit der Familie nach Columbus zogen, fuhr er ohne uns vor, um seine Stelle anzutreten, und verbrachte zwei Monate in einer Zwei-Zimmer-Kellerloch-WG mit einem chinesischen Master-Studenten, der kein Englisch konnte. Da war er fünfundvierzig, ein Mann, der mitten im Leben stand. Aber so war er: Wenn er seine Bücherregale und seinen Panasonic-Kassettenrekorder und eine Schachtel Fig Newtons hatte, schien er seine Umgebung kaum wahrzunehmen. Trotzdem hätte ich ein paar Wochen zu ihm nach Columbus kommen und ihm ein Haus finden helfen sollen. Hätte ich etwas nachgeholfen, hätte er sich überzeugen lassen.

Und dann gab es noch die ganzen Briefe, die ich nicht beantwortet hatte. Die Rückrufe, die ich ihm schuldig blieb. Die Weihnachten, die wir uns nur ein paar Stunden mit ihm trafen, und das irgendwo in einem billigen Restaurant. Am Anfang jeder Baseball-Saison schickte er mir immer einen Spielplan der Cleveland Indians. Darauf stand, wann das Team zu Hause spielte und wann nicht, und für die Auswärtstermine hatte er mir immer mit Bleistift die Telefonnummern der Hotels dazugeschrieben, in denen er übernachtete. Ich habe kaum jemals angerufen.

Wir waren nicht zerstritten; wahrscheinlich haben wir öfter miteinander geredet als die meisten Väter und Söhne. Es war bloß immer so, dass er den Anfang machen musste. Das war seine Strafe – dafür, dass er sich nicht ändern wollte, dass er Mist baute, dass er immer nur mein Freund sein wollte, nicht mein Vater, sosehr ich auch einen gebraucht hätte, dafür, dass man die Folgen seines Verhaltens für seine Umwelt, seine eigene Familie, nie auch nur ansprechen durfte, ohne dass er sich beleidigt einigelte. Als meine Schwester 1995 an der University of Arizona zum Archäologiestudium angenommen wurde, wollte sie es erst gar nicht antreten, weil sie Angst hatte, dass ihm etwas zustieß, während sie weg war (in seinen letzten Lebensjahren stand sie ihm am nächsten). Also ging ich mit ihm mittagessen und erklärte ihm die Lage, bettelte ihn an, meine Schwester zu beschwichtigen, sie solle sich nicht solche Sorgen machen. Aber er schüttelte nur verlegen den Kopf, als hätte ich etwas Unangemessenes gesagt, und sein Schweigen schien zu heißen, dass er mich nur aus Liebe nicht in meine Schranken verweisen würde. Meiner Schwester sagte er kein Wort.

Am schlimmsten war er im Angesicht der Enttäuschung oder Unzufriedenheit anderer. Diese ignorierte er, so lange er konnte, und wenn es nicht mehr ging, zog er sich zurück. Und ich wollte ihn lassen, ich wollte der Sohn sein, der sich und allen anderen sagte, dass der Alte so schlimm nicht sei, dass seine guten Seiten überwögen. Dass er hart gearbeitet habe, um für uns zu sorgen – und dass wir für ihn da sein mussten, statt ihn zu tadeln.

Aber es war mir unmöglich, zum Teil, weil mir das alte Klischee »Wenn du uns liebtest, würdest du leben wollen« zutiefst wahr erschien (eine moralische Logik, die wohl zu klar ist, um auf Erden zu funktionieren), und zum Teil, weil ich so vieles, was ich wollte, *sei-*

netwegen wollte, davon war ich überzeugt. Er war erst neunundvierzig, als er und meine Mutter sich scheiden ließen, und als er ausgezogen war, ließ er sich gehen. Selbst sein Geruch änderte sich. Es war schon immer eine Mischung aus Tabak und Schweiß und Old Spice gewesen, doch auf angenehme, erdige Art und Weise, aber je länger er in der Wohnung lebte, desto muffiger wurde das Ganze, und wenn ich ihn umarmte und einatmete, roch es nicht mehr gesund. Seine Gesundheit war das große Unausgesprochene, und seine Gewohnheiten wurden schlimmer, je älter es wurde. Es wuchs weiter und drohte gegen Ende, mich zu verdrängen. Ich konnte meine Züge nicht beherrschen und verbergen, wie unglücklich es mich machte, wenn ich ihn mit einem Karton Zigaretten und einem Eis vor dem Fernseher sitzen sah, der Humor noch unerträglich intakt. Galgenhumor war es geworden. Ich hatte diesen außergewöhnlichen Mann vor mir, der nicht mehr dagegen ankämpfte und sich für die Einsamkeit entschieden hatte – doch zu früh. Und der den Gedanken an eine Therapie mit der ausgelutschten Begründung in den Wind schoss, dass er »sich doch nicht von irgend so einem New-Age-Spinner« erzählen lassen würde, »was ich im Leben falsch gemacht habe«. Und der den komplexen Schmerz im Gesicht seiner Kinder sah, wenn sie bei ihm waren, denn der konnte ihm nicht entgehen, dafür war er zu schlau, der aber dennoch im Grunde davon unbewegt blieb. Und ich liebte ihn. Und ich zweifle keinen Augenblick daran, dass er uns liebte und alles getan hätte, um uns glücklich zu machen, wenn es denn in seiner Macht gelegen hätte. Am Ende war es nichts als Schwäche.

Ich glaubte immer, dass ich ihm eines Tages sagen könnte, dass er mir ausreichte, wie er war, auch wie er geworden war. Ich wollte ihm sagen, dass ich schuld an der Abkühlung unserer Freundschaft war, dass er, auch wenn er sich selbst vernachlässigte, uns nie vernachlässigt, uns nie verletzt hatte, zumindest nicht absichtlich. Aber als an dem Abend im Krankenhauszimmer die Schwester auflegte und ich das Freizeichen hörte, war unser Gespräch, von dem ich – naiverweise – geglaubt hatte, dass es immer weitergehen, dass Gesagtes immer wieder zurückgenommen werden konnte, für immer abgerissen.

Spät in der Nacht in seiner Wohnung, in dem Zimmer, wo ich immer schlief, wenn ich ihn besuchte, setzte ich mich an seinen alten Schreibtisch. In der Schublade lagen seine »Nichtrauchertagebücher«, wie er sie nannte, spezielle, von den anderen abgesonderte Notizbücher voll von seiner schnellen, geschwungenen Handschrift. Mit jedem Versuch, das Rauchen aufzugeben, fing er ein neues an. Ich hatte sie mir schon ein-, zweimal angesehen, als er noch lebte. Jetzt gehörten sie seinem Testament zufolge mir, mitsamt allen anderen seiner »kreativen Arbeiten«. Es waren hauptsächlich Selbstverurteilungen, voller schwarzer Gedanken, Bemühungen, seine Willenskraft zu finden und zu nutzen. Er hatte sich *wirklich* ändern wollen. Mehr als jeder von uns es für ihn gewollt hatte (auf dem Nachttisch lag eine Notizkarte, die er sich geschrieben hatte, als er in einer Selbsthilfegruppe war: »Gründe aufzuhören: 1. Es besorgt die Kinder«). Ich blätterte eins der Notizbücher durch. Er schrieb davon, wie peinlich es ihm jeden Morgen war, wenn er nicht aufhören konnte zu husten, weil die Nachbarn ihn durch die dünnen Wände hören konnten. Als ich umblätterte, fand ich einen einzeln stehenden Satz. Als ich ihn las, wusste ich, dass ich die Tagebücher danach nie wieder aufschlagen würde. »Sollte ich morgen nicht mehr aufwachen«, hatte er geschrieben, »seid gewiss, dass meine Liebe zeitlos und tief ist.«

Wir hielten einen katholischen Gottesdienst für ihn im Bestattungsunternehmen Milward in Lexington ab. Seine alten Freunde kamen, Leute, die er seit Jahren nicht mehr gesehen hatte. Es haute mich um, als drei junge Männer, Kollegen von ihm, auf mich zukamen und mir sagten, mein Vater habe ihnen das Schreiben beigebracht. »Mir auch«, mehr brachte ich nicht heraus. So etwas hätte er *nie* für sich beansprucht, dass er jemandem ein Mentor hätte gewesen sein können; wie er es darstellte, tippte er eben amüsante kleine Textchen, und aus irgendeinem Grunde bezahlte ihn diese oder jene Zeitung dafür.

Der engere Familienkreis versammelte sich in einem kleinen Vorraum, bevor der Pfarrer anfing. Wir baten den Bestatter, den Sarg zu öffnen, damit wir meinen Vater noch einmal sehen konnten, und er hob den Deckel übertrieben langsam, um zu zeigen, dass ihm die Bedeutsamkeit des Augenblicks bewusst war. Aber der Anblick seines

Gesichts löste nichts in mir aus. Sein Schnurrbart war auf Mundbreite zurückgestutzt. Die Hände lagen neben ihm – während sie bei Mittagsschläfchen zu Lebzeiten immer auf dem Bauch gefaltet waren. Man sagt, dass es hilft, wenn man die Leiche sieht. Aber mir kommt es falsch vor, dass der Körper überhaupt zurückbleibt. Ich finde, wir sollten ganz verschwinden, wenn wir sterben.

Am Abend vorher in Columbus hatte ich die Trauerrede geschrieben. Nun stand ich vor den Leuten, die er die größte Zeit seines Lebens am meisten geliebt hatte, und wollte mit der Sache, die er am meisten geliebt hatte – der Sprache –, einen Eindruck von ihm vermitteln. In dem Augenblick war ich verlockt, über seine dunklere Seite zu sprechen, weil ich wusste, dass mein Vater sich gerne von anderen als »kauzig« sehen ließ, und irgendwie glaubte ich, ich müsste ihn davor beschützen, müsste mehr von ihm zeigen, damit ihn alle sahen, wie ich ihn sah. Aber die Vernunft siegte. Denn auch was die anderen sahen, war echt; der Humor war nie aufgesetzt. Und wenn dieser aller Traurigkeit zum Trotze fortdauerte, dann war daran etwas Edles.

Ich erzählte eine Geschichte davon, wie er mich einmal in Sewanee, Tennessee, am College besuchte. Es gibt dort am Stadtrand ein Restaurant namens Pearl's. Das war damals auf dem einsamen Berg, wo die Uni steht, die einzige Möglichkeit, ein gutes Essen zu bekommen, und jeder ging dort mit seinen Eltern hin, wenn sie zu Besuch kamen. Mein Vater und ich aßen draußen auf der geschotterten Terrasse. Wir unterhielten uns lange und leerten zwei Flaschen Wein bei Kerzenlicht. Er erzählte angeregt und spielte seine Geschichten szenisch vor, wie er es gerne tat. Wir merkten beide nicht, dass sich, während er sich vorbeugte und wippte und wieder zurückschaukelte, unter seinem beträchtlichen Gewicht die hinteren Stuhlbeine tiefer und tiefer in den Schotter bohrten.

Als wir schließlich bezahlt hatten, wollte er aufstehen, aber der Stuhl kippte nach hinten und riss ihn mit. Es geschah so langsam – er stürzte wie eine Cartoonfigur, der man eins übergebraten hatte –, und bei dem Gottesdienst wollte ich vor allem seinen Gesichtsausdruck beschreiben. Er lächelte. Er hatte die Augen weit aufgerissen und wirkte überrascht und in freudiger Erwartung zugleich, als kä-

me er gerade über den großen Hügel bei einer Achterbahn. Es dauerte scheinbar Stunden, bis er flach auf dem Rücken im Schotter landete, die Arme ausgestreckt und mit einem Wummern. Die Brille sprang ihm vom Gesicht und purzelte hinter ihn.

Ich lief um den Tisch, rot vor Verlegenheit. Mehrere Kellner rannten herbei und hatten sicher Angst vor einer Klage. Die Gäste an den anderen Tischen drehten sich nach uns um und starrten. Mein Vater hatte die Augen geschlossen und bebte. Wir fragten ihn: »Bist du okay?«, »Sir, sind Sie okay?«, bekamen aber keine Antwort. Ich kniete mich neben ihn und machte mir Gedanken, warum er keine Anstalten machte aufzustehen. Erst dann verstand ich allmählich, dass er vor Lachen nicht konnte.

Wir hielten zwei Totenfeiern für ihn ab, die eine am anderen Ende der Stadt bei seiner Nichte, für seine Brüder und Schwestern und all meine Sullivan-Cousins und -Cousinen, und eine andere am Abend bei meiner Großmutter für die Milward-Seite. Beide waren sehr irisch (die erste authentisch, die andere im Geiste): rauhe Mengen Whiskey und Witze, nur hier und da eine sentimentale Träne, und alle sagten immer wieder, dass er es genau so gewollt hätte. Was auch stimmte, aber am liebsten hätte ich gefragt: »Aber hätte er es so bald schon gewollt?«

Sehr spät am Abend – wahrscheinlich war es schon früher Morgen – saßen mein Bruder und ich in einem Hotelzimmer, das meine Großmutter für die von unseren Freunden gemietet hatte, die angereist waren. Überall auf den Betten und Böden lagen Angezogene und schliefen. Es war still. Wir saßen einander mit feuchten Augen im Schneidersitz gegenüber, reichten eine Flasche Bourbon hin und her und flüsterten. Aus irgendeinem Grund unterhielten wir uns über die Beach Boys, und mit das Letzte, woran ich mich erinnere, bevor ich einschlief, war die Einschätzung meines Bruders, dass der größte Moment in der Geschichte der Popmusik der vollständige Takt Stille am Anfang von »Good Vibrations« sei, als Brian Wilson »I« gesungen hat, und bevor er singt, »I love the colorful clothes she wears«. Mein Bruder wankte, während er die vier stummen Taktschläge auf dem Teppich abzählte. »Da ist …«, sagte er, »da ist quasi das ganze Universum in der einen Stille drin.«

Dann waren wir still und tranken. Bevor alles schwarz wurde, fuhren meine Gedanken schon durch die Dunkelheit, Scheinwerfer an, vom Parkplatz, links auf die Richmond Road, weiter, während sie erst zur Einbahnstraße und dann ohne jede Beschilderung zur Main Street wurde, die wie ausgestorben war, die Ampeln blinkten gelb, dann über die Brücke zu den Friedhöfen, links auf den Calvary Cemetery, entlang der verschlungenen Wege zu der Ecke, wo sich zwei Hecken trafen, wo die Leiche meines Vaters schon unter der Erde war. Ist es kalt da unten, auch im Sommer?

Mein Bruder schüttelte den Kopf. »Ich kann nicht fassen, dass Dad tot ist.«

REST

Ich brauchte über ein Jahr, bis ich wirklich glaubte, dass mein Vater tot war. Ich stritt es zwar nicht ab und verweigerte mich der Tatsache nicht; aber ich hatte einfach noch nicht verstanden, dass es wahr war. Es gibt eine Szene in der Mitte von *Auf der Suche nach der verlorenen Zeit*, als Marcel in den fiktiven Badeort Balbec zurückkehrt. Jahre zuvor war er mit seiner Großmutter dort gewesen, einer engelsgleich selbstlosen Frau, die ihn bemutterte, und die er liebte. Beim ersten Mal kam sie einmal im Morgenmantel zu ihm ins Zimmer, um ihm aus den Stiefeln zu helfen, weil sie sein »alarmiertes Schnuppern« durch die Wand gehört hatte, und sie sagte: »Oh, ich bitte dich ... Das ist doch solch eine Freude für deine Großmutter.«

Nun aber ist niemand mehr da, der seinen Kummer bemerkt. Seine Großmutter ist fort, und er ist allein. Müde und krank bückt Marcel sich, um sich selbst die Stiefel auszuziehen. »Aber kaum hatte ich den ersten Knopf meines Stiefels berührt«, schreibt er,

> als sich meine Brust weitete, angefüllt von einer unbekannten, einer göttlichen Gegenwart, Schluchzen schüttelte mich, Tränen rannen mir aus den Augen. ... Ich hatte soeben in meiner Erinnerung das zarte, sorgenvolle und enttäuschte Gesicht meiner Großmutter über meinen erschöpften Zustand gebeugt so gesehen, wie es an jenem ersten Abend der Ankunft gewesen war; das Gesicht meiner Großmutter, doch nicht derjenigen, die ich zu meinem Staunen und meiner Reue so wenig betrauert hatte und die von dieser nur den Namen besaß, sondern meiner wirklichen Großmutter, deren lebendige Wirklichkeit ich zum ersten Male seit den Champs-Élysées, wo sie ihren Anfall gehabt hatte, in einer unwillkürlichen und vollständigen Erinnerung wiederfand. Diese Wirklichkeit existiert für uns nicht, solange sie nicht durch unser Denken wiedererschaffen worden ist ... und

> in dem wahnsinnigen Verlangen, mich in ihre Arme zu werfen, erfuhr ich erst in diesem Augenblick – mehr als ein Jahr nach ihrer Beerdigung, aufgrund jenes Anachronismus, der so oft verhindert, dass der Kalender der Tatsachen mit dem der Gefühle übereinstimmt –, dass sie tot war.

Diese Passage fiel mir vor zwei Jahren ein. Ich spülte gerade in meiner New Yorker Wohnung ab, als mich meine Mutter anrief und mir erklärte, dass der Hund meiner Jugend – ein gigantischer, gescheckter, trotteliger Mischling, halb Deutsche Dogge, halb Labrador mit Pranken wie Kuchentellern und einer witzigen schwarzen Maske über den Augen – im Alter von fünfzehn Jahren eingeschläfert worden war. Sie war nach unten gekommen, um ihn zu seinem Morgengeschäft nach draußen zu lassen, und er konnte sich nicht mehr auf den Beinen halten. Sie schaute ihm in die Augen und sah dort zum ersten Mal in seinem langen Greisenalter Schmerz. »Es tut mir leid«, sagte sie, »ich hätte es dir gern vorher gesagt. Aber ... wir waren es ihm schuldig, weißt du?«

Wir waren schon immer Hundeleute. Tippy war die Erste – die Hündin meines Bruders. Sie war zu etwa 75 Prozent schwarzer Labrador, einer dieser extrem schlauen Mischlinge, die Türen und Schränke aufmachen können. Auf meinen Geburtstagsfeiern trieb sie immer die Kinder von der Straße weg wie ein Hirtenhund. Eines Tages stiegen meine Schwester und ich aus dem Schulbus und fanden sie tot an ihrem Lieblingsplatz unter dem riesigen Ahorn, in dessen Schatten unser Haus stand. Wir tätschelten sie panisch, riefen ihren Namen, aber dann landete eine schwarze Fliege auf ihrer Lefze, und sie regte sich immer noch nicht, da wussten wir, dass etwas nicht stimmte. Wir stürmten ins Haus und schrien nach unserem Vater. Normalerweise kam er stinksauer aus dem Elternzimmer, wenn man ihn beim Mittagsschlaf störte, die Hand schon zum Scheinschlag erhoben, der aussah, als würde er wirklich wehtun, bis er ein Stück vor dem Kontakt mit dem Arm verflatterte, dass es kaum noch einen Klaps gab – dann stapfte unser Vater immer davon. Aber er hatte wohl etwas in unseren Stimmen erkannt und kam benommen und besorgt heraus. Es folgte einer dieser unwiederbringlich unschuldigen Kindheitsmomente, bevor Benehmen und Scham einem die Reaktionen zähmen: Ich rannte auf ihn zu, schlang meine Arme um seine Taille, schaute zu ihm hoch und rief: »Warum? Warum?« Meine Schwester stand hinter mir, heulte auch und wartete, bis sie dran war. Kurz sah es aus, als würde mein Vater loslachen, und ich merkte, was ich für ein Bild abgab, aber dann lächelte er und sagte: »Das weiß keiner. Es passiert einfach.«

Keinen Monat später bekamen wir ein neues labradorartiges Weibchen von einem Mann in Louisville, der sieben Welpen zu verkaufen hatte (meine Mutter suchte sie aus). Mein Vater nannte sie Ruggles nach seinem Lieblingskomiker Charlie Ruggles und schenkte sie meiner Schwester, die immer noch jeden Abend weinte. Ruggles war lieb, aber dumm: Ihr definierendes Merkmal war ihr Geschlabber. Andererseits war sie extrem sportlich – eine Hochspringerin mit kraftvollen Hüften –, und bei ihrer ersten Hitze konnten wir sie nicht aufhalten. Sie sprang über den Ein-Meter-vierzig-Maschendrahtzaun, am höchsten Punkt kamen ihre vier Pfoten wie zu einem Knäuel zusammen, und als sie landete, raste sie auch schon los. Anscheinend besuchte sie jeden intakten Rüden in der Nachbarschaft und kam hochschwanger zurück.

Ihre sieben Welpen – die sie am 4. Juli um vier Uhr morgens in einem aufgeschnittenen Kühlschrankkarton zur Welt brachte – hatten alle möglichen Größen und Farben. Die meisten konnten wir einem Vater in der Gegend zuordnen. Der letzte, der herauskam, war der größte, und wir erkannten ihn sofort als den Sohn eines schwarz-weiß gescheckten Doggenrüden, der mir bis zu den Schultern ging und auf der anderen Seite unseres Hügels wohnte. Der Kleine sah aus wie eine Riesenkartoffel, aus der ein Kopf gesprossen war, weiß mit schwarzen Flecken und Pfotenballen im exakten Pinkton von Bleistiftradiergummis. Mein Vater nannte ihn Remnant, Rest, weil er der Letzte war, und er war von Anfang an eine Naturgewalt: Wenn seine Mutter sich müde auf die Seite rollte und ihre Zitzen darbot, schob er die anderen Welpen locker beiseite, fast als schwämme er zwischen ihnen hindurch, bis er sich fest in der Mitte des Wurfs eingerichtet hatte.

Sechs Wochen später, als es Zeit war, die Kleinen fortzugeben, beschlossen wir, dass wir einfach den behalten würden, der als Letzter noch da war. Wenn sechs abgeholt waren, würde der siebte mein Hund werden. Aber als die Interessenten kamen, liefen die meisten der Welpen sofort auf sie zu und kletterten an ihnen hoch, nur Remnant ging sich hinter dem Buchsbaum an der Hintertür verstecken, als wüsste er, was los war, und wollte nichts damit zu tun haben. Also fragte ich meine Eltern, ob ich ihn haben könne.

Diese kleine Intelligenzdarbietung stellte sich als Finte heraus oder eher als Illusion. Bald wurde klar, dass er genauso dumm war wie seine Mutter. Dazu muss ich sagen, dass wir sowohl bei Ruggles als auch bei Remnant nicht sicher waren, ob sie beide mit Hirnschaden zur Welt gekommen waren, oder ob sie so wurden, weil wir sie fressen ließen, was immer sie wollten. Nichts war vor ihnen sicher. Sie konnten sich Sachen vom Kühlschrank herunterholen, von unter dem Bett hervorangeln, aus Kartons und Säcken zerren. Sie fraßen ganze Brotlaibe, eine große Flasche Herzwurmtabletten, eine Packung rohe Würstchen, Shakespeare (die Wüstenrennmaus meiner Schwester), Teppichboden, Gras, Blumenzwiebeln aus dem Garten meiner Mutter, die Scheiße unserer furchteinflößenden, irren Katze Skipper und einmal einen ganzen, versiegelten Karton fetter Schokoriegel, wie man sie verkaufen soll, um für die Schule Geld einzunehmen. Ich kann mich an den nächsten Abend erinnern, als mein Vater mich mit einem Plastiksack auf »Kackpatrouille« in den Garten schickte – es war Vollmond, und die vielen, massigen Häufchen, die Mutter und Sohn im Laufe des Tages hinterlassen hatten, funkelten im silbrigen Licht, denn sie steckten voller Alufolienschnipsel von den Schokoriegelverpackungen.

Wir liebten unsere dicken, dummen Hunde, auch wenn sich unsere Nachbarn über sie beschwerten und sich unsere Freunde über sie lustig machten. Mein Vater verachtete den Montessori-Ansatz der Hundeerziehung mit Tausend-Dollar-Rechnungen von der Hundeschule und öffentlich gebellten Kommandos, um sich die Bewunderung der anderen Gläubigen zu sichern. Seiner Überzeugung nach – und unserer, denn so hatten wir es gelernt – *mussten* Hunde so sein wie Remnant und Ruggles, große, dämliche Viecher, die herumliefen und machten, was sie wollten, bis man sie anbrüllte, die Fremden Angst machten, ihnen aber niemals etwas antun würden, die bedingungslose Liebe in übermäßigen Dosen gaben und einforderten, und die bei einem blieben, bis sie oder wir starben.

Remnant, der auch in seinem zweiten Jahr immer weiterwuchs, war am Ende ein Koloss mit einem Bellen wie eine Schrotflinte, der Archetyp des großen Trotteltiers, und mein Vater liebte ihn ganz besonders. Manchmal rief er mich ans Wohnzimmerfenster, damit ich mir Remnant ansah (der ein noch besserer Springer geworden war als seine Mutter), wie er zum Sprung über den Zaun ansetzte. Er trabte zur Rasenmitte, drehte sich um, lief immer schneller auf das Hindernis zu und glitt schließlich hoch durch die Lüfte; all das tat er mit Lässigkeit und hängender Zunge. »Er läuft wie ein Pony«, sagte mein Vater und schüttelte den Kopf.

Als wir nach Ohio zogen, hatte unser Haus dort genau den gleichen Zaun, aber unsere Nachbarn setzten uns darüber in Kenntnis, dass sie freilaufende Hunde nicht dulden würden. Also mussten wir sie zum ersten Mal in ihrem Leben an die Kette legen. Zumindest Remnant – Ruggles war zu dick geworden und schaffte es sowieso nicht mehr drüber. Nach ein paar Monaten merkte mein Vater aber, dass man vor Remnant nur mit der Kette rasseln, in der Nähe seines blassroten Halsbands Schnappgeräusche machen und sagen musste, »Jetzt bist du fest, Remmy«, damit er es glaubte und keinen Fluchtversuch unternahm. Fünf Jahre lang lag die Kette aufgerollt neben der Verandaschiebetür, nie wieder genutzt, und absolut wirksam. Mein Vater nannte sie die Verkettung unwirklicher Umstände. Nach der Scheidung meiner Eltern kam mein Vater mich und meine Schwester manchmal abholen oder brachte irgendwelchen Schriftkram vorbei, und wenn Remnant die Stimme seines Herrchens hörte, kam er die Treppe heruntergepoltert. Ihre kleinen Wiedersehen im Flur hatten etwas Trauriges; selbst Remnant spürte es, der eigentlich vor Begeisterung zitterte. Nach ein, zwei Minuten machte er wieder kehrt, lief zurück nach oben und warf meiner Mutter schuldbewusste Blicke zu, als hätte er sich bei etwas Schlimmem erwischen lassen. Auch mein Vater hielt sich zurück: Er beugte sich zum Streicheln nur etwas vor, statt sich hinzuhocken wie früher, damit ihre Gesichter auf einer Höhe waren. Es war wie bei zwei alten Freunden, die sich vor Gericht oder bei einer Beerdigung begrüßen.

Es überraschte mich nicht, dass Remnant meinen Vater überlebte. Für mich war der Hund nie alt. Selbst wenn ich nach Ruggles' Tod an Weihnachten oder Ostern nach Hause kam und Remnant immer beeinträchtigter vorfand – mit Hundewindel (zumindest einmal), das Schwarz ums Maul ergraut, weitgehend taub und blind (man musste auf den Boden stampfen, wenn man seine Aufmerksamkeit wollte, worauf er reagierte, wenn ihm danach war), mit zitternden Hinterbeinen, wenn er die Treppe hinaufstieg, bis er es ganz aufgab –, gehörte all das für mich einfach zu seiner Trotteligkeit. Und als es ganze sechs Monate vor dem Ende einmal schlimm aussah (meine Mutter hörte ihn nachts wimmern und rief den Tierarzt an, der sagte, es sei »wahrscheinlich Zeit«), wollte sie ihn gerade zu seiner letzten Fahrt in den Kombi laden, als er plötzlich auf unerwartete Kraftreserven zurückgriff und herumtänzelte wie ein fünf Jahre jüngerer Hund. »Es ist wie damals, als er Welpe war und die Leute kamen«, sagte meine Mutter. »Er weiß, wenn ihn einer wegnehmen will.«

Aber beim zweiten Mal schaffte er es nicht mehr, denn er war zu schwach. Er ließ sich von meiner Mutter und ihrem neuen Mann in einem Bettlaken auf den Rücksitz heben. Die ganze Fahrt zum Tierarzt war er still. Und meine Mutter kam mit seinem gewaltigen Haufen Asche in einer XXL-Tupperdose nach Hause.

Mit meiner Reaktion auf die Neuigkeiten hatte ich nicht gerechnet; ich war ja eigentlich überrascht, dass der Anruf nicht schon viel früher gekommen war. Aber wenn ich mir Remnant vorstellte (als Erstes hatte ich ein Polaroid von mir vor Augen, wie ich ihn unter der Schaukel hielt, als er mir noch in beide Hände passte, das schwarz-weiße Gesicht noch embryohaft verknautscht), musste ich auf einmal an meinen Vater denken, der nun seit vierzehn Monaten tot war, der diesen trotteligen Hund und den dieser trottelige Hund geliebt hatte, und ich hatte sie vor mir, wie sie ihre Gesichter aneinanderrieben, was sie beide mit gleicher Begeisterung taten, wie Remnant ungeduldig bei meinem Vater am Schreibtisch saß, während er schrieb, und der lange Schwanz immer weiter wedelte wie ein Scheibenwischer, bis mein Vater endlich fertig war, aufstand und die Treppe hochging, wobei er rief: »Will Remnant einen Knochen? Ja, will er einen Knochen?«, und ich hatte meinen Vater vor Augen, wie er im

Wagen umherfuhr, wenn Remnant ausgebüchst war, was er in der Zeit vor der Kette andauernd tat, bis er schließlich irgendwo vor einer Ladenzeile auftauchte, wo er eine alte Dame in die Ecke gedrängt hatte, die mein Vater dann zu beruhigen versuchte mit: »Alles okay, alles okay; er will Sie nur abschlabbern«, und mir wurde klar, dass Remnants gewaltiger Schädel, selbst gegen Ende, als er taub und blind war, ein Archiv gewesen war, eine Verbindung, dass er in den Winkeln seiner Erinnerung noch Seinsfäden meines Vaters hatte, und wenn auch nur einen Geruch oder ein bestimmtes Wort, aber ich wusste auch, dass unser aller Sein ebenso sehr aus diesen Fäden besteht wie aus unseren Körpern, dass wir unsere Existenz aus einem Geflecht ziehen, das die ganze Zeit von außen her aufgeräufelt wird, aber nie verschwindet, selbst wenn wir es tun; es war, als wäre Remnant zurückgekehrt, um mir zu zeigen, wie der Tod das Seine tut, und dass das Leben ein langsames Ansammeln von Schatten ist, die sich um uns aufbauen, bis auch wir zu ihnen kommen (»Die Toten annektieren die Lebenden so sicher, wie das französische Königreich das Herzogtum Orléans annektiert«, sagte Beckett); ich sah eine schwarze Leere in die Zukunft schweben – die Kinder, die mein Vater nie kennenlernen würde – und ich sah den Mann dem Hund in die Dunkelheit folgen, der Hund, der sich ebenso wenig wie wir seines Platzes in der Kette bewusst ist, der Mann mein Vater, um den ich noch nicht richtig getrauert habe, noch nicht, da die Realität seines Todes einer fernen Katastrophe in den Nachrichten gleich mein Innerstes noch nicht hatte berühren können, von der fundamentalen Gegebenheit dessen Todes ich nun zum ersten Mal hörte, ich nun erfuhr, denn erst in diesem Moment, über ein Jahr nach seiner Beerdigung, aufgrund jenes Anachronismus, der so oft verhindert, dass der Kalender der Tatsachen mit dem der Gefühle übereinstimmt, wurde ich mir bewusst, dass er tot war. Und ich schluchzte.

EIN JAHR SPÄTER

Juni 2003. Das letzte Jahr war ein seltsames für den Pferderennsport. Der Juli-Jährlingsverkauf in Keeneland wurde wegen der Folgen des grassierenden Mare Reproductive Loss Syndrome abgesagt, einer mysteriösen Krankheit – die im Bluegrass mittlerweile endemisch ist –, die bei trächtigen Stuten zum Verlust des Fohlens führt. Die Wissenschaftlerinnen und Wissenschaftler am Gluck Center verdächtigen die Raupe des Ringelspinners, die auf Kirschblättern lebt, die auch die Pferde gern fressen. Bei der Verdauung der Raupen werden geringe Mengen an Cyanid freigesetzt. Das ist nur eine Theorie (auch Pestizide könnten schuld sein), aber die Pferdebesitzer Zentralkentuckys hacken einen hundertjährigen Kirschbaum nach dem anderen um.

Wir sind wieder im Krieg – diesmal nicht in Afghanistan (doch auch dort sind wir noch), sondern im Irak, der alten Heimat der Araberpferde. Ein Artikel von Laura King in der *Los Angeles Times* berichtet, dass das Seventieth Armored Regiment des American Second Battalion auf dem Infield kampiert und ein als »vielversprechend« angesehener dreijähriger Hengst durch Granatsplitter verwundet wurde. Ein von King interviewter irakischer Pferdepfleger erzählte, dass die Pferde »wieherten und sich aufbäumten, als in der Nähe die Bomben einschlugen, und ich spürte ihre Angst. Ich beruhigte sie nach Kräften, damit sie sich nicht verletzten.«

Zu Hause jagt ein Skandal den anderen. Um ein Haar hätten ein paar ehemalige Studentenverbindungsbrüder erfolgreich einen Pick-Six-Wettschein beim Breeder's Cup im September gefälscht, mit dem sie Millionen gewonnen hätten. Stattdessen kommen sie wahrscheinlich wegen Betrugs ins Gefängnis (Joe Drape hat darüber für die *New York Times* eine preisgekrönte Artikelreihe geschrieben). Eine von der Generalstaatsanwaltschaft New Yorks in Auftrag gegebene Studie kam zu dem Schluss, dass die Rennbahnen des Staates hoffnungslos korrupt sind, vor allem Belmont. Dan Barry schrieb ebenfalls in der *Times*, dass der Bericht eine Organisation – die New York Racing Association – zeige, »in der am Ende des Tages nicht die Kassenquittungen gezählt werden; in der Festnahmen von Mitarbeitern keine Aufarbeitung nach sich ziehen; und in der kaum jemandem die Gegenwart von Buchmachern mit Verbindungen zum organisierten Verbrechen auffallen«.

Prinz bin Salmans Bruder hat die Thoroughbred Corporation übernommen und möchte deren Operationen zurückfahren. Er wollte War Emblem den Familien der Opfer des 11. September schenken – »ein außerordentlicher Versuch, die Beziehungen zu den Vereinigten Staaten zu verbessern«, so die *London Times* –, aber die Familien haben abgelehnt. »Ich habe von dem Angebot gehört«, sagte Steve Push, dessen Frau bei den Attentaten getötet wurde, »und das ist noch nicht mal ein Anfang ... Die brauchen einen neuen PR-Berater.« Schließlich wurde War Emblem als Zuchthengst an die Japaner verkauft, aber er »weigert sich, Stuten zu decken« – anders gesagt ist also sein Sperma aktiv, aber er nicht, was häufig bei Hengsten vorkommt, die während ihrer Rennkarriere gedopt wurden (lauter unbestätigte Gerüchte).

Und am verstörendsten: Bob Baffert tritt in einem Werbespot für eine obskure Jeansmarke auf. Darin sagt er, die Jeans gäben ihm »Unterstützung, wo ich sie am meisten brauche«, und in dem Moment zoomt eine unbeholfene 3D-Grafik an den Schritt heran.

Aber keine dieser Storys hat sich auch nur ein Zehntel der Druckerschwärze verdient, die »das Foto« bekommt. Der Skandal geht so: Das Kentucky Derby wurde zum ersten Mal überhaupt von einem in New York gezüchteten Pferd gewonnen, nämlich Funny Cide (die gruselige Schreibung geht auf seinen Großvater zurück, einen von Seattle Slew gezeugten Hengst, dessen Besitzer sich für den charmanten Namen Slewacide entschied). Als Funny Cide beim Derby über die Ziellinie kam, fing ein Fotograf von Getty Images den chilenischen Jockey Jose Santos mit der Peitschenhand in der Luft ein.

Die Jockeys halten ihre Peitschen in einem unerwarteten Griff, so ähnlich wie Jazzschlagzeuger den linken Schlägel halten, damit sie nur das Handgelenk drehen müssen, um hinter sich zu schlagen, und nicht den ganzen Arm biegen müssen. Ist die Hand locker, bleibt ein kleines Loch zwischen Zeigefinger und Daumen. Ein Reporter vom *Miami Herald* sah sich eins der Bilder genauer an und meinte in dem Hohlraum etwas zu erkennen – vielleicht eine Batterie, wie sie ehrlose Jockeys manchmal einsetzen, um ihrem Pferd auf der Zielgeraden einen Stromschlag zu verpassen. Der *Herald* rief bei Santos an, der mit schwerem chilenischem Akzent Englisch spricht. Ob er beim Derby etwas in der Hand gehabt habe? »Ich habe da nichts als einen Cue-Ring für die Outrider«, so Santos. Beim *Herald* hatte noch nie jemand etwas von einem »Cue-Ring« gehört (»Outrider« dagegen nennt man manchmal die Leute, die nach dem Rennen die Ponys bringen, um die Rennpferde abzuholen). Die Reporter riefen also die alten Haudegen der Branche an und fragten sie aus, aber auch von denen wusste keiner, was ein »Cue-Ring« sein sollte.

Auf einmal gab es einen ausgewachsenen Skandal. Die Sechs-Uhr-Nachrichten brachten die Sache: »Hat der Derbysieger geschummelt?« Zeitungen druckten das Bild vergrößert ab, damit die Leser selbst entscheiden konnten. Die Stewards trafen sich in Lexington, um die Angelegenheit zu besprechen; sie flogen sogar Jose Santos ein, den sie zwei Stunden lang verhörten.

Am Ende war alles nichts gewesen. Die Stewards erklärten, wenn man das Foto zwölffach vergrößere (was ansonsten wohl noch keiner getan hatte), könne man deutlich sehen, dass das »dunkle Etwas« in dem Loch zwischen Santos' Fingern nur das dunkelgrüne Trikot des Jockeys hinter ihm und dessen Brillenband seien. Und als der *Herald* Santos am Anfang angerufen hatte, habe der Jockey nicht gesagt, er trage »einen Cue-Ring für die Outrider«, sondern »einen Q-Ray für die Arthritis«. Denn einen »Cue-Ring« gibt es nicht, aber wenn man im Internet nach einem »Q-Ray« sucht, findet man eine Seite, die alternativmedizinische Magnetarmbänder verkauft, die unter anderem angeblich Arthritis-Symptome lindern sollen (wie sie viele Jockeys bekommen, nachdem sie jahrelang hungern und zu wenig trinken). Die Stewards entschuldigten sich, der *Herald* entschuldigte sich, und Santos sagte, er wolle nun einfach mit seinem Leben weitermachen.

Aber da der Pferderennsport, wie gesagt, jede Geschichte mit ein bisschen menschlicher Note dringend nötig hat, wurde aus diesem Nichts doch noch eine Riesenstory. Man hatte Santos' guten Ruf geschädigt! Er sei ein guter, anständiger Mann, ein Familienvater mit einer bildschönen Frau und einem Sohn, der manchmal vor kindlicher Treue allein spontan anfange zu weinen. Seine Karriere sei hart gewesen, voller »Höhen und Tiefen«, und er habe überhaupt erst ein einziges Rennen der Triple Crown gewonnen, einen Überraschungserfolg im Belmont Park damals 1999. Und jetzt wollten sie ihm seinen Sieg madig machen, die arroganten Schnösel. In einem Chatroom-Interview, das auf der Website der New York Racing Association wiedergegeben wurde, war die allererste gestellte Frage:

> Glauben Sie, dass die Blaublüter mit dem Miami Herald unter einer Decke stecken? Waren die Angestellten und Politiker und Stewards und Besitzer und Züchter in Kentucky so empört, dass ihr Pferd [d.h. Empire Maker] nicht gewonnen hat? Ist das denkbar?

Santos antwortete: »Ich glaube nicht.« Aber die Story war draußen. Empire Maker, der Derby-Favorit, war in Lexington gezüchtet und ausgebildet worden, dann aber von diesem Fremdkörper geschlagen worden, diesem Emporkömmling aus dem Norden, einem Pferd mit (so hörte man immer wieder) »unziemlichem Stammbaum«. Eine Zeitung aus dem *Süden* hatte Santos verleumdet, und er hatte sich in *Lexington* rechtfertigen müssen. Und nicht nur das, sondern Funny Cides Besitzer waren »kleine Leute«, eine bunte Truppe von Geschäftsleuten aus dem ländlichen Staat New York, die zusammengelegt hatten, um sich den Wallach zu kaufen. Einer dieser Amateure, ein sehr alter Knacker, zog sich an wie Willy Wonka, und sie fuhren zusammen in einem alten Schulbus herum. Als Trainer für das Pferd hatten sie sich Barclay Tagg ausgesucht, einen sanftmütigen Mann, der dem Schauspieler Ed Harris zum Verwechseln ähnelt und vorher noch nie ein einziges Triple-Crown-Rennen gewonnen hatte.

Aber die Story hielt nicht stand. Empire Maker gehörte keinem Kentuckyer Blaublüter, sondern einem saudischen, nämlich Prinz Khalid Abdullah. Und auch die Besitzer von Funny Cide waren durchaus betucht. (Tut mir leid, aber man besitzt und unterhält nun mal kein Vollblutpferd, wenn man nicht viel Geld hat, und nur in einem Sport, in dem es vor Prinzen, Scheichs und Rappern wimmelt, käme irgendjemand auf die Idee, diese Männer »kleine Leute« zu nennen. Eher Frührentner der gehobenen Mittelklasse. Der unziemliche Stammbaum? Seattle Slew gewann 1977 die Triple Crown; und Funny Cides Urgroßvater auf der anderen, der Vaterseite, war Northern Dancer, der 1964 das Derby und Preakness gewann und einer der größten Zuchthengste des Jahrhunderts wurde, der unter anderem den Hengst Nijinsky hervorbrachte, der für die Engländer so etwas ist wie Secretariat für die Amerikaner. Und was den ganzen New-York-Ansatz angeht – die Stadt hatte mit dem 11. September die Hölle durchlebt und brauchte diesen Sieg usw. –, auch das verpuffte, wenn man genauer hinsah. Bobby Frankel, der Mann, der das »vornehme Superpferd« Empire Maker trainierte – und der ebenfalls noch nie ein Triple-Crown-Rennen gewonnen hatte –, war ein viel echterer New Yorker als jeder auf Funny Cides Seite. Er war in Brooklyn geboren und aufgewachsen und hatte seinen Städterakzent noch, während Funny Cides Leute irgendwo mit prächtigem Rasen ums Haus draußen auf dem Land wohnten. Einer von ihnen ruft die anderen jeden Abend mit einem Waldhorn zur Cocktailzeit herüber.

Aber egal: Die Linie war gezogen worden. Als Santos und Funny Cide die Preakness Stakes gewannen, zeigte der Jockey beim Zieldurchlauf die offene Hand, als schüttelte er sich Spülwasser von den Fingern, was wohl heißen sollte: *Keine Batterie hier.* Und am nächsten Morgen waren die Schlagzeilen von Küste zu Küste mehr oder weniger die gleichen: BLAMIERTER JOCKEY REHABILITIERT.

Jetzt sind wir wieder im Belmont Park, und wieder hat ein Pferd die Chance auf die Triple Crown. Es ist exakt fünfundzwanzig Jahre her, dass Affirmed sie 1978 gewann und damit das »Jahrzehnt der Champions« abschloss, als das die Siebziger bekannt sind. Auch als Secretariat 1973 gewann, waren es fünfundzwanzig Jahre seit Citations Sieg 1948, und so einer Symmetrie kann kaum ein Pferdefan widerstehen. Ein Schicksalsrennen steht bevor. Selbst der Regen scheint zu sagen: Die Dürre hat ein Ende.

Triple Crowns kommen zu mehreren, und dann wieder lange Zeit überhaupt nicht. In den Zwanzigerjahren gab es keine, dann auf einmal drei in den Dreißigern. *Vier* gab es in den Vierzigern, aber dann weder in den Fünfzigern noch in den Sechzigern welche. Dann wieder drei in den Siebzigern, und seitdem keine mehr. Wir leben in einem anderen Zeitalter, dem der Beinahe-Triple-Crown. Seit 1919, als Sir Barton als erstes Pferd das Kentucky Derby, die Preakness Stakes und die Belmont Stakes gewann, haben siebzehn Pferde die ersten beiden gewonnen, aber nicht das dritte, und mehr als die Hälfte davon kam nach 1979. In den Achtzigern gab es drei, noch mal drei in den Neunzigern, und in den noch jungen Nullerjahren gab es bisher zwei.

Anders gesagt leben wir im Zeitalter der gebrochenen Herzen. Das hat wahrscheinlich etwas mit dem Rückgang der Popularität des Pferderennsports über die letzten Jahrzehnte zu tun. Wer will schon etwas mit einem Sport zu tun haben, dessen berühmtestes, bedeutendstes Ereignis – die Belmont Stakes mit Chance auf die Triple Crown – wir damit assoziieren, dass man erst unsere Hoffnungen zur Weißglut geschürt hat, nur um sie dann in Sekunden auszulöschen? Auch die Trainer wollen eine Crown. Sie ist die einzige Gelegenheit, zu der ihr Beruf ein Maß an Popularität und Presse bekommt, das die klassisch amerikanischen Sportarten jeden Tag genießen, und zwar aus dem Grund, dass das Publikum es herbeisehnt, dass *irgendwer* oder irgendwas es schafft. Der Super Bowl hat immer einen Sieger; die World Series ebenfalls; aber die Triple Crown ist darin einzigartig, dass der Verlierer möglicherweise mehr oder weniger allein im Rampenlicht steht. Als Sarava letztes Jahr bei den Belmont Stakes siegte, wurde er vielleicht für vierundzwanzig Stunden Teil des öffentlichen Bewusstseins, aber dass War Emblem seine Chance auf die Triple Crown verpasst hatte, das war die große Story, und die war *Mist*.

Es ist außerordentlich schwer, die Triple Crown zu gewinnen. Larry Barrera, der Trainerassistent war, als 1978 Affirmed die letzte gewann, erzählte Jay Hovdey von der *Racing Form*, dass Affirmed »in den Siegerkreis kam, und sie ihm die Nelken über die Schultern warfen, und er auf die Knie ging. Sie sind ihm weggeknickt, so geschafft war er.« Diese Pferde sind jung und unerfahren, und die drei Rennen sind grundverschieden; eins ist ungewöhnlich kurz (Preakness), eins ist ungewöhnlich lang (Belmont). Das Starterfeld ist beim Derby zunächst skandalös voll, bei den Preakness Stakes dann wie ausgestorben, bevor es bei den Belmont Stakes wieder voll wird, wo oft frische Pferde dazukommen, deren Trainer die ersten beiden Rennen ausgelassen und es nur auf dieses eine abgesehen haben. Und deshalb schütteln nicht nur Stümper wie ich, sondern auch die Profi-Handicapper immer noch ungläubig den Kopf, wenn sie von Secretariat erzählen. Denn ein Pferd muss ein echter Champion sein, um die Triple Crown zu gewinnen – vielseitig, belastbar, unerschütterlich mit Ausdauer zur Geschwindigkeit und der nötigen Zähigkeit, diese drei anspruchsvollen Rennen in einem Monat zu laufen –, und Secretariat gewann das letzte Rennen der Triple Crown nicht nur, er zerstörte es. Er lief ein anderes Rennen, eins, das nur in seinem Kopf stattfand. Die Belmont Stakes waren in dem Moment nur noch Beiwerk.

In der Bahn von der Penn Station am Morgen waren Mariana und ich anscheinend die Einzigen, die nicht mit silberbraunen I-LOVE-FUNNY-CIDE-Buttons und NEW-YORK-LOVES-FUNNY-CIDE-Mützen geschmückt waren. Zwei sturzbetrunkene Männer auf den Plätzen hinter uns führten das folgende Gespräch:

TYP: Funny Cide, my side, your side, scheißegal. Der gewinnt todsicher.

ANDERER TYP: Genau, East Side, West Side …

TYP: Genau.

ANDERER TYP: Aber er gewinnt nicht.

TYP [schockiert]: Ach, was – gewinnt nicht? Wer soll 'n dann gewinnen, Alter?

ANDERER TYP: Empire Maker.

TYP: Am Aaaaaaarsch! Hömma. Ich schlag heute früh die Zeitung auf, und als Allererstes seh ich Jerry Bailey [den Jockey von Empire Maker], der sagt: »Ich würde bei diesem Rennen mit niemandem den Platz tauschen.« Ach, echt nicht? Du würdest nicht mit dem Typen tauschen, der um einen Fünf-Millionen-Dollar-Bonus reitet [die Summe, die Visa dem Gewinner der Triple Crown zahlen will]? Am Aaaaarsch!

ANDERER TYP: Genau.

Die *Daily Racing Form* hat uns zur Vorsicht ermahnt – eine Mehrheit der Handicapper sagt keine Crown voraus –, aber während der halbstündigen Fahrt lassen wir uns von der Stimmung mitreißen. Und jetzt an der Rennbahn sind wir ganz drinnen. Auf dem Gelände und auf der Tribüne liegt eine Begeisterung in der Luft, die ich bisher nur aus Büchern kannte. Und auch wenn die Erinnerung an die zerstörten Träume des letzten Jahres noch frisch ist, denke ich mir, wen kümmert es, wenn das ganze Drama künstlich ist? Er soll gewinnen. Es ist fünfundzwanzig Jahre her. Einer Story in der Lexingtoner Zeitschrift *Blood Horse* zufolge bekamen Funny Cides Trainer und dessen Assistent Robin Smullen gestern ein Überraschungsgeschenk. Ein Mann trat an sie heran und gab ihnen Secretariats Sattelgurt. »›Er heißt David‹, so Smullen, der sagte, ihm sei der Nachname entfallen. ›Er hat uns den Sattelgurt gegeben … ausgeliehen. Der ist signiert von [Jockey] Ron Turcotte, [Trainer] Lucien Lauren und [Besitzerin] Penny Tweedy.‹«

Funny Cides Leute haben beschlossen, den Gurt nicht im Rennen einzusetzen. Smullen erklärt der Zeitschrift *Blood Horse*: »Wir haben ihn auf dem Weg nach vorne in der Tasche dabei.«

Um elf Uhr stehen Mariana und ich am Geldautomaten hinter einem Mann mit Schnurrbart und Polohemd, der schon ein paar Drinks zu viel hatte. Er trägt eine Baseball Cap und seine Gesichtshaut ist tabakgeräuchert. Das Gerät macht nicht, was er will, und er dreht sich immer wieder zur Schlange hin um, die mittlerweile elf Personen zählt, und entschuldigt sich heiser. Wir anderen haben so langsam verstanden, dass sein Konto überzogen ist, aber er will es nicht hinnehmen, haut seitlich an den Automaten und sagt: »Ist das Ding kaputt?« Schließlich dreht er sich um und sagt: »Egal. Ich spiel heute Pick Six.« Sein Freund, der so besoffen ist, dass er sich an einem Pfeiler festhalten muss, wird auf einmal hellwach und ruft: »Hey, du verpasst die Funny-Cide-Crew! Auf der Rolltreppe!« Er zeigt die Halle entlang. Beide Männer joggen los und brüllen: »Jack Knowlton! Jack Knowlton!« (Knowlton ist einer der Besitzer von Funny Cide und Sprecher der Crew.) Und tatsächlich stehen auf der Rolltreppe auf halber Höhe umgeben von einem Gedränge aus Fotografen sowohl Knowlton als auch der exzentrische ältere Herr, der heute ein zitronengelbes Jackett trägt, einen weißen Bowler Hat und eine grün karierte Hose. Sie wirken beide etwas eingeschüchtert und ignorieren die beiden Betrunkenen, die jetzt auf sie zurennen und dem Pferd des Volkes ihre Liebe schwören.

Die anderen Rennen laufen schon, aber an diesem Tag geht es nur um das Große: Santos' schöne Frau und sein ewig heulender Sohn wurden am Sattelplatz gesichtet! Santos gewinnt das erste Rennen auf einem anderen Pferd, ein gutes Omen! Bailey verliert das dritte Rennen auf einem Pferd namens Al Saqaar (hmm, klingt arabisch), noch ein gutes Omen! Als nach dem fünften Rennen die Unterhaltungseinlage kommt – ein unbekannter Broadway-Sänger, der unter einem grünen Regenschirm steht und Billy Joels »New York State of Mind« zum Besten gibt, wobei er die ganze Zeit für den Tontechniker den Daumen hochrucken lässt, was heißt: *Gib mir mehr Monitor* –, ist klar, worum es sich heute dreht: New York, Baby! Funny Cide ist unsere Heimmannschaft. Überall stehen uniformierte Polizisten und Feuerwehrleute, unsere neuen Helden, und dazu noch gestrengere Männer mit humorlosen Gesichtern und ernsthaften Automatikwaffen. Als der Sänger ans Ende des Songs kommt, spielt er mit Billy Joels ursprünglichem Text: »Don't care if it's Chinatown or Riverside.« Jetzt lautet er:

And it's fine with me, I've let it slide.
Don't care 'bout no other horse. It's Funny Cide.

Als Jerry Bailey das zehnte Rennen gewinnt, das letzte vor den Belmont Stakes, buht die Menge ihn aus.

Mariana und ich werden gebeten, unsere Plätze auf der Tribüne zu verlassen (unwissentlich hatten wir uns in einem für Visa-Manager reservierten Bereich niedergelassen), und wir nehmen das als Zeichen, dass wir versuchen sollen, ganz vorne an den Zaun zu kommen. Wenn hier heute Geschichte geschrieben wird, wollen wir in der ersten Reihe gestanden haben. Die Menschenmengen auf dem Weg dahin sind ein Albtraum, lauter arschgrabschende New Yorker, die noch sieben Stunden besoffener sind als bei ihrer Ankunft, die mittlerweile viel Geld verloren haben und entsprechend sauer sind. Mariana zeigt mir die Wettscheine auf dem Boden: »Guck mal, wie komisch die Wetten alle sind.« Ich schaue runter: Windrädchen, Superfectas, andere Exoten, alle falsch. Schrott für die Bücklinge.

Ein besorgniserregend großes, implizit feindseliges Frat-Boy-Element ist anwesend. Ein Mädchen schreit: »Leck mich am nassen Arsch!« Ich sehe einen Typen oben von einer Treppe auf Fremde spucken. An der Rampe, die die Pferde Richtung Rennbahn herabkommen, brüllt ein Mann mit Pferdeschwanz und kahlgeschorenen Seiten den Kerl hinter sich an. »*Drängel – mich – nicht*«, hustet er jedes Wort heraus, als hätte es ihm im Hals gesteckt. »*Drängel – mich – nicht.*« Während er nach hinten schaut, geht vorne Empire Maker an ihm vorbei.

Am Zaun sehen wir überhaupt nichts. Zu viele Regenschirme. Das Geläuf wurde nun offiziell als »schwer« deklariert, und die Rennbahnmitarbeiter ziehen sich die Hosenbeine hoch, wenn sie die Bahn kreuzen und unter ihren Stiefeln der Matsch spritzt. Als wir nach zehn Minuten immer noch kein zuverlässiges Guckloch gefunden haben, wollen wir versuchen, uns in die Fotografenbox zu mogeln (ich trage meinen Presseausweis, daher könnte es klappen). Es sind nur noch Minuten bis zum Rennen, also laufen wir wieder durch die Haupthalle und eine andere Rampe hinunter. Der Wachmann am Eingang verdreht die Augen, als ich ihn flehend anschaue, aber er lässt uns rein – wahrscheinlich hat er einfach keine Lust mehr, Leute wegzuschicken – und wir ducken uns klein an den Zaun, damit wir niemanden stören. Einem der Fotografen fällt etwas von seiner Ausrüstung runter, und es bleibt zentimetertief im Matsch stecken.

Es gibt keinen besseren Platz, um einen Rennstart zu erleben, als die Fotografenbox. Sie ist etwa zehn Meter von der Startmaschine entfernt (der Stelle, die in einigen Minuten zur Ziellinie wird – die Belmont Stakes sind eine vollständige Runde um das lange Oval), die Box ist so ausgerichtet, dass die Fotografen ihre »Money Shots« bekommen, die Bilder, die morgen auf den Titelseiten stehen, und die Box ist versenkt, sodass man mit den Augen nur etwa dreißig Zentimeter über dem Boden ist. Als die Pferde in die Startmaschine geladen werden, schauen wir durch den Maschendraht hoch in ihre Gesichter, direkt in die Augen, die nichts verraten.

Als sie starten, brandet das Tosen der Menge uns über den Rücken, mit physischer, erschütternder Kraft wie nach einem Dammbruch. Und das Gefühl – es ist, als wäre das Aufklappen der Türen das Klacken eines Auslösers, und man wäre für immer eingefroren in einem Foto dieses historischen Augenblicks. Es sind die Siebziger, und man ist bei der Zeitschrift *Life*. Alle anderen um einen herum müssen auch auf dem Foto sein, denn es ist gerade nicht zu fassen, dass man da ist oder dass dieser Zeitpunkt jetzt ist. Was passieren könnte, ist zu viel, und das bringt einen auf Distanz. Aber ich weiß, dass das Ganze auch mit mir zu tun hat. Worauf sonst habe ich die letzten zwei Jahre gehofft, warum sonst habe ich die Zweijährigen verfolgt, habe ganze Ferien über längst vergriffene Bände an Pferdeweisheiten gebeugt verbracht, die *Racing Form* studiert, wenn nicht um zu sehen, wie es wieder ein Pferd schafft – wie es perfekt wird, zumindest diesen Mai und Juni über –, oder um zu wissen, dass es eines kann.

Viele der Artikel morgen werden berichten, dass sich Funny Cide als Erstes aus dem Feld löst, aber das stimmt nicht. Als Erstes löst sich Empire Maker, dann schaltet er gleich wieder einen Gang runter, sodass ihn Funny Cide und ein paar andere überholen. So setzt sich Empire Maker gleich zu Anfang auf die Verfolgerposition, die meiner Einschätzung nach eigentlich Jose Santos für sich gewollt hätte. Schließlich ist es ein langes Rennen, und Funny Cide hat bisher noch keine Ausdauer beweisen müssen.

Als sie vorbeikommen, spritzt der Matsch in alle Richtungen und landet zum Teil auf unseren Schultern. Die Reiter halten sich auf den Rücken fest wie Äffchen, wie Puppen, in eine Haltung gekrümmt, die Faulkner mit viel Präzision und wenig Geschmack beschrieb als »heikel stuhlend«. Als sie um die erste Kurve kommen, liegt Funny Cide in Führung, und das Tosen ist nur noch lauter geworden. Mein Zeitgefühl gerät in denselben unwirklichen Schwebezustand, wie wenn man gerade von einem Wasserfall gesprungen ist. Alles passiert gleichzeitig viel zu schnell und in Zeitlupe. Der Rennbahnansager verkündet: »In Führung liegt *Funny Cide*.«

Sie sind jetzt auf der hinteren Geraden, nur die Köpfe und die Jockeys sind zu sehen, und Funny Cide führt immer noch. Es kann nicht sein. Mariana und ich tauschen halblaut ein paar halbbewusste Worte aus: »Nie im Leben hat der so viel Pferd«, sage ich. »Und ob er es hat«, sagt sie. Das wiederholen wir immer wieder und krallen uns fester ins Geländer.

Sie kommen um die Kurve, und Santos ist immer noch oben. Die Pferde sind jetzt schon die Länge des Derbys gelaufen, und Funny Cide führt immer noch um eine halbe Länge. »Hast recht«, sage ich. »Ich kann es nicht fassen.« Ich denke mir: Vielleicht packt er es. Der vielleicht erste Triple-Crown-Gewinner seit einem Vierteljahrhundert kommt aus der letzten Kurve wieder voll in unser Sichtfeld. Seit er vor über zwei Minuten an uns vorbeikam, liegt er vorne. Nur noch Sekunden bleiben.

Aber etwas geschieht. Er wird müde, überreizt seine Kapazitäten. Die Nüstern blähen sich bei jedem Schnauben weit auf, und er hat die Zähne auseinander. Santos hat den Druck von hinten gespürt und zu früh und zu heftig die Peitsche eingesetzt, ist mit dem Kopf des Pferdes gewippt, als wollte er den letzten Schwung aus einem ausrollenden Fahrrad herausholen.

Als sie sich von der Kurve entfernen, hat Empire Maker schon zum Überholen angesetzt. Und es gibt einen Augenblick, eine Szene, die sich plötzlich einfriert und ausdehnt, in der Funny Cide ihn anscheinend nicht vorbeilassen will. Aber Empire Maker ist stark. Er kommt kalt und wild und gruselig vorwärts und sieht aus, als könnte er ewig weiterlaufen. Aber es ist nur noch die Zielgerade vor ihnen, und Funny Cide liegt um einen Kopf vorne. Der Ansager brüllt gegen die Menge an. Funny Cide muss nur noch zwei Achtelmeilen den Vorsprung halten, in seinen müden Muskeln irgendetwas finden, was ihn noch antreiben kann. Er ist doch schon so weit gelaufen.

Sie sind gleichauf. Und Santos hebt die Peitsche weit hoch, bevor er sie niederklatschen lässt. Ich kann dem Hengst wieder in die Augen sehen, und ich weiß, dass er weiß, dass es ein Rennen ist. Er weiß, was es heißt, zu siegen, zu übertreffen. Die Ruhmesfelder liegen vor ihm. Er hat seinem Reiter jedes letzte bisschen seiner Kraft gegeben, doch er will noch mehr geben, schneller laufen, dem Wummern hinter sich davonziehen, dem Donnern der anderen, die wollen, dass er verliert.

Sollte er in seiner Mission gescheitert sein, endet die Geschichte hier.

ANMERKUNGEN

1 In John Haywoods *Natural and Aboriginal History of Tennessee* (1823) findet sich folgende Geschichte: »Im Jahre 1795 reiste Joseph Ray von Holston in East Tennessee nach Sumner County in West Tennessee. Während er durch das Ödland Kentuckys kam und ein Pferd neben sich führte, versank jenes, auf dem er ritt, auf einmal dreißig oder vierzig Fuß tief in der Erde. Er sprang von dem versinkenden Pferd und konnte sich mitsamt dem anderen Pferde retten. Er setzte seine Reise nach Sumner County fort, kehrte daraufhin aber zurück und stieg mit Hilfe anderer, die er sich zur Seite geholt hatte, in die Tiefe, wo sein Pferd versunken war, wo er am Boden fließend Wasser fand. Das Pferd war in der Höhle noch umhergelaufen, doch in der Zwischenzeit gestorben.«

2 Möglicherweise liegt das Geheimnis zu Shaws Stil in diesen Ergänzungen wie »heutzutage wohnhaft in Shelbyville«. Das war ein rhetorischer Kniff, den britische und irische Erzähler des frühen neunzehnten Jahrhunderts äußerst wirksam einsetzten. Darauf wies Thackeray in *Irländische Zustände* hin:

> Die Erzählung von Manus O'Malaghan und den Feen ist sehr wunderbar. »Im Sprengel von Algohill lebte Manus O'Malaghan. Als er umherwanderte, ein verlornes Kalb zu suchen, hörte er viele Leute miteinander reden. Er näherte sich und konnte deutlich unterscheiden, wie einer nach dem andern wiederholte: ›Schafft mir ein Pferd, schafft mir ein Pferd‹, und ›mir auch eins‹, sagte Manus. Manus war augenblicklich zu Pferde, ein großer Haufen um ihn her, die hinwegjagten, den armen Manus mit sich dahinnehmend. Bald hielten sie plötzlich in einer großen, breiten Straße an und fragten Manus, ob er wisse, wo er sey? – Nein! – Ihr seid in Spanien, sagten sie.

»Der Chronikschreiber beeifert sich, uns zu sagen, warum Manus ausging, ein Kalb zu suchen«, schreibt Thackeray, »und diese Bestimmtheit macht, daß der Leser sich noch weit mehr über die nachfolgenden Ereignisse wundert.« Das kann man wohl sagen.

3 Das Wort »Araber« wird hier einfach für »Pferd aus Arabien« verwendet, nicht im Sinne von »Vollblutaraber«, was heute eine eigene, offizielle Rasse ist, deren Angehörigkeit per Stammbaum nachgewiesen wird.

4 Betreut wurde ich an diesem Nachmittag im Gluck Center von einem charmanten Verwaltungsmitarbeiter namens Roy Leach mit sanfter Stimme, kastanienbrauner Strickjacke und einem Schnurrbart wie ein

Straßenbesen. Leach führte mich durch die gesamte Einrichtung, zeigte mir die Labore, wo sich in hohen Holzvitrinen Gläser mit widerlichen Pferdeparasiten aneinanderreihten. In einem konnte man sogar sehen, wie der schlangengroße Wurm – *Parascaris Equorum* – den Dünndarm des Fohlens durchbrach. Wir schlossen die Führung im Hörsaal der Tierheilkunde ab. Vorne neben der Tafel stand das präparierte Skelett von »Spencerian (1956-1974), Mutter von Amberoid, Gewinner der Belmont Stakes 1966«. Auf dem Boden waren noch die Hufabdrücke zu sehen, wo am Morgen in der Vorlesung lebende Tiere hereingeführt worden waren. Leach sagte: »Wissen Sie, was ich toll finde? Kommen Sie mal hier rüber.« Wir beugten uns vor dem Skelett hinunter. »Schauen Sie sich das Vorderbein an«, sagte er. »Es ist freistehend. Es ist *nicht über die Knochenstruktur mit dem Rest des Körpers verbunden.*« Und tatsächlich war da eine Lücke – über einen Zentimeter breit – zwischen der Wirbelsäule und dem Schulterblatt. Ich spähte hindurch, und Leach sah mir mit einem Lachen entgegen. »Es wird nur von Muskeln gehalten!«, sagte er.

5 »Im Durchschnitt sind Vollblutpferde zu 16 Prozent genetisch miteinander verwandt – das ist irgendwo zwischen Cousins und Geschwistern«, erklärte Cothran. Das ist wie bei einem der viktorianischen Clans, die Cousins und Cousinen verheirateten – die Darwins zum Beispiel – und dann eine Generation nach der anderen an Genies hervorbrachten, die wie die meisten Genies auch immer ein bisschen neurotisch waren.

6 Hegel bemerkte, dass etwas, was die Leute für wahr halten, in der Welt oft genau wie eine Tatsache funktioniert und irgendwann – während die Welt sich den Annahmen anpasst – von einer solchen nicht mehr zu unterscheiden ist. Die Welt des Pferderennens ist voll von stillschweigenden Übereinkünften. Der englische Pferdeautor Arthur Vernon sagte einmal über das Kentucky Derby, es sei »vor allem deshalb außergewöhnlich, weil es nichts ausreichend Außergewöhnliches gibt, das es auf den Bedeutungsgrad hätte erheben können, den es seither innehat«. Ganz richtig. Das Kentucky Derby wurde wichtig, weil die Leute es gewinnen wollten; und heute wollen es die Leute gewinnen, weil es wichtig ist.

7 Die Zucht, nicht das Rennen, ist schon immer das eigentliche Geschäft der Vollblutpferdebesitzer: Letzteres bringt den Rennbahnen und den wenigen glücklichen Gewinnern Geld ein, aber Ersteres treibt die gesamte Branche an. Schließlich kann das eigene Pferd immer verlieren, so schnell es auch ist, aber hat es ein paarmal gewonnen und ist zeugungsfähig, dann bedeutet das in der Welt des Pferderennsports ein so gut wie garantiertes Einkommen.

8 Bei meinen Großeltern stand einmal ein Gast auf und verkündete mit Bedauern, er müsse um seiner Ehre willen gehen, weil mein Großvater gerade ein Portrait von Colonel Milward in der Uniform des Aggressors geerbt und dieses im Wohnzimmer aufgehängt hatte. Kentucky ist nie ganz darüber hinweggekommen, dass es während des Krieges gespalten war (»Bruder gegen Bruder« war hier nicht nur eine Floskel), und unter weißen Lexingtonern, die ihre Südstaaten-Identität hochhalten, ist es ein wunder Punkt, dass der Staat nicht Teil der Sezession war. Das soll nicht unbedingt heißen, dass sie die Entscheidung beklagen, aber manchmal klingen sie so, als könnten sie es nicht so recht glauben, so wie sich ein linker New Yorker in sechster Generation vielleicht anhört, wenn er erfährt, dass sein Urgroßvater 1862 mit all seinen Brüdern loszog, um für die Rebellen zu kämpfen, weil er eben an ihre Sache glaubte. All das erklärt vielleicht den Hang vieler Lexingtoner, es mit der Südstaaten-Affektiertheit zuweilen etwas zu übertreiben.

9 Mein Ururgroßvater Reverend Lewis Burton half 1910 eine dieser Bewegungen zurückzuschlagen. Er war damals Bischof der Episkopalkirche in Lexington. Als die Rennbahnleitung beschloss, zu den Frühlingsrenntagen Totalisator-Wettmaschinen aufzustellen, konnte er seine reformwilligeren Protestantenfreunde beschwichtigen – wahrscheinlich verließ er sich dabei auf das episkopalische Talent, so zu tun, als existierte die jeweilige Kontroverse erst gar nicht. In der Church of the Good Shepherd (auch bekannt als »Reiterkapelle«, weil die Größen des Pferderennsports in ihren Bänken seit jeher reichlich vertreten waren) legte eine Gruppe von Gemeindemitgliedern zusammen und überreichte ihm zum Dank eine Silberstatuette eines Jockeys zu Pferd. Sie steht auf meinem Schreibtisch.

10 Es ist eine wunderbare Tatsache der Pferdesoziologie (und wie es in Natursendungen heißt, sind sie »zutiefst soziale Tiere«), dass überall da, wo gezähmte und wilde Pferde nebeneinander leben, wie im amerikanischen Westen, die Wildpferde hin und wieder einen ihrer zahmen Artgenossen »abwerben« – ihn mit nach Hause nehmen, wenn man so will. Und das Gegenteil gibt es auch: Ein Rancher schickt einen dafür ausgebildeten Hengst, ein »Judaspferd« los, um eine Wildherde zu unterwandern und mit sich ins Pferch zu locken.

11 Das eine, das er gekriegt hat – der dunkelbraune Hengst mit der Nummer 92, von Pulpit aus Caress, »gefohlt in Kentucky«, mit Secretariat als Urgroßvater auf *beiden* Seiten –, wird Sky Mesa getauft und wird ein Jahr später das aussichtsreichste zweijährige Vollblutpferd der Welt sein. Der Hengst gewinnt jedes seiner ersten drei Rennen, darunter das Hopeful in Saratoga und das Breeder's Futurity in Keeneland, beides

wichtige Vorbereitungsrennen für das Derby. Man hört seinen Namen in Verbindung mit den Worten »potentielles Superpferd«. Aber vor der Triple Crown verletzt er sich in Florida und muss einen Großteil seiner Dreijährigensaison aussitzen, bis er schließlich im September 2003 in den Ruhestand als Zuchthengst geht.

12 Ich mache mir den Spaß und zähle mit, wie viele der 573 angebotenen Pferde Secretariats Blut in sich haben, aber bei hundert wird mir langweilig – die großen Champions zeugen Legionen von Nachkommen.

13 Ein Beamter am Bluegrass Airport erklärte mir, »der örtliche Luftraum galt erst ab dem vierzehnten wieder als geöffnet«.

14 Die beiden Bodyguards, die an Bord waren, haben es zweimal bestätigt; John Solomon, ein Kriminalermittler in Tampa, der bei den Sicherheitsvorkehrungen für den Flug half, sagte: »Die Detectives, die diese [Operation] unterstützten, führten ihre Arbeit am dreizehnten aus, und der Auftrag endete mit dem Start des Fluges« (eine Aussage, die auch die Akten zu Sonderaufträgen des Tampa Police Department belegen); und die Aufzeichnungen am Bluegrass Airport zeigen, dass dort am dreizehnten ein Lear Jet aufgetankt wurde.

15 Sowohl Richard Mulhall, der Rennleiter des Prinzen, als auch Jack Rusbridge, sein privater Bodyguard, sagten aus, bin Salmans Zimmer sei von FBI-Agenten bewacht worden, die sich unmittelbar nach den Anschlägen gemeldet und »Bedenken wegen seiner Sicherheit« geäußert hätten, was das FBI aber dementiert. »Wir wussten natürlich, dass er vor Ort war«, sagte der FBI-Sprecher in Kentucky, David Beyer, »aber das FBI stellte keinen Personenschutz für die Gäste aus dem Nahen Osten.« Als Rusbridge zum zweiten Mal danach gefragt wurde, beharrte er – der zwölf Jahre im Militär gedient hatte und langjähriger Sicherheitsexperte war, die verschiedenen Sicherheitsbehörden also auseinanderhalten konnte – darauf, dass das FBI auf dem Flur vor dem Zimmer des Prinzen gestanden habe. »Auf jeden Fall, mit vier oder fünf Agenten«, sagte er mir. »Vom Secret Service waren ohnehin welche im Dienst [wegen der Southern Governors Conference], außerdem waren FBI, CIA und örtliche Marshals da. Niemand kam aus dem Hotel raus.«

16 Diese Verwendung des Steckenpferds stellvertretend für etwas jenseits der Rationalität, die wir auf eigene Gefahr zurücklassen, wurde 1916 von einer Gruppe europäischer Künstler aufgegriffen, die ihre Bewegung Dada nannten, das französische Wort für Steckenpferd, um Absurdität, Verrücktheit und die Autorität des Traumes über all das zu propagieren, was Technologie und Effizienz im Ersten Weltkrieg anrichteten. (Wenn wir die Version dieser Geschichte glauben, dass sie den Namen wählten, indem sie einen Brieföffner in ein Französisch-Deutsch-Wör-

terbuch steckten, dann zeigt das nur, dass Zufall und Wahrheit zuweilen Verschworene sind.)

17 Ich saß einmal in Manhattan im Taxi an einer roten Ampel, als ein sternhagelvoller Kerl im Navy-Overall – auf dem Namensschildchen stand RICH, ich schwöre – an mein offenes Fenster gerannt kam und Richtung Fahrer brüllte: »WIE VIEL ZUR RENNSTRECKE IN YONKERS, KOLLEGE?« Die Bierfahne wehte in den Wagen; es war, als hätte jemand eine Kartoffel in den Auspuff gesteckt. Der Fahrer holte ein Büchlein hervor und blätterte. »Fünfundvierzig Dollar.« »Scheiße, Mann. Peace!«, sagte der Kerl und stolperte davon. Verbringt man genug Zeit an der Rennbahn, erlebt man viel zu viele solcher Szenen, die einem vor Augen führen, wie sehr der Sport von den Hoffnungen und dem Geld der Arbeiterklasse abhängt. Ein häufiger Spruch gegen Ende des Renntages (den ich zum ersten Mal am Monmouth Park in New Jersey gehört habe) geht: »Die Tickets kann ich nicht einsetzen. Ohne die komme ich nicht nach Hause.«

18 Eine Gruppe, die sich das Sports Ethics Institute nennt, stellte schließlich in einer Pressemitteilung die Frage: »Was sagt es über Respekt, Toleranz und journalistische Integrität aus, wenn ein Sportreporter schreibt, er würde nicht davon ausgehen, dass der saudische Prinz Ahmed bin Salman, Besitzer des siegreichen Pferdes War Emblem, kein ›bewusster, aktiver [Feind] der Demokratie ist‹, dass er nicht ›Sympathien für unterdrückerische Fanatiker hegt, die so extrem sind, dass für sie ein ‚Dienst an Gott' bedeuten kann … Tausende zu töten‹, und dass er ›keinen Cent seiner amerikanischen Gewinnsumme zur Unterstützung selbstmörderischer Massenmörder einsetzt‹?«

19 Ein Cousin bin Salmans starb früh am nächsten Morgen bei einem Autounfall auf dem Weg zur Beerdigung des Prinzen, und ein entfernt verwandter Prinz soll eine Woche später in der Wüste verdurstet sein – eine Häufung trauriger Zufälle, die Gerüchte über Intrigen und Fremdeinwirkung anheizte. Aber nach einer Woche war all das nur noch in paranoiden Internetforen Thema.

Zwei Jahre später, im September 2003, lebten die Geschichten unerwarteterweise wieder auf, als Gerald Posner, ein respektierter Journalist und Richter (vormals bekannt als Entlarver von Verschwörungstheorien), ein Buch mit dem Titel *Why America Slept* veröffentlichte, in dem er behauptete, bin Salman sei mit Al Qaida verstrickt gewesen. Dies begründete er mit zwei anonymen Quellen, eine in der CIA und die andere »in der Exekutive«. Die Quellen hätten ihm verraten, dass Abu Subaida, ein ranghoher Al-Qaida-Kämpfer, der im März 2002 in Pakistan gefangen genommen wurde, von der CIA getäuscht und dazu gebracht wor-

den sei, die Namen der saudischen Prinzen preiszugeben, die insgeheim bin Ladens Netzwerk finanzierten, wobei Prinz bin Salmans Name gefallen sei (der Gefangene habe die Handynummer des Prinzen aus dem Gedächtnis aufgesagt und behauptet, bin Salman habe im Voraus gewusst, dass für den 11. September ein Angriff auf die Vereinigten Staaten geplant gewesen sei). Der Cousin, der bei dem Autounfall umgekommen war, sei Posners Quelle zufolge auch von Subaida verraten worden; ebenso der in der Wüste verdurstete Prinz; und weiterhin der pakistanische Luftwaffengeneral Mushaf Ali Mir, der einige Monate später bei einem mysteriösen Flugzeugabsturz umkam.
Posner habe herausgefunden, dass alle gestorben seien, nicht lange nachdem die CIA den saudischen und pakistanischen Geheimdiensten ein Briefing über die Subaida-Protokolle gegeben habe. Der Autor bekundete sich »nahezu überzeugt, dass die Tode geplant waren« – vermutlich um die von Subaida verratenen Männer zum Schweigen zu bringen, bevor die Amerikaner sie verhören konnten. Bedauerlicherweise ließ sich keine dieser Behauptungen untermauern oder widerlegen. Jeder, der bin Salman kannte, ob in den USA oder in Saudi-Arabien, tat Posners Vorwürfe als lächerlich ab; andererseits schien die Vorstellung, dass zwei Regierungsquellen unabhängig voneinander auf so eine komplizierte Geschichte gekommen waren, genauso weit hergeholt. Das Washingtoner Pressecorps ging der Story nie weiter nach, und sie erstarrte so, wie Posner sie geschrieben hatte: als verlockende – wenn auch potentiell verleumderische – Andeutung. Interessanterweise waren die Verschwörungstheoretiker des Internets schon eine Woche nach bin Salmans Tod bei Posners Theorie angekommen. Am 29. Juni 2002 sinnierte ein(e) Teilnehmer(in) auf einer Website namens Free Republic: »Frage mich, wann das saudische Königshaus die Killer verfolgt?« Worauf ein(e) andere(r) Teilnehmer(in) namens »Mamzelle« am 30. Juni antwortete: »Wenn die drei irgendwie mit Al Qaida in Verbindung stehen, vielleicht gehören die Killer ja selbst zum saudischen Königshaus.«

20 Der Kapiteltitel »A cold eye« ist eine Anspielung auf W. B. Yeats' selbstverfasste Grabinschrift und die letzte Strophe des Gedichts »Under Ben Bulben«: »Cast a cold eye on life, on death, horseman, pass by.« »Reiter, schau kalt / Auf Leben, auf Tod. / Mach hier nicht halt!« W. B. Yeats, »Am Fuße von Ben Bulben«, in: Die Gedichte, München 2005, S. 372.

QUELLEN

Dieses Buch soll ebenso sehr eine Tour (wenn auch manchmal nur eine flüchtige) durch die Literatur des Pferdes sein wie durch die Kultur des Vollblutpferdebesitzes und -rennens, also ergäbe es hier wenig Sinn, Literaturhinweise zu geben – man könnte das ganze Buch als Reihe solcher Hinweise verstehen. Quellen sind als Anleitung für Leser gegeben, die sich weiter in eines der individuellen Themen vertiefen möchten, denen sich die verschiedenen Abschnitte widmen.

Seid jedoch gewarnt, dass man mit einem frisch erweckten Interesse an »Pferdebüchern« in einen besonders tiefen Kaninchenbau stürzen kann. Über wenige andere Themen ist so häufig und, wie ich zu meiner neidischen Freude während der vergangenen drei Jahre festgestellt habe, so gut geschrieben worden. Irgendwann habe ich nicht mehr mitgezählt, wie oft ich mir dachte: »Nur über diese eine Sache müsste mal jemand ein Buch schreiben« (zum Beispiel über die Geschichte der frühen schwarzen Jockeys in Amerika oder ein anderes obskures Thema, das ich voller Stolz entdeckt hatte), nur um bei meinem nächsten Bibliotheksbesuch zu erfahren, dass tatsächlich jemand genau das Buch geschrieben hatte, und zwar erstklassig. Aber darin lag gerade der Spaß.

Es bedarf vielleicht keiner Erwähnung, dass ich an einigen Stellen – vor allem im Abschnitt »Sinnbild«, der sich der physischen Evolution des Pferdes und der Geschichte seiner Bedeutung für die menschliche Kultur widmet – auf einen Satz oder Absatz reduziert habe, was nicht nur ganze Bücher, sondern ganze Büchereien füllt; ebenso habe ich aus Nachsicht mit mir selbst und mit dem Leser mit Nachdruck und Selbstgewissheit von Themen gesprochen, über die Experten leidenschaftlich debattieren (zum Beispiel David Anthonys Theorien zum Beginn des Reitens). All dies tat ich in der Hoffnung, dass der Amateurgeist dieses Buches – um den es in diesem Buch auch geht, wenn ich es richtig geschrieben habe – bei Novizen keinen allzu treuen Glauben an meine Meinungen auslöst.

Und zu guter Letzt, sollten sich unter den Lesenden Mit-Kentuckyer befinden, möchte ich euch bitten, euren Senatoren oder Kongressabgeordneten zu schreiben, damit sie sich dafür einsetzen, dass *A Narrative of the Life & Travels of John Robert Shaw, the Well-Digger, Now Resident in Lexington, Kentucky, Written by Himself, 1807* wieder verlegt wird. Kein Mann soll vergeblich – beim Rammen – in die Luft gejagt worden sein.

Der Bursche

Sullivan, Mike, »Out of the Shadows Comes the Kid with His Mission«, *Louisville Courier-Journal & Times*, 6. Mai 1973.

——, »Sham ran perfectly, but ›just got tired‹«, *Louisville Courier-Journal & Times*, 6. Mai 1973.

Das Kind Europas

Herzog, Werner, *The Enigma of Kaspar Hauser*, DVD-Kommentar des Regisseurs, New York 2002.

Kitchen, Martin, *Kaspar Hauser: Europe's Child*, New York 2001.

Newton, Michael, *Wilde Kinder*, Essen 2004.

Ein Reiter will ich werden

Laura Hillenbrand, *Der Hufschlag des Siegers*, München 2001.

Schönheit

Boemeke, Manfred F., »Woodrow Wilson's Image of Germany, the War-Guilt Question, and the Treaty of Versailles«, in: *The Treaty of Versailles: A Reassessment after 75 Years*, hg. v. Boemeke, Gerald D. Feldman und Elisabeth Glaser, Boston 1998.

Keylor, William R., »A Re-evaluation of the Versailles Peace«, Relevance, vol. 5, no. 3 (Fall 1996).

Nack, William, *Secretariat: The Making of a Champion*, Cambridge, Mass. 1975.

Achtzehn Pferde in einer Reihe

Kuhnert, Max, *Will We See Tomorrow?*, South Yorkshire 1993.

Herausforderungen

Filson, John, *The Discovery, Settlement and Present State of Kentucke*, New York 1962.

Haywood, John, *The Natural and Aboriginal History of Tennessee*, Knoxville, Tn. 1973.

Shaw, John Robert, *A Narrative of the Life and Travels of John Robert Shaw, the Well-Digger, Now Resident in Lexington, Kentucky, Written by Himself, 1807*, Louisville, Ky. 1930.

Thackeray, William Makepeace, *Irländische Zustände*, Stuttgart 1845.

»Achtzehn Whiskey pur«

Dylan Thomas, »Das Lachen des Pferdes«, in: *Die Befragung des Echos*, Frankfurt 2004.

Von unbekannter Geburt

Anonym (The South Carolina Jockey Club), *The History of the Turf in South Carolina,* Charleston 1857.

Clark, Thomas D., *Kentucky: Land of Contrast,* New York 1968.

Conn, George H., *The Arabian Horse in America,* Woodstock, Vt. 1957.

Dohner, Janet Vorwald, *The Encyclopedia of Historic and Endangered Livestock and Poultry Breeds,* New Haven 2001.

Doughty, Charles M., *Die Offenbarung Arabiens,* Leipzig 1937.

Harrison, Lowell H., *The Civil War in Kentucky,* Lexington 1975.

Hollingsworth, Kent, *The Kentucky Thoroughbred,* Lexington 1976.

Hotaling, Edward, *The Great Black Jockeys: The Lives and Times of the Men Who Dominated America's First National Sport,* Rocklin, Calif. 1999.

Lancaster, Clay, *Vestiges of the Venerable City: A Chronicle of Lexington, Kentucky,* Lexington 1978.

Macdonald, Margaret Taylor, *The Milward Family of Lexington, Kentucky, 1803-1969,* Dallas 1970.

Mastin, Bettye Lee, *Lexington, 1779: Pioneer Kentucky,* Lexington 1979.

Morland, T. Hornby, *The Genealogy of the English Race Horse,* London 1810.

O'Hare, John Richard, *The Socio-Economic Aspects of Horse Racing,* Washington, D.C. 1945.

Porter, Roy, Hg., *The Cambridge Illustrated History of Medicine,* Cambridge 1996.

Ranck, George Washington, *The History of Lexington, Kentucky: Its Annals and Recent Progress,* Bowie, Md. 1989.

Renau, Lynn S., *Jockeys, Belles and Bluegrass Kings,* Louisville 1995.

Weatherby, James, *An Introduction to a General Stud Book,* London 1791.

Wentworth, Lady, *Thoroughbred Racing Stock and Its Ancestors,* London 1938.

Whyte, James Christie, *History of the British Turf From the Earliest Period to the Present Day,* London 1840.

Morgenarbeit

Adams, Henry, *The Education of Henry Adams,* Boston 2000.

Bowen, Edward L. et al., *Keeneland: Reflections on a Thoroughbred Tradition,* Lexington 2000.

Collins, Robert W., *Race Horse Training,* Lexington 1938.

Lawrence, D. H., *Apocalypse,* London 1995.

Palmer, Joe H., *This Was Racing,* New York 1953.

Unter den Jährlingen

Budiansky, Stephen, *The Nature of Horses: Exploring Equine Evolution, Intelligence, and Behavior,* New York 1997.

Clark, Thomas D., *Kentucky: Land of Contrast,* New York 1968.

Blut

Adami, George, »The Second International Congress of Eugenics: The True Aristocracy«, *Scientific Monthly,* vol. 13, no. 5 (Nov. 1921).

Allen, Garland, »DNA and Human Behavior Genetics: Implications for the Criminal Justice System«, in: *The Technology of Justice: The Use of DNA in the Criminal Justice System,* hg. v. D. Lazer und M. S. Smith, Cambridge 2004.

Conley, Kevin, *Stud: Adventures in Breeding,* New York 2002.

Davenport, Charles Benedict, *Heredity in Relation to Eugenics,* New York 1913.

Galton, Sir Francis, *Inquiries into Human Faculty and Its Development,* New York 1908.

Springfield, Rollo, *The Horse and His Rider; or, Sketches and Anecdotes of the Noble Quadruped and of Equestrian Nations,* New York 1847.

Stokes, W. E. D., *The Right to Be Well Born; or, Horse Breeding in Its Relation to Eugenics,* New York 1917.

Thurtle, Phillip, »Beaufort's Bastards: Information Processing and Industrial Breeding«, in: *In Vivo: Embodying Information,* hg. v. Phillip Thurtle und Robert Mitchell, Seattle 2007.

Tucker, William H., *The Funding of Scientific Racism: Wickliffe Draper and the Pioneer Fund,* Chicago 2002.

Zentner, Christian, *Adolf Hitlers »Mein Kampf«, eine kommentierte Auswahl,* München 1998.

Eine gewisse mystische Qualität

Vernon, Arthur, *The History and Romance of the Horse,* New York 1946.

Sinnbild

Adorno, Rolena und Patrick Charles Pautz, Hgg., *The Narrative of Cabeza de Vaca,* Lincoln 2003.

Alford, Violet, *The Hobby Horse and Other Animal Masks,* London 1978.

Andrews, Charles M., *Colonial Folkways,* New Haven 1920.

Bahn, Paul G., *Journey Through the Ice Age,* Berkeley 1988.

Bell, John, *A Journey from St. Petersburg to Peking, 1719-22,* New York 1966.

Cawte, E. C., *Ritual Animal Disguise,* Cambridge 1978.

Chauvet, Jean-Marie, Eliette Brunel Deschamps und Christian Hillaire, *Dawn of Art: The Chauvet Cave,* New York 1996.

Cornwall, I. W., *Prehistoric Animals and Their Hunters,* London 1968.
Crowell, Ann, *Dawn Horse to Derby Winner: The Evolution of the Horse,* New York 1973.
Dent, Anthony, *Horses in Shakespeare's England,* London 1987.
Doughty, Charles M., *Die Offenbarung Arabiens,* Leipzig 1937.
Ewers, John C., *The Horse in Blackfoot Indian Culture,* Washington, D. C. 1955.
Graham, R. B. Cunninghame, *The Horses of the Conquest,* Norman 1949.
Hayes, M. Horace, *Points of the Horse: A Treatise on the Conformation, Movements, Breeds, and Evolution of the Horse,* New York 1969.
Henry, Marguerite, *King of the Wind,* New York 1948.
Howey, M. Oldfield, *The Horse in Magic and Myth,* New York 1958.
Hudson, Charles, *Knights of Spain, Warriors of the Sun,* Athens 1997.
——, *The Southeastern Indians,* Knoxville 1976.
Morison, Samuel Eliot, *The European Discovery of America,* New York 1974.
Olsen, Sandra L., Hg., *Horses Through Time,* Boulder, Colo. 2000.
Prescott, William H., *The History of the Conquest of Mexico,* Chicago 1966.
Wright, Louis B., *The Cultural Life of the American Colonies, 1607-1763,* New York 1957.

Der erste Freitag im Mai

Dickens, Charles, *American Notes,* New York 1996.
Hersh, Marcus, »The Making of a Star, Race by Race«, *Daily Racing Form,* 7. Juni 2002.
Milligan, Harold Vincent, *Stephen Collins Foster: A Biography of America's Folk-Song Composer,* New York 1920.
Moore, Harry T., Hg., *The Collected Letters of D. H. Lawrence,* vol. 2, New York 1962.

Hört es euch an

Bicknell, A. S., *Hippophagy: The Horse as Food for Man,* London 1868.
Buckle, Richard, *Nijinsky,* London 1971.
Chamberlain, Lesley, *Nietzsche in Turin,* London 1996.
Davenport, Guy, *Every Force Evolves a Form,* San Francisco 1987.
Fallada, Hans, *Der eiserne Gustav,* Berlin 2010.
Müller, Inge, »Fallada 45«, in: *Wenn ich schon sterben muss,* Berlin und Weimar 1987.
Nijinski, Waslaw *Tagebücher,* Frankfurt 1998, S. 14.
Ostwald, Peter, *Vaslav Nijinsky: A Leap into Madness,* New York 1991.
Williams, Jenny, *More Lives Than One: A Biography of Hans Fallada,* London 1998.

Krieg

Brereton, J. M., *The Horse in War*, New York 1976.

Ellis, John, *Cavalry: The History of Mounted Warfare*, Vancouver, B.C. 1978.

Piekalkiewicz, Janusz, *Pferd und Reiter im II. Weltkrieg*, München und Berlin 1992.

Sax, Boria, *Animals in the Third Reich: Pets, Scapegoats, and the Holocaust*, New York 2000.

Frieden

Encyclopaedia Britannica, »Piccolomini, Prince Octavio«, Edinburgh und London 1911.

Merian, Matthaeus et al., *Theatrum Europaeum*, Bd. 6, Frankfurt 1637-1738.

Mullins, Patricia, *The Rocking Horse: A History of Moving Toy Horses*, London 1992.

Der Prinz

Anonym, »By All Accounts, This Is One Prince of a Fellow«, *The Louisville Courier-Journal*, 5. Juni 2002.

Breslin, Jimmy, »No Apology After Big Win«, *New York Newsday*, 7. Mai 2002.

Moran, Paul, »Prince: Man of Mystery«, *New York Newsday*, 3. Juni 2002.

Morgan, Jon, »Prince's Crowning Moment Could Bring Backlash«, *The Baltimore Sun*, 8. Juni 2002.

The Sports Ethics Institute, 10. Juni 2002, www.sportsethicsinstitute.org/respect_tolerance.htm.

Weaver, Mary Anne, »Blowback«, *The Atlantic Monthly*, Mai 1996.

Der Reiter ist verloren

Bunting, Greta, *The Horse: The Most Abused Domestic Animal*, St. Petersburg, Fla. 1997.

Finley, Bill, »1986 Derby Winner Was Slaughtered, Magazine Reports«, *The New York Times*, 23. Juli 2003.

Nack, William, *My Turf: Horses, Boxers, Blood Money and the Sporting Life*, Cambridge, Mass. 2003.

Größer

Nack, William, »Pure Heart«, *Sports Illustrated*, 4. Juni 1990.

——, *Secretariat: The Making of a Champion*, Cambridge, Mass. 1975.

Surface, Bill, *The Track: A Day in the Life of Belmont Park*, New York 1976.

Ein Jahr später
Drape, Joe, »Bettor Said to Have Frat Ties to Fired Worker«, *The New York Times,* 1. November 2002.
Faulkner, William, »Kentucky: May: Saturday«, *Sports Illustrated,* 16. Mai 1955.
King, Laura, »Racetrack Survives War and Vandals«, *Los Angeles Times,* 28. Mai 2003.

Weitere zitierte Ausgaben

Apostel 9:1, Luther 1984.
Cortés, Ferdinand, *Die Eroberung von Mexiko,* Hamburg 1907, S. 479.
Darwin, Charles, *Naturwissenschaftliche Reisen*, Braunschweig 1844, S. 164, und Bd. 2, S. 190.
Dostojewski, Fjodor, *Verbrechen und Strafe,* Frankfurt 2021, S. 88.
Faulkner, William, *Schall und Wahn*, Reinbek bei Hamburg 2014, S. 10.
Grimm, Jacob, Hg., »Die Gänsemagd«, in: *Kinder- und Hausmärchen*, Göttingen 1864, S. 15, S. 16, S. 19.
Matthäus 21:5, Luther 1984.
Nijinski, Waslaw, *Tagebücher,* Frankfurt 1998, S. 14.
Proust, Marcel, *Auf der Suche nach der verlorenen* Zeit, Stuttgart 2017, S. 959, S. 2790f.
Schiller, Friedrich, »Vom Erhabenen«, in: *Neue Thalia*, Bd. 3, Leipzig 1793, S. 333.
Shakespeare, William, *Hamlet*, München 1995, S. 243.
Shakespeare, William, *Hamlet*, übersetzt von August Wilhelm von Schlegel, 3. Akt, 2. Szene.
Theognis, *Die Elegien*, Stuttgart 1859, S. 15f.
Thomas, Dylan, »Fern Hill«, in: *Windabgeworfenes Licht. Gedichte*, Frankfurt 1995, S. 338.
Twain, Mark, »Huckleberry Finns Abenteuer«, in: *Tom Sawyer & Huckleberry Finn*, München 2010, S. 516.

ABBILDUNGSNACHWEISE

S. 8 »Hobbyhorse race, England, 1937«, © Hulton Deutsch Collection/Corbis Historical/Getty Images

S. 19 »Figure 42« aus *The Horse: Structure and Movement*, von R. H. Smythe, J. A. Allen and Co., London, 1967, © The Crowood Press, Ramsbury

S. 26 *Travoys Arriving with Wounded at a Dressing Station, Smol, Macedonia, 1916*, von Stanley Spencer (1891-1959), © Imperial War Museum/© Estate of Stanley Spencer. All rights reserved 2022/Bridgeman Images

S. 33 »Anatomy Lecture, May 1942«, © Corbis Historical/Getty Images

S. 39 *Shire Horse, »Elephant«*, von einem unbekannten Künstler, abgebildet in *The Great Horse* von Gilbey, ca. 1792, © Mary Evans Picture Library

S. 45 *Der behexte Stallknecht*, von Hans Baldung, ca. 1534, Staatliche Kunsthalle Karlsruhe

S. 55 »Figure 41« aus *The Horse: Structure and Movement*, von R. H. Smythe, J. A. Allen and Co., London, 1967, © The Crowood Press, Ramsbury

S. 59 *Measured Drawing of a Horse Facing Left*, von Andrea Del Verrocchio (1435-1488), Metropolitan Museum of Art, New York, Frederick C. Hewitt Fund, 1917 (17.76.5)

S. 70 *Studie für eine Pferdeskulptur*, von Leonardo da Vinci (1452-1519), Biblioteca Nacional, Madrid, © Bridgeman Images

S. 73 *Der Nachtmahr*, von Johann Heinrich Füssli (1741-1825), Freies Deutsches Hochstift/Frankfurter Goethe Museum, © Peter Willi/Bridgeman Images

S. 96 *Rückkehr vom Schwimmen*, Werk eines unbekannten Künstlers im Stile nationalsozialistischer Propaganda, © Mary Evans Picture Library/Weimar Archive

S. 101 Cover von *The Right to Be Well Born*, von W. E. D. Stokes, 1917, fotografiert von Jellybean, NYC

S. 108 Keltische Münze, die wahrscheinlich von den Venetern im ersten Jahrhundert vor Christus in der heutigen Bretagne verwendet wurde. Abgebildet ist ein Pferd mit Menschenkopf, geführt von einer Person, die einen Wendelring schwingt. Das Pferd springt über ein Wildschwein, ein keltisches Symbol kriegerischer Kraft, © Werner Forman Archive/Bridgeman Images

S. 117 Saint Martin and the Beggar, aus *The Lives of the Saints*, The Fitzwilliam Museum, Cambridge, England, © Bridgeman Images
S. 128 Detail eines Freskos der Kreuzigung Christi, 1321, Simone Martini und anderen zugeschrieben, Unterkirche der Basilika San Francesco, Assisi, © Bridgeman Images
S. 134 Höhlenmalerei eines Pferdes mit geflecktem Fell, Umriss einer Menschenhand, aus der Grotte du Pech Merle bei Cabrerets, Altsteinzeit, ca. 24640 v. Chr., © akg-images
S. 139 »Child on Rocking Horse«, ca. 1905, © Hulton Deutsch Collection/Corbis/Getty Images
S. 146 *Römischer Soldat am Galgen*, von Francesco Simonini (1686-1753), Collection of the Earl of Pembroke, Wilton House, Wilts., U.K., © Bridgeman Images
S. 153 »Circus Horses in Practice, Ascot, England, 1936«, © Hulton Deutsch Collection/Corbis/Getty Images
S. 162 *Adoration of a Dog and Horse,* aus *Marco Polo: Italian Traveller of Asia*, ca. 1412, © akg-images
S. 166 *Palio in Florenz*, von Giovanni Toscani, 1418, © The Cleveland Museum of Art, Holden Collection, 1916.801
S. 175 »Soldaten und Pferde mit Gasmasken, Juni 1918«, © Corbis/Getty Images
S. 181 Die heilige Dorothea und das Christuskind, von einem unbekannten Künstler, ca. 15. Jh., abgebildet in *Toys Through the Ages*, von Dan Foley, Chilton Books, 1962
S. 183 *Der Reiter auf dem weißen Pferd und sein Gefolge*, Illustration eines französischen Manuskripts, ca. 1310-1325, © akg-images/British Library
S. 187 Details aus dem *Pferdeballett* von Stefano della Bella, aus *Descrizione delle feste fatte in Firenze* von Giovanni de' Bardi, comte di Vernio, 1637. Mit freundlicher Genehmigung der Spencer Collection, New York Public Library, Astor, Lenox and Tilden Foundations
S. 194 Detail aus *Der schlafende Tabuletkrämer* von Pieter van der Heyden, nach Pieter Bruegel dem Älteren, 1562, © Rijksmuseum, Amsterdam
S. 198 »Point-to-Point Jockey Takes a Tumble, England, 1925«, © Hulton Deutsch Collection/Corbis/Getty Images
S. 216 »Horse and Rider High Dive, Colorado, July 4, 1905«, © Library of Congress/Corbis/VCG/Getty Images
S. 226 Detail aus *Kinderspiele*, von Pieter Bruegel dem Älteren, 1560, Kunsthistorisches Museum Wien, © Bridgeman Images

DANKSAGUNG

Dieses Buch ist schon so lang in Arbeit und hat schon so viele Formen durchlaufen, dass ich wahrscheinlich mehr Leute vergessen habe, denen ich zu Dank verpflichtet bin, als ich hier nennen werde. Die ganze Idee – »etwas über Pferde schreiben« – ergab sich aus einem Gespräch am Kaminfeuer mit Guy Davenport über die lange Geschichte des sprechenden Pferdes als literarisches Motiv, und sein Rat (wie auch sein Talent, einem die Richtung obskurer Quellen zu weisen) war unverzichtbar. Ich bin allen bei *Harper's Magazine* dankbar, die mir halfen, dem Auszug Form zu geben, der dort erschien – Lewis Lapham, Ellen Rosenbush, Roger Hodge, Virginia Heffernan, Naomi Kirsten und besonders Ben Metcalf. Stacey Clarkson, die künstlerische Leiterin bei *Harper's*, setzte ihr organisatorisches Talent und ihren Malerinnenblick ein, um mir zu helfen, die Bilder für dieses Buch aufzutreiben. Ich danke der National Thoroughbred Racing Association dafür, dass sie mir als Reporter mit dubiosem Projekt und schwachen Referenzen großzügigen Zugang gewährte. Die Teile dieses Buches, die in und um Lexington, Kentucky, spielen, wären deutlich schwerer zu schreiben gewesen ohne die Gastfreundlichkeit meiner Freunde und Verwandten dort: meiner Großmutter Jane Milward; meines Onkels John und meiner Tante Luanne Milward; meines Onkels Greg und meiner Tante Mimi Milward; und meiner Freunde Chris und Becky Johnson. Sie alle gaben mir einen Platz zum Arbeiten, kochten für mich und versuchten mir vor drei Jahren zu erklären, warum man ein Pferd, das noch kein Jahr alt ist, einen »Jährling« nennt. Vor allem mein Onkel John beantwortete mir zahllose dumme Fragen. Es versteht sich von selbst, dass niemand in meiner Familie die geringste Verantwortung für jegliche scheinbar unschmeichelhaften Äußerungen meinerseits über Kentucky trägt; sie haben mich sogar mehrfach gebeten, sie bleiben zu lassen. Meine Schwestern Lisa und Michelle halfen mir beide, wichtige Unterlagen in den Papieren unseres Vaters zu finden, und sind ganz wunderbare Menschen. Mein Onkel Jerry Sullivan war als Quelle so exzellent, wie er es auch als Mensch ist. Maria und Amos Johnson sowie Benicia Hernandez gaben mir in einer angespannten Phase der Vollendung des Buches eine Terrasse, auf der ich arbeiten konnte. Mehrere Freunde taten mir den großen Gefallen, dass ich ihnen beim Essen oder am Telefon Entwürfe vorlesen durfte, und lachten sogar an den richtigen Stellen, ob nun aus Mitleid oder nicht, das ist mir egal: Ben McGowan, Jack Hitt, Kevin Baker, Wyatt Mason, Beth Sullivan, Worth Wagers, Mark Richard, Sanford McGee, Amy Hughes,

Silas Davenport. Bill Nack wies mich aus purer Freundlichkeit auf mehrere schlimme sachliche Fehler hin. Meine Mutter Elizabeth Terry erwischte einige Stellen, an denen ich mir die Wahrheit zurechtgebogen hatte, wohl um meine Schuld an gewissen Familienkatastrophen zu minimieren. Ich liebe sie. Jin Auh, meine Agentin, verstand dieses Projekt von Anfang an in all seiner Verschrobenheit, war eine ebenso ausgezeichnete Kritikerin wie Vertreterin und verdient meinen Dank. Lorin Stein bei FSG ist die Art Lektor, von der man Autoren, die nach New York ziehen, sagt, dass es sie nicht mehr gebe – aufmerksam bis ins Unbequeme, gnadenlos, wo es sein muss, und geduldig, wenn ich eine Weile brauchte, um zu verstehen, was er von mir wollte. Ich bin ihm zutiefst dankbar für sein Lektorat, seine Ermutigung und seinen Humor (auch Annie Wedekind von FSG übte hier und da behutsame Kritik, die immer nützlich war). Zu guter Letzt danke ich Mariana Chloe Johnson, die an einem perfekten Herbsttag in Keeneland zwei selbsternannte Pferdeexperten beim Wetten deklassierte, indem sie auf die Pferde setzte, deren Namen ihr gefielen. Ohne sie wäre dieses Buch weniger lesbar und wären dessen Entstehungsjahre weniger erträglich gewesen. Gracia' por todo y »ma'pa'lla«, mi alma.

Bibliothek Suhrkamp

Verzeichnis der letzten Nummern

1323 Hermann Lenz, Spiegelhütte
1325 Sigrid Undset, Das glückliche Alter
1326 Botho Strauß, Gedankenfluchten
1328 Paul Nizon, Untertauchen
1330 Sherwood Anderson, Winesburg, Ohio
1331 Derrida/Montaigne, Über die Freundschaft
1332 Günter Grass, Katz und Maus
1333 Gert Ledig, Die Stalinorgel
1335 Heiner Müller, Ende der Handschrift
1337 Konstantinos Kavafis, Gefärbtes Glas
1338 Wolfgang Koeppen, Die Jawang-Gesellschaft
1339 Jorge Semprun, Die Ohnmacht
1341 Hermann Hesse, Der Zauberer
1342 Hermann Broch, Hofmannsthal und seine Zeit
1343 Bertolt Brecht, Kalendergeschichten
1344 Odysseas Elytis, Oxópetra/Westlich der Trauer
1345 Hermann Hesse, Peter Camenzind
1346 Franz Kafka, Strafen
1347 Amos Oz, Sumchi
1348 Stefan Zweig, Schachnovelle
1349 Ivo Andrić, Der verdammte Hof
1350 Rudolf Borchardts Leben von ihm selbst erzählt
1351 André Breton, Nadja
1352 Ted Hughes, Etwas muß bleiben
1353 Arno Schmidt, Das steinerne Herz
1354 José María Arguedas, Diamanten und Feuersteine
1355 Thomas Brasch, Vor den Vätern sterben die Söhne
1356 Federico García Lorca, Zigeunerromanzen
1357 Imre Kertész, Der Spurensucher
1358 István Örkény, Minutennovellen
1360 Giorgio Agamben, Idee der Prosa
1361 Alfredo Bryce Echenique, Ein Frosch in der Wüste
1363 Ted Hughes, Birthday Letters
1364 Ralf Rothmann, Stier
1365 Arno Schmidt, Seelandschaft mit Pocahontas
1366 Bertolt Brecht, Geschichten vom Herrn Keuner
1367 M. Blecher, Aus der unmittelbaren Unwirklichkeit
1368 Joseph Conrad, Ein Lächeln des Glücks
1369 Christoph Hein, Der Ort. Das Jahrhundert
1370 Gertrud Kolmar, Die jüdische Mutter
1371 Hermann Lenz, Vielleicht lebst du weiter im Stein
1372 Ludwig Wittgenstein, Philosophische Untersuchungen
1373 Thomas Brasch, Der schöne 27. September
1374 Péter Esterházy, Die Hilfsverben des Herzens
1375 Stanislaus Joyce, Meines Bruders Hüter
1376 Yasunari Kawabata, Schneeland
1377 Heiner Müller, Germania

1431 Henri Thomas, Das Vorgebirge
1432 Arno Schmidt, Traumflausn
1433 Walter Benjamin, Träume
1434 M. Blecher, Beleuchtete Höhle
1435 Edmundo Desnoes, Erinnerungen an die Unterentwicklung
1436 Nazim Hikmet, Die Romantiker
1437 Pierre Michon, Rimbaud der Sohn
1438 Franz Tumler, Der Mantel
1439 Munyol Yi, Der Dichter
1440 Ralf Rothmann, Milch und Kohle
1441 Djuna Barnes, Nachtgewächs
1442 Isaiah Berlin, Der Igel und der Fuchs
1443 Frisch, Skizze eines Unglücks/Johnson, Skizze eines Verunglückten
1444 Alfred Kubin, Die andere Seite
1445 Heiner Müller, Traumtexte
1446 Jannis Ritsos, Monovassiá
1447 Volker Braun, Der Stoff zum Leben 1–4
1448 Roland Barthes, Die helle Kammer
1449 Siegfried Kracauer, Straßen in Berlin und anderswo
1450 Hermann Lenz, Neue Zeit
1451 Siegfried Unseld, Reiseberichte
1452 Samuel Beckett, Disjecta
1453 Thomas Bernhard, An der Baumgrenze
1454 Hans Blumenberg, Löwen
1455 Gershom Scholem, Die Geheimnisse der Schöpfung
1456 Georges Hyvernaud, Haut und Knochen
1457 Gabriel Josipovici, Moo Pak
1458 Ernst Meister, Gedichte
1459 Meret Oppenheim, Träume Aufzeichnungen
1460 Alexander Kluge/Gerhard Richter, Dezember
1461 Paul Celan, Gedichte
1462 Felix Hartlaub, Kriegsaufzeichnungen aus Paris
1463 Pierre Michon, Die Grande Beune
1464 Marie NDiaye, Mein Herz in der Enge
1465 Nadeschda Mandelstam, Anna Achmatowa
1467 Robert Walser, Mikrogramme
1468 James Joyce, Geschichten von Shem und Shaun
1469 Hans Blumenberg, Quellen, Ströme, Eisberge
1470 Florjan Lipuš, Boštjans Flug
1471 Shahrnush Parsipur, Frauen ohne Männer
1472 John Cage, Empty Mind
1473 Felix Hartlaub, Italienische Reise
1474 Pierre Michon, Die Elf
1475 Pierre Michon, Leben der kleinen Toten
1476 Kito Lorenc, Gedichte
1477 Alexander Kluge/Gerhard Richter, Nachricht von ruhigen Momenten
1478 E. M. Cioran, Leidenschaftlicher Leitfaden II
1479 Christa Wolf, Kein Ort. Nirgends
1480 Renata Adler, Rennboot
1481 Julio Cortázar/Carol Dunlop, Die Autonauten auf der Kosmobahn
1482 Lidia Ginsburg, Aufzeichnungen eines Blockademenschen

1483 Ludwig Hohl, Die Notizen
1484 Ludwig Hohl, Bergfahrt
1485 Ludwig Hohl, Nuancen und Details
1486 Ludwig Hohl, Vom Erreichbaren und vom Unerreichbaren
1487 Ludwig Hohl, Nächtlicher Weg
1488 Fritz Sternberg, Der Dichter und die Ratio
1489 Felix Hartlaub, Aus Hitlers Berlin
1490 Renata Adler, Pechrabenschwarz
1491 Pierre Michon, Körper des Königs
1492 Joseph Beuys, Mysterien für alle
1493 T. S. Eliot, Vier Quartette/ Four Quartets
1494 Walker Percy, Der Kinogeher
1495 Raymond Queneau, Stilübungen
1496 Charlotte Beradt, Das Dritte Reich des Traums
1497 Nescio, Werke
1498 Andrej Bitow, Georgisches Album
1499 Gerald Murnane, Die Ebenen
1500 Thomas Kling, Sondagen
1501 Georg Baselitz/ Alexander Kluge, Weltverändernder Zorn
1502 Annie Ernaux, Die Jahre
1503 Roberto Calasso, Die Literatur und die Götter
1504 Friederike Mayröcker, Pathos und Schwalbe
1505 Cees Nooteboom, Mönchsauge
1507 Gerald Murnane, Grenzbezirke
1508 Miron Białoszewski, Erinnerungen aus dem Warschauer Aufstand
1509 Annie Ernaux, Der Platz
1510 Sophie Calle, Das Adressbuch
1511 Szilárd Borbély, Berlin-Hamlet, Gedichte
1512 Annie Ernaux, Eine Frau
1513 Fabjan Hafner, Erste und letzte Gedichte
1514 Gerald Murnane, Landschaft mit Landschaft
1515 Friederike Mayröcker, da ich morgens und moosgrün. Ans Fenster trete
1516 Marie-Claire Blais, Drei Nächte, drei Tage
1517 Annie Ernaux, Die Scham
1518 Rosmarie Waldrop, Pippins Tochters Taschentuch
1519 Sophie Calle, Wahre Geschichten
1520 Elke Erb, Das ist hier der Fall
1521 Carl Seelig, Wanderungen mit Robert Walser
1522 Cees Nooteboom, Abschied
1523 Wolf Biermann, Mensch Gott!
1524 Peter Handke, Mein Tag im anderen Land
1525 Annie Ernaux, Das Ereignis
1526 Andrej Bitow, Leben bei windigem Wetter
1527 Mary Ruefle, Mein Privatbesitz
1528 Nicolas Mahler; Arno Schmidt, Schwarze Spiegel
1529 Guido Morselli, Dissipatio humani generis
1530 Ludwig Wittgenstein, Betrachtungen zur Musik
1531 Rachel Cusk, Coventry
1534 Gerald Murnane, Inland
1535 Katja Petrowskaja, Das Foto schaute mich an
1536 Peter Handke, Zwiegespräch